BIBLIOTHÈQUE SOCIOLOGIQUE INTERNATIONALE

Publiée sous la direction de M. RENÉ WORMS

Secrétaire-Général de l'Institut International de Soc'

XLIII

L'ÉVOLUTION

DE LA

FORTUNE DE L'ÉTAT

PAR

A. BOCHARD

SECRÉTAIRE DE LA SOCIÉTÉ DE SOCIOLOGIE DE PARIS
MEMBRE DE LA SOCIÉTÉ D'ÉCONOMIE POLITIQUE

Ouvrage récompensé par l'Institut de France

(Académie des Sciences morales et politiques)

PARIS (5e)

V. GIARD & E. BRIÈRE

LIBRAIRES-ÉDITEURS

16, RUE SOUFFLOT ET 12, RUE TOULLIER

1910

V. GIARD ET E. BRIÈRE, ÉDITEURS, 16, RUE SOUFFLOT, PARIS (5e).

BIBLIOTHÈQUE
SOCIOLOGIQUE INTERNATIONALE
PUBLIÉE SOUS LA DIRECTION DE
RENÉ WORMS
Secrétaire-Général de l'Institut International de Sociologie

Cette collection se compose de volumes in-8°, brochés (1)

ONT PARU :

RENÉ WORMS : *Organisme et Société* . . . . 6 fr.
PAUL DE LILIENFELD : *La Pathologie Sociale* . . . . 6 fr.
FRANCESCO S. NITTI : *La Population et le Système social* . . . 5 fr.
ADOLFO POSADA : *Théories modernes sur les Origines de la Famille, de la Société et de l'Etat* . . . . 4 fr.
SIGISMOND BALICKI : *L'Etat comme organisation coercitive de la Société Politique* . . . . 4 fr.
JACQUES NOVICOW : *Conscience et Volonté Sociales* . . . . . 6 fr.
FRANKLIN H. GIDDINGS : *Principes de Sociologie* . . . . . . 6 fr.
ACHILLE LORIA : *Problèmes Sociaux Contemporains* . . . . . 4 fr.
MAURICE VIGNES : *La Science Sociale d'après les principes de Le Play et de ses continuateurs, 2 volumes* . . . . . . 16 fr.
M. A. VACCARO : *Les Bases sociologiques du Droit et de l'Etat* . 8 fr.
LOUIS GUMPLOWICZ : *Sociologie et Politique* . . . . 6 fr.
SCIPIO SIGHELE : *Psychologie des Sectes* . . . . 5 fr.
G. TARDE : *Etudes de Psychologie Sociale* . . . . 7 fr.
MAXIME KOVALEWSKY : *Le régime économique de la Russie* . . 7 fr.
C. N. STARCKE : *La Famille dans les diverses sociétés* . . . . 5 fr.
RAOUL DE LA GRASSERIE : *Des Religions comparées au point de vue sociologique* . . . . 7 fr.
JAMES MARK BALDWIN : *Interprétation sociale et morale des principes du développement mental* . . . . 10 fr.
G. L. DUPRAT : *Science Sociale et Démocratie* . . . . 6 fr.
H. LAPLAIGNE : *La Morale d'un Egoïste ; essai de morale sociale* . 5 fr.
JACQUES LOURBET : *Le Problème des Sexes* . . . . 5 fr.
E. ROMBARD : *La Marche de l'Humanité et les Grands Hommes d'après la doctrine positive* . . . . 6 fr.
RAOUL DE LA GRASSERIE : *Les Principes Sociologiques de la Criminologie* . . . . 8 fr.
ABEL POUZOL : *La Recherche de la Paternité* . . . . 10 fr.
ARTHUR BAUER : *Les Classes Sociales* . . . . 7 fr.
CH. LETOURNEAU : *La Condition de la Femme dans les diverses races et civilisations* . . . . 9 fr.
RENÉ WORMS : *Philosophie des sciences sociales : I, objet ; II, méthode ; III, conclusions des sciences sociales, 3 volumes* . 12 fr.
EUGENIO RIGNANO : *Un Socialisme en harmonie avec la doctrine économique libérale* . . . . 7 fr.
ALFREDO NICEFORO : *Les Classes Pauvres* . . . . 8 fr.
LESTER F. WARD : *Sociologie pure, 2 volumes* . . . . 16 fr.
RAOUL DE LA GRASSERIE : *Les principes sociologiques du Droit civil* . . . . 10 fr.
EDWARD CAIRD : *Philosophie sociale et religion d'Auguste Comte* . 4 fr.
ARTHUR BAUER : *Essai sur les Révolutions* . . . . 6 fr.
SCIPIO SIGHELE : *Littérature et Criminalité* . . . . 4 fr.
MAXIME KOVALEWSKY : *La France économique et sociale à la veille de la Révolution, 2 volumes* . . . . 16 fr.
LUDWIG STEIN : *Le sens de l'existence* . . . . 12 fr.
R. MAUNIER : *L'Origine et la fonction des villes* . . . . . . 6 fr.
A. BOCHARD : *L'Evolution de la Fortune de l'Etat* . . . . . . 6 fr.
SIGHELE : *Le Crime à deux* . . . . 4 fr.

(1) *Les volumes de la collection peuvent aussi être achetés avec une reliure spéciale.*

L'ÉVOLUTION

DE LA

FORTUNE DE L'ÉTAT

BIBLIOTHÈQUE SOCIOLOGIQUE INTERNATIONALE
Publiée sous la direction de M. RENÉ WORMS
Secrétaire-Général de l'Institut International de Sociologie

XLIII

L'ÉVOLUTION

DE LA

FORTUNE DE L'ÉTAT

PAR

A. BOCHARD

SECRÉTAIRE DE LA SOCIÉTÉ DE SOCIOLOGIE DE PARIS
MEMBRE DE LA SOCIÉTÉ D'ÉCONOMIE POLITIQUE

Ouvrage récompensé par l'Institut de France
(Académie des Sciences morales et politiques)

PARIS (5e)

V. GIARD & E. BRIÈRE

LIBRAIRES-ÉDITEURS
16, RUE SOUFFLOT ET 12, RUE TOULLIER

1910

PRÉFACE

—

Le livre que nous présentons au public et dont l'idée remonte déjà à un certain nombre d'années, a pour origine un mémoire que nous avons soumis à l'Académie des sciences morales et politiques à l'occasion d'un concours pour le prix Rossi ouvert sur la question des *avantages et des inconvénients de la possession et de l'exploitation par l'Etat de domaines productifs de revenus.* L'Académie avait bien voulu, en 1899, honorer ce mémoire d'une récompense sur la proposition de son éminent rapporteur, M. Paul Leroy-Beaulieu.

Au moment où l'opinion publique se préoccupe de plus en plus des industries d'Etat, nous avons pensé qu'il serait utile de reprendre ce travail, qui n'avait pas été publié, en profitant des données nouvelles que l'expérience de ces dix dernières années est venue nous apporter.

Nous avons cru nécessaire de montrer, en même temps, que cette grande question d'économie publique est liée elle-même à l'évolution financière générale. L'histoire des finances publiques prouve, en effet, que la manière dont l'Etat a pourvu à ses dépenses a varié suivant les époques et les civilisations, que l'impôt n'a joué un rôle important que dans les temps modernes et que la possession par l'Etat d'une fortune patrimoniale a été la première source des revenus publics.

Considérée sous cet aspect, la question n'est plus seulement d'ordre économique, elle a une portée plus haute et plus générale : elle se présente comme étant la partie fondamentale de la science des finances. L'analyse historique du domaine de l'Etat nous éclaire sur les origines de cette science et elle nous fait saisir le sens de l'évolution financière, qui est elle-même liée à l'ensemble de l'évolution sociale. Si la fortune de l'Etat et les revenus publics ont leurs racines profondes dans les faits économiques, les formes sous lesquelles ils se présentent dépendent, à un haut degré, des progrès du droit public, des différentes théories de l'Etat et des formes juridiques de la propriété publique. Il y a donc un intérêt scientifique évident à envisager les problèmes financiers sous ces divers aspects.

C'est à ce point de vue que nous nous sommes placés dans le présent travail. Il ne semble pas d'ailleurs que cette partie de la science financière ait fait l'objet, ailleurs qu'en Allemagne, d'études spéciales et systématiques, comme celles que lui ont consacré, en leur temps, les grands économistes allemands Rau, Roscher, Wagner, Stein, etc. Certes, il ne manque pas, en France et ailleurs, d'excellents traités qui, depuis, ont abordé, au point de vue économique et financier, l'étude des revenus domaniaux. Mais il reste selon nous, à traiter ce sujet au point de vue historique et juridique et à mettre en lumière les transformations que l'évolution sociale à fait subir à la fortune publique. Celle-ci, on le sait, comprend à la fois les revenus provenant de la fortune patrimoniale de l'Etat et les impôts proprement dits, qui peuvent être considérés comme la dotation des services publics. Dans le présent travail, nous ne nous sommes préoccupé que de la première partie de l'évolution financière, réservant pour une étude sociologique ultérieure l'évolution générale des revenus publics, ainsi que l'origine et les transformations de l'impôt moderne.

Le mémoire dont nous venons de parler contenait une introduction historique qui a été refondue et qui est devenue, dans le présent volume, le livre 1er, consacré à l'évolution financière. Le chapitre relatif au domaine des chemins de fer a été complété. Signalons, en même temps, que les questions financières concernant cette partie si importante de la fortune de certains États modernes sont traitées dans deux autres chapitres distincts : l'un relatif aux participations de l'État dans les entreprises industrielles et l'autre, nouvellement ajouté, sur l'avenir du domaine public industriel. Dans un autre chapitre, récent également, les industries d'État ont été examinées au point de vue du droit public. Enfin, nous avons mis notre travail, autant qu'il nous a été possible de le faire, au courant des données statistiques et budgétaires les plus récentes. En ces matières, il est souvent difficile de se procurer les documents étrangers et, en France, les administrations ont une tendance à supprimer, par mesure d'économie, des documents et des statistiques qui ont leur utilité.

Nous n'avons nullement la prétention d'avoir étudié toutes les formes de domaines productifs de revenus que l'on rencontre dans les États modernes. Le sujet est vaste et il faudrait y consacrer plusieurs volumes. Nous nous sommes seulement attaché à étudier celles que l'on rencontre le plus fréquemment et à montrer qu'indépendamment de leurs repercussions sociales, le vice radical des exploitations de l'État, dans tous les pays, consiste dans l'imperfection de leurs méthodes financières, qui ne permettent de se rendre compte, ni des prix de revient des produits ou des services, ni des bénéfices réels (1).

(1) M. G. Schelle faisait aussi cette constatation récemment, dans

Nous ne nous dissimulons pas que notre travail peut renfermer des lacunes, que nous nous efforcerions d'ailleurs de combler si le public voulait bien lui faire un accueil favorable. Bien qu'elle s'applique à une question qui semble spéciale, nous croyons que notre étude apporte une contribution à la sociologie économique, juridique et financière, en même temps qu'elle peut servir de guide aux étudiants pour une partie jusqu'ici peu explorée de la science des finances.

un article du *Journal des économistes* (*Les comptes des exploitations industrielles de l'Etat* N° du 15 janvier 1910). D'un autre côté, M. Pierre Baudin constatait l'imperfection des méthodes financières adoptées pour l'exploitation des chemins de fer de l'Etat en Prusse. (*Les exploitations industrielles de l'Etat et leurs méthodes financières. Revue économique internationale* N° du 15-20 octobre 1909.)

ARTHUR BOCHARD.

Paris, mars 1910.

L'ÉVOLUTION

DE LA

FORTUNE DE L'ÉTAT

LIVRE PREMIER

L'évolution financière et domaniale.

CHAPITRE PREMIER

LA FORTUNE DE L'ÉTAT ET L'ÉVOLUTION SOCIALE

Un problème de l'ordre économique et financier se pose devant les nations contemporaines : y a-t-il utilité pour l'Etat à reconstituer et à exploiter de vastes domaines productifs de revenus pour faire face aux nécessités toujours grandissantes des budgets ? — Notre manière d'envisager ce problème qui touche à l'ensemble des faits sociaux. — Nécessité de le traiter au point de vue de l'évolution historique. — Y a-t-il une évolution de la fortune de l'Etat ? — Ce que nous entendons par évolution.

La question des attributions de l'Etat, qui a fait l'objet de tant de débats dans l'ordre purement économique, est aujourd'hui au premier rang des préoccupations de la politique financière des nations modernes. La lutte est particulièrement vive sur ce point depuis que, dans presque tous les pays, se sont accrus les embarras budgétaires et que les partis politiques préconisent des solutions, le plus souvent empiriques, à ces difficultés croissantes (1). Un remède souvent indiqué est celui qui consisterait à mettre l'Etat, devenu agriculteur, industriel, commerçant et capitaliste, en possession de vastes domaines productifs de revenus où il n'aurait qu'à puiser pour subvenir aux dépenses de la vie nationale.

On rencontre cette idée, plus ou moins nettement exprimée, chez un certain nombre d'écrivains qui se sont occupés de finances publiques (2). Des économistes, des sociologues, des philosophes même ont été jusqu'à affirmer que l'on pourrait supprimer ainsi presque tous les impôts existants (3).

Si l'on y regarde de près, on s'aperçoit que cette question demande à être traitée méthodiquement et sur d'autres bases que celles adoptées généralement dans les traités spéciaux de finances. Il ne s'agit pas ici d'une simple question d'opportunité financière et ce serait une erreur de croire que, pour équilibrer les budgets, on peut s'adresser indifféremment à ces deux sources en quelque sorte opposées

(1) Depuis 1898-99, les charges des budgets ont augmenté dans d'énormes proportions en Europe et en Amérique : l'augmentation est de 75 0/0 en Allemagne ; de 68,9 0/0 en Russie ; de 52 0/0 aux Etats-Unis ; de 31,3 0/0 en Italie, de 30 0/0 en Angleterre, tandis qu'en France elle ne serait que de 18 0/0. (Cf. *Exposé des motifs du projet de loi portant fixation du budget de* 1910 par M. Caillaux, ministre des finances, p. 8). En revanche, le contribuable français est un des plus chargés : on paie en France 100 fr. 62 par tête d'habitant (1906) ; en Allemagne, 60 fr. 23 (1907) ; en Russie, 25 fr. 67 (1908) ; aux Etats-Unis, 100 fr. 29 (1906-07) ; en Angleterre, 115 fr. 79 (1906-07). (Cf. *Bulletin de statistique et de législation comparée du Ministère des finances*, 1909, p. 567).

(2) Cf. *Principes de la science des finances*, par M. Nitti. Traduction française de J. Chamard, V. Giard et Brière, 1904. *L'économie politique et la science des finances*, par M. de Greef, Bruxelles et Paris, Félix Alcan, 1907, p. 53 et suivantes, etc.

(3) M. de Laveleye notamment a soutenu cette thèse. M. Fouillée a repris cette idée dans son livre : *La propriété sociale et la démocratie*, Hachette et Cie, 2e édit., p. 51 et suivantes.

du revenu public : les biens patrimoniaux et l'impôt. A notre époque, en effet, chez la plupart des grandes nations européennes, les revenus publics, aussi bien que les dépenses auxquelles ils pourvoient, se présentent sous deux aspects nettement distincts. Il en est qui ont un caractère plus particulièrement annuel et qui sont plus ou moins modifiables selon les appréciations que peuvent en faire l'opinion et les pouvoirs publics : tels sont la plupart des impôts, supprimés ou rétablis, augmentés ou diminués selon les besoins du moment. On sait d'ailleurs quelles difficultés rencontrent déjà les changements de cette nature. Mais il est une autre catégorie de dépenses et de recettes qui, en raison de son origine, se prête bien moins facilement aux changements qu'on voudrait lui faire subir. Tels sont, d'une part, les dépenses de la dette publique, et, d'autre part, les revenus patrimoniaux et industriels de l'Etat, qui représentent les legs financiers des générations antérieures. Ces derniers revenus, notamment, remontent à un passé souvent lointain, ils sont la conséquence d'une institution ou d'un monopole que le temps a consacré et qui est très difficilement modifiable (1).

Il en résulte que les diverses catégories de revenus publics et la part proportionnelle que chacune d'elles prélève dans l'ensemble de la fortune publique dépendent de causes en partie lointaines et qu'il serait intéressant d'étudier pour résoudre les problèmes qui se posent aujourd'hui, en ces matières, devant l'opinion.

La science des finances, qui s'est presque confondue jusqu'ici avec l'économie politique, tend maintenant à se constituer en discipline indépendante, mais la plupart des économistes qui ont abordé cette étude n'ont envisagé que

---

(1) Cf. Colson, *Cours d'économie politique*, Livre V 2ᵉ édition p. 71.

les faits actuels. Un certain nombre d'entre eux, notamment en Allemagne et en Italie, ont tenu compte des données historiques, mais il en est peu qui se soient placés au point de vue de l'évolution. Les rares sociologues qui ont abordé la question ont, de leur côté, quelque peu négligé son côté technique et proprement financier.

Il conviendrait cependant, au moment où s'ouvre pour la science une phase nouvelle, d'y introduire une manière de voir qui a déjà porté ses fruits dans d'autres branches des sciences sociales. Les problèmes financiers doivent être envisagés non seulement au point de vue technique et pratique, mais aussi en tenant compte de la répercussion qu'exercent sur eux les autres faits sociaux, notamment les faits économiques, juridiques, politiques ou moraux (1). Comme tous les faits sociaux, les faits financiers sont conditionnés par les institutions du passé en même temps que dans une mesure, variable suivant les civilisations, ils sont influencés par les idées, les croyances et les désirs des hommes et, par conséquent, par l'opinion.

Envisagé sous cet aspect, le problème que nous nous proposons de traiter ici s'élargit et devient sociologique, car sa solution nécessite l'étude préalable des origines de la fortune de l'État et des transformations qu'elle a subies au cours de l'histoire avant de revêtir sa forme actuelle. C'est en fonction de l'état social qu'il faut étudier les formes sous lesquelles se présentent les revenus publics, qui évoluent comme la société elle-même. Ces revenus à leur tour réa-

---

(1) Cf. WAHL (préface de l'édition française de l'ouvrage de M. Nitti, *Principes de la science des finances*). Sur les questions de méthode, cf. aussi WAGNER, *Lehrbuch der politischen œkonomie. Grundlage der Volkswirtschaft (Fondements de l'économie politique)*, trad. française Giard et Brière, 1904, tome I et *Finanzwissenschaft*, traduction française, tome I. Introduction.

gissent sur la société par leur composition et la part qu'ils prélèvent sur l'ensemble de la fortune nationale.

Il nous paraît nécessaire, avant d'aller plus loin, de répondre à une objection que l'on ne manquera pas de nous faire. Y a-t-il une évolution financière et que faut-il entendre par évolution de la fortune de l'Etat?

Pour répondre à cette question, il suffit de montrer l'influence prépondérante qu'exerce l'état social sur la formation et la composition de la fortune de l'Etat et, en premier lieu, l'organisation politique. Il est certain tout d'abord que cette fortune varie suivant les formes que revêt successivement l'Etat au cours de la civilisation (1). En général, elle va s'amplifiant et passe de la forme mobilière à la forme immobilière à mesure que les sociétés passent de l'état nomade à l'état sédentaire, qu'elles s'élargissent et deviennent plus denses en s'élevant du clan à la tribu, du village à la cité et à la nation. Mais sa composition relative dépend surtout des attributions de l'Etat et de la réaction juridique qu'il exerce sur la société. A cet égard, il y a une différence profonde entre les Etats anciens et les Etats modernes et, parmi ceux-ci, entre les Etats de l'Orient et ceux de l'Occident.

Dans les anciens Etats, la propriété est intimement liée à la souveraineté et toute extension du pouvoir politique entraîne à sa suite une extension territoriale. Si l'on se reporte aux origines du patrimoine foncier de la plupart des Etats de l'antiquité, on voit qu'à l'époque où les communautés primitives ont déjà abandonné l'état nomade pour former le village, puis la Cité, ces sociétés sédentaires ré-

____

(1) Cf. Léon SAY, *Dictionnaire d'économie politique*, article Fortune de l'État.

servent la plus grande partie du sol qui les entoure au profit
de la collectivité, c'est-à-dire de l'Etat. Ce patrimoine territorial est un élément indispensable, une condition *sine
qua non* de la vie collective. Tous les grands Etats de l'antiquité ont vécu en grande partie du produit de leurs domaines et des tributs qu'ils percevaient à l'extérieur, en
vertu du droit qu'ils s'arrogeaient de prendre la terre des
vaincus. Sumner-Maine a fait voir que ces Etats n'étaient
en quelque sorte que la juxtaposition des anciens groupes
primitifs qui avaient conservé leurs coutumes, de sorte
qu'ils ne légiféraient pas (1).

Dans les Etats modernes, au contraire, ces communautés
primitives ayant été de plus en plus divisées, le pouvoir
juridique de l'Etat a pris de plus en plus de force et, à la
place des coutumes diversifiées, s'est élevée la loi. Cette
transformation très importante a entraîné une évolution
fiscale. A mesure que, dans cette formation des Etats modernes, le pouvoir central a absorbé les divers pouvoirs
locaux, les revenus publics n'ont plus eu seulement pour
origine les exploitations domaniales dont le produit a tenu
de moins en moins de place dans les budgets : ils ont été,
en outre, demandés à l'impôt, qui, d'aide extraordinaire
qu'il était d'abord, est devenu peu à peu la ressource normale des gouvernements. Nous examinerons par la suite
s'il est vrai que cette tendance fiscale, constatée jusqu'ici
chez les nations réputées les plus civilisées, est, comme on
le prétend, en train de se modifier. Constatons seulement
ici que c'est dans les Etats occidentaux contemporains que
la puissance législative est poussée au plus haut degré et
que, surtout dans les républiques démocratiques, la manie

(1) *Etudes sur l'histoire des institutions primitives*, traduction Durieu
de Leyritz Ernest Thorin, 1880, chap. XIII.

de légiférer sur les moindres détails de la vie économique est poussée à un degré tel qu'elle devient un véritable danger social. Elle favorise les bouleversements sociaux, chaque parti arrivant au pouvoir se servant successivement du droit de légiférer pour essayer de faire prédominer ses intérêts économiques ou d'appliquer ses théories ou ses rêves politiques (1).

Entre les Etats occidentaux eux-mêmes, il y a des différences importantes selon la réaction que l'Etat exerce sur la société. On peut citer, comme exemple de contraste à ce sujet, l'Allemagne et l'Angleterre. Dans les pays où a régné le droit romain, comme l'Allemagne, l'Etat régit plus étroitement la famille et la division du travail, tandis que c'est le contraire qui se produit dans les pays de droit germanique, comme l'Angleterre. Dans les Etats nouveaux nés de la colonisation moderne, comme l'Australie, nous retrouverons, comme au début de toutes les sociétés, les causes ayant pour effet de faire régir plus étroitement par l'Etat la vie économique.

Si l'évolution politique influe sur la fortune de l'Etat, il est non moins certain que celle-ci dépend encore plus étroitement des transformations qui s'opèrent dans l'ordre économique. Les modifications subies par la richesse des sociétés laissent leur empreinte sur les diverses formes qu'elle revêt depuis l'époque où les clans et les tribus ont fait place à l'Etat. Bétail, terres, métaux précieux, manufactures royales, domaines ruraux, trésors métalliques et fiduciaires, grandes industries d'Etat, participations dans les Banques ou entreprises industrielles, etc., tels sont les as-

(1) C'est en considérant cette dernière forme de l'Etat que Marx et Engels ont pu dire que l'Etat n'est pas un pouvoir imposé du dehors à la société, mais qu'il résulte de la lutte des classes et qu'il est le détenteur du pouvoir politique d'une classe dominante.

pects divers sous lesquels elle se présente tour à tour et, lorsqu'elle se restreint au point de vue foncier et territorial, c'est pour se développer sous d'autres formes plus modernes, comme la forme industrielle.

L'extension territoriale du domaine des Etats est elle-même un résultat de causes économiques. Les conquêtes et les colonisations du monde antique et des peuples du Moyen Age, entraînant à leur suite la prise de possession par l'Etat de vastes étendues de terres, sont dues en grande partie à des causes économiques et on peut en dire autant de beaucoup d'entreprises de colonisation modernes.

Au point de vue juridique, la domanialité subit aussi une évolution profonde. A mesure que, dans le rôle de l'Etat, on distingue de plus èn plus la propriété de la souveraineté et que le droit public se constitue, les biens qu'il détient passent du régime patrimonial dans le sens du droit romain, avec la réunion de l'*usus*, du *fructus* et de l'*abusus*, à celui de la domanialité publique, forme sous laquelle ils deviennent inaliénables et imprescriptibles. Il se reconstitue ainsi une propriété sociale à l'usage de tous et susceptible d'un développement qu'il nous est encore impossible de prévoir. La constitution d'un domaine public coïncide avec la disparition graduelle du Domaine privé de l'Etat, surtout de son domaine foncier, et elle n'est pas, comme l'ont cru certains esprits superficiels, l'effet d'une pure fiction juridique. Elle est née, dans notre monde moderne, d'un état social nouveau. La forme de production nécessitée par la naissance de la grande industrie a amené la création d'immenses capitaux mobiliers qui ont permis de pourvoir, par l'impôt et l'emprunt, aux énormes dépenses qu'a occasionnées le développement immense du domaine public, qui grève encore si fortement les générations actuelles.

Précisons maintenant ce que nous entendons par évolution financière.

Nous venons de voir que les faits économiques ont une influence prépondérante dans la formation de la fortune de l'Etat et que les facteurs politiques, auxquels on serait tenté d'attribuer une importance plus grande, parce que leurs manifestations frappent tout d'abord l'imagination, dépendent eux-mêmes, en grande partie, de causes plus profondes. C'est ainsi que le passage des groupes primitifs de l'état nomade à l'état demi-nomade, puis sédentaire, que le défrichement et la culture du sol, dus à la propagation de certaines inventions agricoles, et surtout aux facilités plus ou moins grandes de l'irrigation, ont entraîné des changements dans les institutions religieuses, politiques, juridiques et fiscales des sociétés primitives, ainsi que l'a montré Sumner-Maine. De patriarcales, ces institutions sont devenues seigneuriales et se sont trouvées liées à la propriété territoriale. La propriété de l'Etat s'est unie intimement à la souveraineté politique.

On voit sans cesse grandir, au cours de l'histoire, les influences d'ordre économique sur la composition de la fortune publique. La transformation de l'économie en nature en économie en argent a permis l'avènement de l'impôt et la révolution qui s'est produite dans le mode de production par la naissance de la grande industrie a changé profondément les bases sur lesquelles reposaient les revenus publics. Est-ce à dire que ces transformations financières s'enchaînent dans une sorte d'évolution uniforme et continue ayant pour point de départ des causes économiques et se représentant identiquement dans toutes les civilisations et chez tous les peuples ? Nous nous garderions bien de l'affirmer. Nous ne pensons pas que les faits sociaux ont le privilège de s'engendrer rigoureusement les uns les autres, en dérivant d'une cause unique (1). Mais on s'aperçoit, en approfondissant l'histoire des finances publiques, que certaines causes générales d'ordre économique ont marqué les transformations financières de leur empreinte et, que, dans divers pays et à des époques éloignées, on retrouve les mêmes tendances, aussi bien dans le monde ancien que dans le monde moderne.

Aussi, quand nous parlons d'évolution en ce qui concerne la fortune domaniale de l'Etat, entendons-nous par là le sens général du courant qu'ont suivi la grandeur, la forme et la nature de cette fortune à partir de ces grands faits de l'histoire de la civilisation, nés eux-mêmes de la combinaison de lents et innombrables efforts individuels, unis à ceux de l'Etat et que l'on retrouve à l'origine de toutes les nations : la transformation des groupes nomades en groupes sédentaires, le défrichement et l'appropriation du sol, les premières colonisations, l'avènement de la monnaie frappée, la conversion en argent des services personnels, la naissance de la grande industrie, etc. C'est dans la mesure où ces grands faits de l'histoire ont agi sur les faits proprement financiers que nous croyons à la possibilité de formuler, en cette matière, des lois d'évolution. Mais nous nous garderions bien de négliger l'influence de facteurs plus directs qui mettent en lumière des lois plus explicatives, les lois de causation. Pour arriver, en effet, à comprendre le véritable sens de l'évolution sociale, il faut tenir compte des éléments constants aussi bien que des éléments variables de la vie sociale, des faits intellectuels aussi bien que des faits matériels, et des idées et croyances qui peuvent venir modifier, à chaque moment de l'histoire, l'ensemble des institutions existantes. Les faits sociaux

---

(1) C'est là l'écueil où se sont souvent heurtées la philosophie de l'histoire et la sociologie.

sont, en somme, régis par l'opinion, c'est-à-dire par cet ensemble de croyances, de désirs et d'aspirations qui finissent par s'imposer dans une société et avec une facilité d'autant plus grande que les moyens de propagation des idées sont plus nombreux et plus variés, que la population est plus dense et que la division du travail est plus développée.

C'est principalement dans les sociétés occidentales, où le pouvoir de légiférer a pris une si grande importance, que les idées élaborées par l'opinion, en passant dans la loi, ont le plus de chance de modifier les institutions financières. Aussi nous a-t-il paru indispensable, en étudiant la fortune de l'Etat dans son devenir, de faire une place à la discussion des théories ou des aspirations qui, sous le nom de saint-simonisme, de communisme, de collectivisme, de socialisme d'Etat (1), etc., tendent à en modifier la composition.

C'est un fait digne de remarque que si le développement et la marche de la civilisation ont pour effet de mettre de plus en plus en relief les questions d'ordre économique, celles-ci à leur tour tendent à se fixer dans les faits de l'ordre financier, en donnant toujours plus d'importance aux chiffres, par lesquels s'exprime de plus en plus aujourd'hui l'intérêt collectif. Peut être les revendications sociales modernes, en se traduisant par des questions de finances publiques, ne feront-elles que ramener la science économique à son but primitif en lui enlevant un peu de son caractère individualiste. Cette science, en effet, est née en grande partie de la nécessité où l'on se trouvait d'étudier les diverses sources de revenu où pouvait puiser l'Etat, de sorte qu'elle se confondait, à l'origine, avec la science des finances.

(1) Ce n'est pas sans raison qu'au congrès d'Erfurt, la démocratie socialiste allemande considérait le socialisme d'Etat « comme un système d'étatisation dans un but fiscal ». Cf. Ad. WAGNER, *Loc. cit.*, tome I, p. 83.

CHAPITRE II

LES THÉORIES DE L'ETAT ET L'ÉVOLUTION DE LA SCIENCE
DES FINANCES

I. La science des finances a trois origines distinctes : les caméralistes, les physiocrates, Adam Smith et son évolution se rattache aux théories de l'Etat émises par ces diverses écoles. — Le caméralisme et son évolution, de Seckendorf à Sonnenfels. — II. Les physiocrates et leurs théories financières basées sur le système agricole et leur concept de l'Etat. — III. Adam Smith et la phase scientifique de la science des finances. — Le rôle de l'Etat en matière économique et financière, d'après Adam Smith. — IV. La phase dite sociale. — A-t-elle un caractère scientifique ?

On peut assigner comme origine à la science des finances trois écoles distinctes : celle des caméralistes en Allemagne, celle des physiocrates en France, celle de Hume et d'Adam Smith en Angleterre. Tout en se plaçant à des points de vue différents qui reflètent l'époque à laquelle elles appartenaient, ces écoles ont eu chacune leur conception du rôle de l'Etat et de la manière dont il doit pourvoir aux besoins généraux et permanents de la nation.

Abstraction faite de l'antiquité et du Moyen Age, on peut distinguer quatre phases distinctes dans l'évolution des théories financières.

La première phase commence au xvi° siècle. C'est la période de transition entre le Moyen Age et les temps modernes et de nombreuses transformations politiques, juridiques et économiques sont en train de se produire. Une première notion de l'Etat, personnifié dans le prince, se dégage ; le droit romain est remis en honneur et devient de plus en plus prépondérant ; l'économie en nature se transforme en économie en argent.

On rencontre à cette époque en France, en Italie, en Hollande et surtout en Allemagne des écrivains dont les théories sont dominées par la doctrine de l'absolutisme du prince, d'où naît un premier concept de l'Etat et de son rôle financier. C'est dans les ouvrages de science politique comme ceux de Jean Bodin (1) et de Grégorius Tholosanus (2) en France, de Boxhorn (3) en Hollande, de Botero (4) en Italie, d'Obrecht (5), de Bornitz (6), de Besold (7), en Allemagne, que l'on rencontre les premières théories financières. Dans l'ouvrage de Jean Bodin qui peut passer pour un des plus importants et où l'on trouve une sorte de système de finances, on indique les causes du renchérissement des prix et le rôle de la monnaie. Les revenus du prince sont à peu près les mêmes que ceux des Etats de l'antiquité : revenus domaniaux, butin pris sur l'ennemi, présents des sujets, tribut des alliés, commerce d'Etat et contributions des marchands (douanes). Mais l'impôt ne doit être levé qu'en cas d'absolue nécessité, comme le cas de guerre. C'est le système domanial de finances qui a longtemps régné chez les nations anciennes.

(1) *De republica* (1584). Cf. aussi BAUDRILLART, *Bodin et son temps*, Paris, 1853.

(2) *De republica* (1596).

(3) *Institutiones politicæ* (1643).

(4) *Della ragione di stato* (1589).

(5) *Funf underschiedliche Secreta Politica*, etc. (1617). Cf. aussi, sur Obrecht, SMALL, *The Cameralists*, Chicago et London, 1909, p. 40 et suivantes.

(6) *Aerarium* (1612).

(7) *De ærario* (1620).

Les écrivains allemands, notamment le juriste Obrecht, de Strasbourg, préconisent les régales fiscales, c'est-à-dire le droit exclusif pour le prince d'exercer certaines fonctions ou d'exploiter certaines industries dans un but fiscal, mais il faut constater qu'à côté de cette tendance générale d'autres écrivains, comme Bornitz, tout en faisant toujours de l'économie domaniale la base des revenus du prince, manifestent des idées plus libérales, n'admettent qu'exceptionnellement les régales, réclament la proportionnalité dans l'imposition, réprouvent même les exemptions en faveur des classes privilégiées et établissent le droit des Etats au consentement et au contrôle des impôts.

En Allemagne, ce sont les caméralistes qui ont joué le rôle le plus important dans la création de la science des finances.

Le caméralisme est peu connu et il a souvent été mal interprété, surtout en Angleterre et en France. Il n'était pas, comme on l'a cru, une théorie économique, une recherche sur les principes abstraits de la richesse dans le sens qu'Adam Smith a attaché à ce mot, mais une pratique et une théorie de gouvernement, un ensemble de règles administratives peu à peu généralisées et qui toutes concouraient à la satisfaction des besoins financiers du prince ou de l'Etat qui, dans l'esprit des caméralistes, se confondaient avec ceux du peuple. Dans cette conception, l'Etat était comme une famille agrandie se livrant à une vaste entreprise agricole, commerciale et industrielle et dont l'unité était symbolisée par le prince (1).

Son histoire remonte d'ailleurs à plus d'un siècle avant

____

(1) Cf. SMALL, *Loc. cit.*, p. 588. Cf. aussi, sur l'ensemble des caméralistes, ROSCHER, *Geschichte der National Oekonomik in Deutschland*, Munich, 1874. L'œuvre récente de M. Small est, en beaucoup de points, une critique des opinions de Roscher sur les caméralistes.

l'apparition des premiers ouvrages des caméralistes ; elle serait antérieure à l'époque de l'Electeur Auguste de Saxe (1553-86) et du Landgrave Philippe de Hesse (1518-67) et remonterait à l'empereur Maximilien Ier, mais c'est dans le cours du xvie siècle que cette technologie administrative commença à se développer dans les principaux Etats de l'empire. Le système avait été élaboré par les intendants et adopté par les souverains longtemps avant sa généralisation théorique.

Les caméralistes de bureau ont donc précédé les caméralistes du livre et ceux-ci ont souvent été eux-mêmes des praticiens. Ils ont codifié, à l'usage de l'enseignement, les règles déjà adoptées, et ont cherché de nouveaux moyens financiers à mesure que les besoins de l'Etat augmentaient. Si l'on se représente l'état social de l'Allemagne, du xvie au xviiie siècle, et son morcellement en un grand nombre de principautés, si l'on songe que la condition générale des nations à cette époque était la guerre et que le principal besoin des gouvernements était d'avoir de l'argent comptant pour soutenir la lutte ; si l'on se représente les difficultés de la mise en valeur de tous ces territoires, occupés par une population ignorante et dépourvue d'initiative, on peut très bien comprendre que les caméralistes aient posé en principe que tous les problèmes de sécurité intérieure et de bien-être de la population devaient se résumer eux-mêmes dans la question des revenus du prince (1).

On a cru que les caméralistes avaient enseigné une doctrine économique basée sur ce qu'Adam Smith a appelé plus tard le système mercantile, mais les recherches que M. Small a faites dans les textes eux-mêmes prouvent que, pour eux, le mercantilisme n'était pas une théorie écono-

_____

(1) Cf. SMALL, *Loc. cit.*, introduction.

mique telle que nous la présentent les historiens de l'économie politique, mais un expédient fiscal, basé sur une police politique qui était la règle générale en Europe sous le nom de mercantilisme (1).

On peut constater, dans l'enseignement caméraliste, une évolution qui fait une place toujours plus grande à l'impôt dans les revenus du prince. Le caméralisme commence avec Seckendorff et finit avec Sonnenfels, en passant par Justi, qui en est le point culminant.

Veit Ludwig von Seckendorf est l'un des représentants les plus importants du caméralisme. Les deux ouvrages qui ont établi son influence (2) ont longtemps constitué la base de l'enseignement de la science camérale dans les universités allemandes. Le principal ouvrage, *Der Fürsten Staat*, est divisé en quatre parties : la première partie est une sorte de description des caractères externes d'une principauté, de ses particularités géographiques et topographiques, de ses conditions de culture, de son organisation politique et sociale. La deuxième traite du gouvernement et de l'organisation d'une principauté, sous un régime politique de quasi-absolutisme (3). Les jugements portés par les caméralistes sur les questions économiques proprement dites, commerce, monnaies, impôts, découlent de cette conception fondamentale de l'Etat. Dans la troisième partie, on aborde les questions financières (*Staatwissenchaft*) c'est-à-dire celle des revenus domaniaux et régales du prince. Cette partie financière est plutôt pratique que théorique et elle offre un certain intérêt, en ce sens que l'on y voit la situa-

---

(1) Cf. Small, *Loc. cit.*, p. 7 et Schmoller, *Studien über die wirthschaftliche Politik Friedrichs des Grossen* (1883).

(2) *Der Deutsche Fürsten Staat* (1656) et *Der Christen Staat* (1685). Cf. Small, *Loc. cit.*, p. 70 et Wagner, *Finanzwissenchaft*, trad. française, p. 50, note.

(3) Cf. Small, *Loc. cit.*, p. 70 et suivantes.

tion réelle des finances dans les Etats allemands à cette époque. On y distingue les biens et revenus propres du prince (bâtiments, biens domaniaux agricoles, rentes, censives, intérêts, dîmes), des revenus attachés à la souveraineté (régales des mines, des monnaies, droits d'escorte et de péage, droits féodaux, droits de chasse et de vénerie, droits de pêche et de jouissance des eaux, droits forestiers, justice fiscale). On y traite ensuite de l'administration financière proprement dite, c'est-à-dire de l'organisation de la chambre (*Kammer*) du prince en vue de surveiller la rentrée des revenus domaniaux et régales, et on y trouve des explications sur la comptabilité et le budget. Dans un autre chapitre intéressant, l'auteur expose tout ce qui concerne l'économie privée du prince et l'administration de la cour, et on y voit figurer une classification des dépenses publiques : traitements des fonctionnaires de la Cour et de l'Etat, entretien des châteaux et édifices publics, des forteresses, routes et ponts, affaires ecclésiastiques, scolaires et d'assistance (1).

La quatrième partie est consacrée à un plan d'organisation coordonné avec les trois autres et basé sur les données précédentes (2).

Si nous donnons une analyse de ce livre, c'est qu'il nous a paru intéressant de montrer l'état de la science au milieu du xvii⁰ siècle. Il y a lieu de remarquer que Seckendorff place au premier rang des ressources du prince les revenus domaniaux et les régales et qu'il considère les impôts comme des ressources extraordinaires ayant un caractère plutôt volontaire. Il est, comme certains écrivains modernes, animé du désir de supprimer les impôts, mais voyant que l'augmentation des dépenses ne le permet pas, il incline

____

(1) WAGNER, *Finanzwissenschaft*, trad. française, tome I, p. 51, note.
(2) SMALL, *Loc. cit.*, p. 71 et suiv.

vers les impôts de consommation, licences et accises.

De Seckendorf à Justi, on pourrait encore citer un certain nombre de caméralistes qui ont apporté à la science leur contribution spéciale, mais toutes leurs idées peuvent se résumer dans celles du plus grand théoricien de ce système de finances, Justi.

Johann Heinrich Gottlob von Justi a abordé toutes les parties de la science camérale : la politique et la science de l'état proprement dite ; la science de la police ; la théorie systématique des finances ; l'économie nationale (1).

Au point de vue politique, ses idées sont influencées par Montesquieu, bien qu'il trouve certaines erreurs dans l'*Esprit des lois*. Il veut approfondir la nature et l'essence des lois qui sont les moyens, pour l'Etat, d'atteindre ses buts essentiels, et il présente le résultat de ses recherches comme étant la science fondamentale de toutes les sciences économiques et camérales parce qu'elle constitue une sorte de métaphysique politique des sciences administratives. Ces dernières doivent être basées sur la nature et l'essence de l'Etat, qui en est la plus haute source (2).

Comme tous les caméralistes, son objectif philosophique est le bonheur commun et ses moyens sont basés sur l'absolutisme. Il est évident que cette conception était impuissante à résoudre les conflits que le développement économique devait faire naître entre l'intérêt de l'Etat et la liberté individuelle.

En ce qui concerne la science économique, Justi marche dans la voie tracée par ses prédécesseurs Seckendorff, Schröder, Gerhard, Gasser, etc. Cette science est, pour lui,

____

(1) *Staatswirtschaft* (1752) ; *System des Finanzwesens* (1761) ; *Die Natur und das Wesen der Staaten* (1760) ; *Grundsätze der Policeywissenschaft* (1782).

(2) *Die Natur und das Wesen der Staat.* Cf. SMALL, *Loc. cit.*, p. 399.

la théorie de la conservation et de l'accroissement du patrimoine de l'Etat et, par conséquent, elle renferme l'art politique, la science de la police et du commerce, l'art économique. C'est donc dans son livre *Staatswirtschaft* que ces questions sont traitées et on y trouve un grand nombre de maximes sur la manière de gouverner et d'assurer la sécurité extérieure et intérieure de l'Etat, sur les relations des diverses classes de la société entre elles et avec l'Etat ; sur les devoirs qui incombent aux sujets du prince pour favoriser l'augmentation des richesses de l'Etat, sur la population, le commerce avec les étrangers, etc.

Comme on le voit en lisant cette énumération, il existe dans ce livre une certaine confusion entre des questions qui appartiennent à la science économique, à la politique, à la police, à la science camérale ou financière. Partout apparaît le point de vue interventionniste, qui implique la tutelle de l'Etat. Il semble toutefois que l'on a exagéré en disant que les caméralistes ont cru que la richesse consistait exclusivement dans les métaux précieux. Le mercantilisme que l'on rencontre chez eux est plutôt le résultat de la police politique et fiscale que d'une théorie économique proprement dite (1).

La seconde partie de l'œuvre de Justi concerne la science camérale ou financière. Pour lui, celle-ci est une « théorie de l'usage raisonnable du patrimoine de l'Etat » et, en même temps, une pratique, puisqu'elle renferme une foule de prescriptions à ce sujet. Le principe fondamental, en ce qui concerne le patrimoine de l'Etat est, ici comme partout, d'agir dans le sens « du bonheur commun du prince et des sujets ». On y traite, dans trois parties distinctes, de l'assiette des impôts, des dépenses de l'Etat, de l'organisation

____

(1) SMALL, *Loc. cit.*, introduction, etc.

et de l'administration du travail caméral. Justi fait une part plus grande que ses prédécesseurs à l'impôt. Il examine successivement les impôts en général, les contributions et taxes sur les immeubles, les personnes et les métiers (excises) ; la levée de contributions extraordinaires et enfin les dépenses de l'Etat.

Un grand pas est fait avec Justi dans l'évolution du caméralisme. Il constate d'abord que les domaines et les régales ne sont plus suffisants pour couvrir les dépenses de l'Etat dans l'état actuel des armements de l'Europe et du luxe grandissant des cours : aussi est-il nécessaire d'avoir recours à l'impôt.

Il établit six règles fondamentales relatives à l'impôt qui sont à peu près les mêmes que celles d'Adam Smith. Elles sont même, en un certain sens, plus favorables au contribuable et elles semblent le ménager davantage. Il examine ensuite les différentes natures d'impôts. Cette partie de son livre est remarquable et Justi semble avoir des connaissances plus étendues en matière fiscale que dans la science politique proprement dite.

La dernière phase du caméralisme se termine avec Joseph von Sonnenfels, auteur d'un livre qui a fait longtemps autorité en Autriche (1).

Au point de vue politique, Sonnenfels est partisan de l'absolutisme, mais on constate que, chez lui, ce principe est mitigé par les idées philosophiques qui régnaient dans la seconde moitié du xviii° siècle, notamment celles de Rousseau.

Il traite de la police, du commerce et des finances dans un esprit plus scientifique que ses prédécesseurs et fait res-

____

(1) *Grundsätze der Polizey, Handlung und Finanz*, 1ʳᵉ édition, Vienne, 1765.

sortir les avantages que l'individu retire de la société et les heureux effets de la réciprocité des services sociaux. En définissant le rôle de l'argent et en énumérant les sources de la richesse, il semble moins imbu de mercantilisme que les autres caméralistes. Au point de vue financier, il adopte une division des revenus de l'Etat en deux classes : la première comprend ceux provenant de ce qu'il appelle la propriété commune (biens de la couronne, droits régaliens) (1) ; la seconde comprend ceux qui sont pris sur les citoyens individuellement. Les premiers devraient satisfaire aux dépenses ordinaires et les seconds couvrir les dépenses extraordinaires. C'est toujours, au fond, le principe des finances domaniales.

Le caméralisme se termine-t-il en Allemagne avec Sonnenfels ? On pourrait soutenir qu'il se prolonge jusqu'au temps de Rau, bien que celui-ci ouvre la période proprement scientifique. Le caméralisme a exercé en Allemagne une très grande influence sur la conception du rôle de l'Etat en matière financière. Les auteurs allemands, et notamment Wagner (2), y voient une supériorité, en ce sens que la théorie financière y était plus systématisée et plus perfectionnée dans les détails. Bien que, plus tard, cette conception ait été modifiée par l'influence des physiocrates, d'Adam Smith et par les idées propagées par la Révolution française, elle a laissé des traces nombreuses non seulement dans la littérature financière de l'Allemagne mais encore dans la pratique administrative de ce pays. A certains égards l'étatisme financier qui distingue les *Katheder socialisten* peut être considéré comme une survivance du caméralisme, compliqué d'autres facteurs.

(1) Cf. Small, *Loc. cit.*, p. 579.
(2) Wagner, *Finanzwissenschaft*, traduction française, tome I, p. 49.

II

Nous arrivons maintenant à une autre origine de la science des finances. La doctrine physiocratique a exercé à son tour sur elle une certaine influence. En quoi consiste cette doctrine ? On a longtemps méconnu son rôle véritable dans l'évolution sociale et il faut entendre la « physiocratie » dans un sens large, dans son véritable sens historique. Considérée sous cet aspect, elle renferme une théorie générale du droit public, avec ses subdivisions à l'économie, à la politique, à la morale. Elle constitue un remarquable effort pour constituer une science de la société, une véritable sociologie.

Bien que cette tentative ait avorté, l'influence qu'ont exercée les physiocrates sur le mouvement social a été très grande. En définissant les droits naturels de l'homme en société, ils ont, avec les philosophes comme Montesquieu et Rousseau, contribué à fonder une théorie du droit public et à faire proclamer par la Révolution la séparation de la souveraineté et de la propriété. C'est ainsi que l'idée de l'Etat, personnifié dans le souverain, a fait place à celle de l'Etat, personnifié dans la nation. Toutefois, la Révolution n'a pas tiré toutes les conséquences de cette phase nouvelle du concept de l'Etat, qui tend à donner une place toujours plus grande à la domanialité publique dans l'ensemble de la fortune nationale.

C'est le Dr Quesnay qui, au milieu du xviiie siècle, vers 1750, a fourni à l'école des physiocrates ou des « économistes » les matériaux nécessaires à sa doctrine (1), la-

____

(1) *Le droit naturel. Analyse du tableau économique ; Maximes géné-*

quelle contient, non seulement une théorie du droit naturel, mais d'autres théories sur la production agricole, sur la répartition économique, sur le gouvernement despotique éclairé. Au point de vue économique, les physiocrates ont réagi contre le système de police fiscale connu sous le nom de mercantilisme, mais ils ont cru, à tort, que le travail de la terre est le seul qui rapporte une plus-value entièrement créée par la nature, après que les avances primitives ont fait l'objet de reprises. C'est ce que les physiocrates appelaient le produit net. Tous les autres travaux, d'après eux, étaient improductifs. Ils ont proclamé la libre concurrence entre les individus comme condition du développement de la production et la liberté du commerce international et des échanges.

Les conceptions des physiocrates sont directement opposées à celles des caméralistes en ce qui concerne le rôle de l'Etat. Au lieu de voir en lui le dispensateur général du bien-être qui surveille et réglemente la vie économique de la nation, ils réduisent l'Etat à un rôle de protecteur de la liberté, sans qu'il ait à s'immiscer dans le commerce ou l'industrie. Cette réduction des fonctions de l'Etat devant amener une réduction parallèle de ses besoins financiers, il devint facile d'y pourvoir. Et partant de leurs idées erronées sur le produit net du sol, les physiocrates veulent transformer complètement le système fiscal en remplaçant tous les impôts existants par un impôt unique sur le produit net des biens-fonds et en supprimant tous les impôts sur les salaires et les denrées.

C'est en se basant sur ces principes que Dupont de Nemours croyait que l'on pouvait subvenir à tous les besoins de l'Etat au moyen de ce qu'il appelait « les constitutions

rales du gouvernement économique d'un royaume agricole (Collection des principaux économistes-Physiocrates, vol. II).

domaniales de finances ». Dans sa correspondance avec
J.-B. Say (1), il distingue trois formes parmi ces anciens
systèmes de finances domaniales : le système à partage de
terres ; le système à partage de fruits ; le système à partage
de revenus. Dans le premier système, qui était celui des
Egyptiens, une portion déterminée du domaine était abandonnée une fois pour toutes et affectée spécialement à un
service déterminé (en Egypte à l'une des castes dominantes.) Dans le second cas, qui était celui de la dîme chez
les Hébreux, il s'agissait d'un partage de produits bruts.
D'après Dupont de Nemours, le second système était bien
plus vexatoire que le premier, parce qu'il ne tenait compte
ni des frais de culture, ni de l'inégale fertilité des terres et
que l'on condamnait ainsi à la stérilité toutes les terres
dont le produit était inférieur au dixième de la récolte.
Après avoir fait la critique de ces finances domaniales, qui
étaient cependant appropriées à l'état social des nations antiques, Dupont de Nemours proposait lui-même un troisième
système dit « à partage de revenus » et dans lequel on aurait partagé entre l'Etat et les particuliers les revenus nets
de la terre, de la pêche, des forêts, des mines et des
carrières. En France, le cinquième de ces revenus aurait
suffi pour pourvoir à toutes les dépenses de l'Etat, même
au remboursement successif de la dette publique. D'après
lui, ces constitutions domaniales des finances auraient eu
sur tous les autres moyens de pourvoir aux besoins de
l'Etat deux avantages précieux : le premier, de ne mettre
aucune division d'intérêts entre le gouvernement et la nation, le second, de ne pas donner lieu à la corruption vénale. Est-il nécessaire d'ajouter que J.-B. Say n'eut pas

____

(1) DUPONT [DE NEMOURS, *Correspondance avec J.-B. Say* (*Collection
des principaux économistes. Physiocrates*, Guillaumin et Cie, Paris).

beaucoup de peine à démontrer au disciple de Quesnay qu'indépendamment des difficultés pratiques insurmontables que présentait son système, le travail sous toutes ses formes, et par conséquent le travail commercial et industriel, est aussi une source de richesse et qu'à ce titre il doit également contribuer aux dépenses communes?

On voit combien les physiocrates s'occupaient des finances publiques et, malgré leurs erreurs, la critique qu'ils ont faite des abus qui existaient en matière d'impôts a beaucoup contribué, non seulement en France, mais dans les pays étrangers, à améliorer le régime fiscal existant (1).

III

Une troisième période de la science des finances s'ouvre avec Adam Smith.

Nous avons vu que les caméralistes avaient rattaché la science des finances à leur théorie de l'Etat et à l'ensemble des pratiques administratives en usage de leur temps. Plus tard les physiocrates, partant d'un point de vue opposé en ce qui concerne le rôle économique de l'Etat et partisans de la libre concurrence, avaient élaboré une vaste synthèse sociologique dont ils déduisaient leurs doctrines financières. Ils pensaient pouvoir transformer l'état économique de la nation par leurs réformes fiscales. Adam Smith, tout en limitant aussi le rôle de l'Etat, repousse les théories du système agricole et de l'impôt unique, rattache plus intimement les finances à l'économie nationale, dont il fait une science historique et comparative, et il emploie la véri-

---

(1) Il faut citer, parmi les principaux physiocrates, Mercier de la Rivière, l'abbé Beaudeau, Mirabeau le père, Turgot, etc.

table méthode scientifique en matière économique. Constatons que cette méthode n'a pas toujours été suivie par ceux qui se disaient ses disciples et que quelques-uns d'entre eux lui ont même fait le reproche incompréhensible d'allier les faits historiques à la théorie (1).

Le grand mérite d'Adam Smith, ce n'est pas d'avoir formulé ces fameuses règles de l'impôt que d'autres avant lui, et notamment Justi, avaient aussi énoncées et parfois presque dans les mêmes termes. Ces règles ne sont d'ailleurs que des formules générales pouvant donner lieu à des différences d'interprétation et, par conséquent, soulever des controverses. L'étude objective de l'impôt dans les diverses civilisations montre d'ailleurs que ces règles, comme toutes celles qui ont été formulées avant ou après lui, notamment par Stuart-Mill, n'ont jamais été appliquées strictement nulle part et qu'il faut les considérer comme un idéal à atteindre. La matière fiscale est trop changeante pour se prêter à des règles immuables. Comme l'a démontré Roscher, l'incidence de l'impôt, dans les diverses civilisations, est une conséquence directe des transformations politiques et sociales.

Le véritable service rendu par Adam Smith à la science des finances est d'avoir groupé les faits financiers pour en faire l'objet d'une étude d'ensemble rattachée à l'économie politique. Dans ses recherches sur les diverses formes de l'activité de l'Etat, manifestées par les dépenses du Souverain, aussi bien que dans celles concernant le revenu public,

____

(1) On peut considérer le grand historien Hume comme l'un des précurseurs d'Adam Smith par ses travaux sur l'histoire des faits économiques et sa théorie de l'impôt, dans laquelle il se montre l'adversaire des doctrines fiscales des physiocrates. Toutefois, cette influence ne retire rien au mérite d'Adam Smith qui a mis en pleine lumière l'erreur du système agricole.

il s'est servi des enseignements de l'histoire sans négliger l'observation des faits contemporains.

On sait que le cinquième livre de son grand ouvrage sur la *Richesse des nations* est consacré tout entier à la science des finances (1) Contrairement à la division adoptée généralement avant lui, il commence par l'examen des dépenses en étudiant les attributions essentielles de l'Etat. A propos des dépenses exigées par la défense commune, il passe en revue l'organisation militaire dans les différentes sociétés, depuis les peuples primitifs, chasseurs, pasteurs et agriculteurs, jusqu'aux peuples modernes, en passant par les Grecs et les Romains. Il conclut que l'organisation des milices et l'invention des armes à feu, en augmentant la sécurité intérieure et extérieure, tout en en exigeant des dépenses plus grandes, a agi dans l'intérêt de la civilisation en permettant aux Etats civilisés et riches de se défendre contre les peuples barbares, ce qu'ils ne pouvaient pas faire auparavant. L'Etat doit se faire respecter à l'extérieur, et c'est là le premier de ses devoirs.

Il examine de même l'administration de la justice à tous les stades de la civilisation et il fait remarquer à ce propos que les ressources extraordinaires du chef dans les sociétés primitives consistaient dans les dons et présents, celui-ci s'entretenant dans les circonstances ordinaires au moyen de son domaine. Il recherche aussi les causes d'inégalités sociales en remontant aux sociétés primitives et fait voir comment, dans ces sociétés, la richesse et le pouvoir sont

---

(1) Remarquons que, pour Adam Smith, l'économie politique et la science des finances se confondent, comme pour les caméralistes. L'économie politique, science du législateur et de l'homme d'Etat, a deux objets : le premier, de mettre le peuple en état de se procurer un revenu ou une subsistance abondante ; le second de fournir à l'Etat ou à la communauté un revenu suffisant pour le service public (*Richesse des nations*, livre IV. Introduction).

intimement unies et comment l'inégalité de fortune a pu contribuer, dans une certaine mesure, à l'établissement du gouvernement civil (1).

En s'occupant des dépenses relatives à l'instruction publique, Adam Smith (2) fait ressortir les inconvénients de la division du travail qui amène dans les classes inférieures l'engourdissement des facultés morales et il montre le contraste entre l'homme civilisé et l'homme des sociétés inférieures, obligé de dépenser une bien plus grande somme d'activité. Il passe en revue les différents systèmes d'éducation chez les Grecs et les Romains, ainsi que leur organisation militaire, et recommande à l'Etat d'imposer aux classes inférieures du peuple, moyennant une faible dépense, l'obligation d'acquérir une instruction élémentaire et de s'appliquer aux exercices militaires. Le grand économiste était un précurseur de nos idées modernes sur l'instruction gratuite et obligatoire et le service militaire (3).

Ces quelques exemples prouvent que la méthode employée par Adam Smith diffère totalement de celle de ses prédécesseurs, les caméralistes et les physiocrates. Son étude est à la fois historique et critique : l'antiquité, le Moyen Age, le servage, le système féodal lui servent à édifier sa

(1) Ces questions sont d'ordre sociologique. Cf. notre brochure *La richesse et le pouvoir*, Giard et Brière, (1901).

(2) Adam Smith fait en quelque sorte l'histoire de la civilisation, qu'il avait d'ailleurs entrepris d'écrire. On peut dire qu'à certains égards, il est un précurseur des sociologues (Cf. sur ses écrits *Adam Smith, sa vie, ses travaux et ses doctrines*, par A. Delatour, Paris, Guillaumin et Cie.)

En ce qui concerne l'impôt chez les peuples primitifs, on peut consulter une brochure que nous avons publiée : *Les formes primitives de la fortune publique*, Giard et Brière, 1909.

(3) *Recherches sur la nature et les causes de la richesse des nations*, livre V, chap. I. Dépenses du souverain. Instruction publique.

théorie du développement économique et financier, mais, en même temps, il ne néglige ni le point de vue juridique, ni l'observation des faits contemporains.

Les *Katheder socialisten* ont reproché à Adam Smith d'avoir une théorie de l'Etat insuffisante et imparfaite. Ils ont insisté sur sa méconnaissance du rôle de l'Etat dans l'économie nationale (1). Sans doute, les idées de Smith à cet égard diffèrent de celles de ses prédécesseurs. Pour les caméralistes, l'Etat était représenté par le prince, dont les intérêts se confondaient avec ceux de ses sujets. Cet absolutisme plus ou moins éclairé se comprenait à une époque et dans un pays où, en raison de l'ignorance et du manque d'initiative des populations, aucun progrès, aucune amélioration des conditions d'existence ne pouvait venir que du pouvoir. Les théories régaliennes et l'existence, qui s'est prolongée jusqu'à nos jours, d'un domaine d'Etat considérable transmis par le Moyen Age n'ont pas peu contribué à faciliter en Allemagne les progrès du socialisme d'Etat.

Chez les physiocrates, le rôle attribué à l'Etat découlait de leur concept physiologique de la société qui leur faisait repousser toute intervention de l'autorité dans l'ordre économique, puisque, pour eux, l'état normal en cette matière était l'absolue liberté. Mais leur système renfermait une contradiction et on peut trouver extraordinaire qu'avec ces théories, ils aient été partisans de l'absolutisme gouvernemental.

Pour Adam Smith, le rôle principal de l'Etat est de protéger les personnes et les biens des citoyens contre les attaques des nations et des individus. Mais il doit aussi protéger le commerce et l'industrie en leur facilitant les

____

(1) Cf. WAGNER, *Finanzwissenschaft*, traduction française, p. 59.

transports et les moyens de communication, et protéger les classes inférieures contre les préjugés et l'ignorance. Quoique partisan du développement de plus en plus large de l'activité individuelle et de la liberté économique,   est cependant préoccupé d'accroître la force de l'Etat à l'extérieur et à l'intérieur, afin qu'il puisse assurer de plus en plus les deux services essentiels de la sécurité et de la justice, sans lesquels aucune société ne peut subsister. Il est convaincu de cette vérité historique que si l'Etat ou le Souverain, dans les civilisations peu développées, résume en quelque sorte toute l'activité sociale, il n'en est plus de même dans les sociétés modernes, où les individus prennent de plus en plus conscience de leurs droits et où les associations occupent une place de plus en plus grande dans la vie économique et politique. Pour lui, l'Etat est d'autant plus respecté à l'extérieur et à l'intérieur qu'il se renferme davantage dans ses attributions essentielles.

Adam Smith croit que l'Etat sort de son rôle en pratiquant la bienfaisance, qui doit être volontaire (1). C'est dire qu'il repousse toutes les pratiques qui auraient pour effet de mettre l'entretien d'une partie des citoyens à la charge de la société. Cela ne veut pas dire que le grand économiste ne compte que sur le seul mobile de l'égoïsme dans la vie économique ; au contraire, il fait une large place à la charité, à la bienveillance, à l'humanité, mais il serait contraire à la justice d'imposer la bienfaisance aux citoyens. Cette manière de comprendre le rôle de l'Etat ne répond pas aux idées de ceux qui veulent de plus en plus lui faire supporter les dépenses de prévoyance sociale en faveur des classes déshéritées et agir par l'impôt sur la répartition des richesses. Aussi a-t-on souvent attaqué les

____

(1) Cf. *Théorie des sentiments moraux*, 2e partie, section II, p. 88.

idées de Smith. La question est de savoir si la société, par l'intermédiaire de son gouvernement, peut à la fois administrer la justice et pratiquer la bienfaisance et la prévoyance en faveur de certaines classes, sans que la seconde fonction nuise à la première. Personne ne met en doute la nécessité de venir en aide aux classes laborieuses, mais les moyens diffèrent. On peut soutenir que la pratique de la bienfaisance doit être abandonnée aux individus et aux associations volontaires et que la condition essentielle de la vie sociale doit être violée pour rendre cette pratique obligatoire, ainsi que l'a soutenu Herbert Spencer (1).

En résumé, on peut dire qu'Adam Smith a lancé les théories financières dans une nouvelle direction en les rattachant plus intimement aux principes généraux de l'économie politique. Son influence s'est fait sentir jusque sur la science financière allemande qui s'est détachée peu à peu, quoique incomplètement, de la science camérale. On a prétendu à tort qu'il avait méconnu l'importance de l'Etat dans la vie nationale et on lui a attribué les idées plus étroites de certains économistes qui sont venus après lui.

IV

Demandons-nous maintenant ce qu'est devenue la science financière depuis Adam Smith et s'il est possible de distinguer, depuis un siècle, une nouvelle période de son évolution.

A la suite des transformations politiques et économiques

(1) Cf. *L'Individu contre l'Etat*, traduction française, Paris, Félix Alcan, 1888. Il y a lieu aussi de consulter à ce sujet la polémique très intéressante entre Herbert Spencer et Laveleye (*Le socialisme contemporain*, par E. de Laveleye, Félix Alcan, 1893, Appendice II).

produites par la Révolution française, un grand nombre d'écrits de tous genres soit sur les principes généraux, soit sur des branches spéciales de l'économie politique et financière ont été publiés. La littérature financière s'est développée au point de vue historique, administratif et statistique, et l'éveil des peuples à la vie politique a apporté, avec la publicité apportée aux débats parlementaires, un surcroît d'actualité aux questions de finances publiques.

Dans la première moitié du xixᵉ siècle, les écrits des grands économistes comme Jean-Baptiste Say (1), Sismondi (2), Ricardo (3), Mac Culloch (4), Stuart-Mill (5) ont contribué à apporter une certaine lumière dans les questions d'économie financière, d'impôts et de crédit public. Les auteurs allemands, de leur côté, contrairement à ce qui se passait dans les autres pays, ont toujours considéré la science des finances comme une branche spéciale de la science camérale et de l'économie politique et l'ont souvent traitée à part (6). C'est ainsi que l'on trouve à cette époque, en Allemagne, des auteurs plus particulièrement spécialisés dans la science des finances, comme Eiselen (7), Malchus (8), Rau (9), etc. Dès que les idées d'Adam Smith se sont répandues en Allemagne, elles n'ont pas manqué de contradicteurs, précisément parce que, dans ce pays, l'éco-

---

(1) *Cours complet d'économie politique pratique*, 1828.

(2) *Nouveaux principes d'économie politique*.

(3) *Principles of political economy*, 1819.

(4) *Treatise on the principles and pratical influence of the taxation and the funding system*, London, 1845.

(5) *Principles of political economy*.

(6) Cf. WAGNER, *Finanzwissenschaft*, traduction française, p. 63.

(7) *Die Staatsfinanzwissenschaft*, Halle, 1837.

(8) *Handbuch der finanzwissenschaft*, Stuttgard et Tubingen, 1830.

(9) *Finanzwissenschaft*, 3ᵉ édit., 1837.

nomie politique faisait corps avec la science camérale ou science de l'Etat (1).

Si les *Katheder socialisten* ont eu des précurseurs de longue date en Allemagne, on peut aussi en citer quelques-uns en France et en Angleterre, comme Godwin (2), Sismondi (3), Blanqui (4), Buret (5), etc. Toutefois, dans ces derniers pays, le socialisme d'Etat n'a pas eu de tendances fiscales aussi prononcées qu'en Allemagne.

Depuis le milieu du xix° siècle, une nouvelle phase s'est ouverte pour l'économie politique et financière et c'est principalement en Allemagne qu'elle s'est développée. Elle provient de ce que, dans ce pays, l'économie politique est rattachée à l'ensemble des sciences camérales et notamment à la politique, ainsi que nous l'avons déjà remarqué plusieurs fois (6). Un certain nombre de professeurs et de savants ayant manifesté dans leur enseignement des tendances socialistes et réclamé une plus large intervention de l'Etat dans la production et la répartition des richesses nationales, une école nouvelle s'est formée et les idées qu'elle a émises ont eu leur répercussion sur les théories financières.

Les auteurs allemands et notamment Wagner ont appelé cette nouvelle phase de la science la phase sociale. Elle correspondrait avec la phase sociale de la vie politique et économique. Le concept politique issu du rationalisme kantien serait remplacé par le concept organique et histo-

---

(1) On peut citer notamment Lueder, von Soden, von Thünen, Adam Muller, List, Lorenz Stein, Hildebrand, etc.

(2) *Inquiry concerning political justice and its influence on morals and happiness* (1793).

(3) *Nouveaux principes d'économie politique* (1818).

(4) *Cours d'économie industrielle* (1839).

(5) *De la misère des classes laborieuses en France et en Angleterre* (1841).

(6) Cf. Wagner *Finanzwissenschaft*, trad. française, tome I, p. 70.

rique de l'Etat. Ce dernier étant la forme la plus élevée de la vie sociale aurait pour mission de favoriser la prospérité générale et devrait notamment intervenir en faveur du relèvement des classes inférieures.

Au point de vue économique, cette nouvelle phase est caractérisée par une réaction de plus en plus marquée contre les doctrines d'Adam Smith et le principe de la libre concurrence. On semble vouloir de plus en plus faire appel à l'Etat pour agir sur la répartition du revenu national. Ce système aurait deux conséquences financières principales : 1° enlever de grandes sources de revenus à l'économie privée pour les transférer à l'Etat et aux communes, afin de créer des institutions en faveur des classes inférieures ; 2° créer une politique fiscale sociale qui, par un nouveau mode d'imposition, changerait peu à peu la répartition du revenu national, tel qu'il résulte actuellement du libre jeu de la concurrence (1).

Peut-on dire que cette phase ait un caractère véritablement scientifique ?

Pour répondre à cette question, rappelons-nous que les progrès de la science des finances ont résulté de l'effort qui a été fait pour éclairer, par l'observation des faits, les divers théories et systèmes artificiels qui tendaient à masquer l'évolution réelle des phénomènes financiers, restée inaperçue. C'est ce qu'a fait Adam Smith avec les matériaux dont il pouvait disposer de son temps. N'est-ce pas dans cette voie qu'il faut persévérer, tout en tenant compte des progrès accomplis, si l'on veut rendre la science des finances de plus en plus indépendante, la constituer sur des bases solides (2), et non se bercer d'illusions dangereuses ?

(1) C'est en substance le plan financier de l'avenir indiqué par WAGNER, *Finanzwissenschaft*, trad. française, tome I, p. 64 et suivantes.

(2) « Peut-être, dit M. Wahl, est-il réservé au xxᵉ siècle de consti-

La « phase sociale » de la science des finances pourrait scientifiquement répondre à une réalité si on ne la confondait avec certaines répercussions du socialisme d'Etat dans le domaine financier. La phase « sociale » n'est pas la phase « socialiste » et ces deux mots ne veulent pas dire la même chose. Certes, on ne peut nier que certaines théories, en s'emparant de l'opinion, aient une part d'influence sur les phénomènes financiers, mais il s'agit de déterminer cette part et d'apprécier dans quelle mesure l'intervention systématique de l'Etat dans l'ordre économique peut détruire l'équilibre financier des grandes nations, déjà si difficile à maintenir (1).

Cette méthode nous édifiera, en outre, sur le sens de l'évolution financière et nous mettra en garde contre les prédictions hâtives. Est-il vrai, comme on le dit, que cette évolution tende à enlever de grandes sources de bénéfices à l'industrie privée pour les transférer à l'Etat dans le but d'assurer certains services d'assistance et de prévoyance ? A-t-on d'abord étudié les tentatives faites par quelques Etats pour monopoliser certaines industries et les résultats de ces tentatives, soit au point de vue budgétaire, soit au point de vue des charges du contribuable ? Dans quel sens les progrès de la civilisation développent-il le rôle écono-

tuer cette science sur des bases vraiment solides, sinon définitives » (Préface de l'édition française des *Principes de la science des finances* de M. Nitti, p. 1).

(1) Les deux facteurs les plus puissants de l'augmentation des dépenses des grands Etats européens sont, d'une part, la défense nationale et, d'autre part, les œuvres sociales. L'influence de ces deux facteurs tendant toujours à augmenter, il en résulte que ces Etats éprouvent maintenant la plus grande difficulté à équilibrer leurs budgets. L'empire allemand en est un exemple frappant. Là comme ailleurs, c'est surtout à l'impôt que l'on s'adresse pour couvrir les déficits, le produit net des industries d'Etat étant tout à fait insuffisant.

mique et financier de l'Etat ? Est-ce pour augmenter ou pour restreindre l'initiative et la liberté individuelles en matière économique ?

En négligeant l'observation des faits financiers et en restant dans un domaine purement spéculatif, comme l'ont fait certains théoriciens de la science des finances, on risque de ne pas apercevoir les conséquences sociales de l'évolution réelle. C'est ainsi que les transformations juridiques de la fortune publique, qui tendent à créer une nouvelle propriété sociale sous la forme de la domanialité publique, n'ont pas été suffisamment mises en lumière par l'école nouvelle.

En ce qui concerne la possession et l'exploitation par l'Etat de domaines productifs de revenus, cette branche des revenus publics, qui faisait l'objet principal des finances caméralistes, a été jusqu'ici négligée dans les pays autres que l'Allemagne. Peut-être est-ce à cause des difficultés inextricables qui se présentent quand on veut étudier les industries d'Etat et les comparer aux industries privées. Il est quelquefois très difficile de se rendre compte si l'Etat fait des bénéfices ou des pertes et cette observation s'applique à toutes les nations. C'est le grand vice de ce système de finances et des théories qui, comme les théories allemandes, veulent retirer des sources de bénéfices aux particuliers pour les transférer à l'Etat. C'est toujours l'impôt général, c'est-à-dire le contribuable qui paie les déficits des industries d'Etat, que les théoriciens oublient généralement de nous faire connaître.

Quoi qu'il en soit, on peut constater, dès maintenant, une quatrième période de l'évolution de la science des finances. Elle consiste dans l'effort que l'on fait aujourd'hui pour trouver un lien commun entre toutes les sciences morales et politiques en les rattachant à l'ensemble des phénomènes sociaux. Cette période ne nous semble pas caractérisée, comme l'affirment certains auteurs, par les idées des écoles socialistes pour transformer la société par des procédés fiscaux (1). Nous sommes loin de nier la répercussion que peuvent avoir les croyances et les désirs des hommes sur les sciences sociales, mais l'opinion ne constitue pas par elle-même un effort scientifique. Il est permis d'espérer que la tentative faite par des savants de toutes les parties du monde, pour faire reposer les sciences morales et politiques sur des bases plus larges et plus compréhensives, aura sa répercussion sur la science des finances dont le domaine, en s'agrandissant, se séparera des autres branches de connaissances. Étudier les finances publiques sous leur aspect sociologique aussi bien que technique, voilà ce qui doit distinguer la nouvelle phase de l'évolution financière.

(1) Wagner oppose la phase « sociale » à la phase « bourgeoise » : or, il s'agit surtout de débarrasser le terrain scientifique de la lutte des partis.

CHAPITRE III

I

La fortune domaniale de l'Etat se présente aujourd'hui
sous deux aspects différents, suivant que l'on envisage les
biens qui sont susceptibles de jouissance privée ou ceux
qui, en raison de leur nature même, doivent rester dans
l'indivision. Mais aussi longtemps qu'un droit public, distinct du droit religieux, n'a pas fait son apparition dans
une société, les diverses formes de domanialité que nous
appelons Domaine public, Domaine privé de l'Etat, Domaine de la Couronne, se trouvent confondues et forment,

entre les mains du roi ou de la nation, une masse commune, sans distinction juridique entre les diverses parties qui la composent.

Si l'on cherche à établir, avec les éléments que nous fournissent l'histoire et le droit comparé, la genèse de la partie de cette fortune qui correspond au domaine privé de l'Etat, on ne tarde pas à s'apercevoir que, chez les nations antiques, aussi bien que dans le monde moderne, ces biens patrimoniaux ont une origine violente et qu'ils se forment, en grande partie, à la suite de conquêtes et de confiscations.

C'est, en effet, à la suite de l'occupation, de l'appropriation et de l'exploitation du sol par des tribus nomades ou demi-nomades se transformant en peuples sédentaires que se sont accomplies ces immenses œuvres de colonisation d'où sont sortis, à l'origine, les Etats anciens et modernes. Dans l'antiquité, ceux de ces Etats qui, une fois constitués, ont joué un rôle important dans la civilisation, comme l'Etat romain et l'Etat athénien, ont eux-mêmes constitué et agrandi leur domaine par la conquête et la colonisation, en s'emparant des terres des vaincus, que l'on distribuait ensuite, sous certaines conditions, aux citoyens. C'est également à la suite de l'invasion de peuples demi-nomades et de leur fixation au sol que se sont formées, au Moyen Age, les nations de l'Europe moderne. Par suite des transformations politiques qui en sont résultées et de l'agrandissement des groupes sociaux, les chefs de tribus sont devenus grands propriétaires en même temps que s'accumulaient entre les mains du Souverain ces réserves domaniales en terres, mines, forêts, etc., qui ont si longtemps constitué les principales ressources des Etats.

Dans les colonies modernes nous rencontrons la même genèse domaniale. Les Etats civilisés d'aujourd'hui se sont emparés d'immenses territoires habités par des peuplades primitives et c'est ainsi que se sont peu à peu constitués aux Etats-Unis, en Australie, en Afrique australe, en Algérie, dans la République Argentine, etc., des réserves domaniales provenant de la dépossession des peuples inférieurs.

Nous voudrions montrer ici que, dans tous les pays et à toutes les époques, on constate une évolution qui, au bout d'un délai plus ou moins long, tend à faire passer dans la propriété privée, une partie des biens qui se trouvent juridiquement confondus, dans la fortune de l'Etat, avec ceux du domaine public. En même temps, chez les nations pourvues d'un droit public, s'affirme de plus en plus la distinction entre les biens patrimoniaux de l'Etat proprement dits et ceux qui ne sont pas susceptibles de jouissance privée. Examinons d'abord comment s'est formé, puis démembré, le domaine de l'Etat chez les nations antiques, notamment en Grèce et à Rome. Pour s'en rendre compte, il faut se rappeler que l'on rencontre toujours deux formes de propriété dès que l'on se trouve en présence d'un groupement à base territoriale et que se constitue un embryon d'Etat : 1° la propriété du groupe primitif — *genos* ou *gens* — dont le démembrement s'opère lentement et qui se transforme peu à peu en propriété familiale, puis individuelle ; 2° celle d'un autre groupe plus étendu et plus vaste : tribu, cité ou Etat. Dans cette dernière propriété sont compris non seulement les biens, comme les forêts, les prairies, les marécages, les lacs, etc., qui, par leur nature même, ne sont pas appropriés par les clans, mais encore des terres non partagées à l'origine et qui sont restées communes, notamment les terres arables provenant de la conquête. Dans la période patriarcale des nations antiques, les *gene* et les *gentes* vivent séparés les uns des autres et forment des groupes indépendants. La Cité proprement dite, c'est-à-dire l'Etat, ne commence à se dessiner que lorsque les clans et les tribus s'unissent soit pour combattre un ennemi redoutable, soit pour conquérir un pays voisin, ou lorsqu'un chef puissant, à la fois guerrier et pontife, parvient à établir sa suprématie sur ceux qui l'entourent en enrôlant les autres chefs de groupes sous sa bannière. Le Domaine de l'Etat, qui s'appelle Domaine public chez les nations antiques, se forme ainsi non par voie d'absorption de la propriété des groupes, laquelle évolue vers la propriété familiale et individuelle, mais par voie d'adjonction d'une propriété nouvelle : celle qui est restée dans l'indivision et qui provient principalement du territoire des cités conquises.

Il ne nous semble pas nécessaire, pour expliquer sa formation, d'assigner au Domaine antique une origine communiste. L'évolution de la propriété publique s'est effectuée, au moyen d'un processus naturel, par l'agrandissement du groupe politique. A l'origine l'ensemble des *gentes* ne représente pas plus l'Etat que l'ensemble des tribus arabes avant Mahomet ne constitue une nation unie et indépendante. Mais, peu à peu, aux clans primitifs ont succédé des groupements plus vastes qui ont apporté leur contingent de terres nouvelles : la tribu et la confédération de tribus chez les nomades ; le village, la cité, l'Etat chez les sédentaires.

Chez les nations antiques, on trouve, à côté de la propriété de l'Etat, la propriété religieuse. Les temples ont leur fondation spéciale en immeubles et bien que cette propriété, ainsi que les esclaves et les troupeaux qui y sont attachés, soit considérée comme étant celle du dieu lui-même, c'est l'Etat qui l'administre. Elle constitue une sorte d'annexe du domaine public. Une partie du domaine des dieux est affectée à un usage religieux ; l'autre peut être consacrée à un usage profane.

En Grèce, l'étendue des terres du domaine public, très vaste au début, se restreint peu à peu, à mesure que le besoin de la possession individuelle se fait sentir plus fortement, c'est-à-dire avec le développement des inventions relatives à la domestication des animaux, à la culture des plantes nouvelles, avec les grands travaux de défrichement et d'irrigation qui firent passer les Héllènes du régime pastoral au régime agricole. Une autre circonstance toutefois contribue à maintenir l'étendue des terres publiques malgré les progrès de la propriété privée. Les confiscations sont, en effet, ainsi que l'affirment Aristophane et nombre d'autres auteurs, une des principales ressources des budgets grecs et, avec les achats, les donations et les legs, elles viennent sans cesse combler les vides qui peuvent se produire dans la fortune publique.

Le Domaine public et le Domaine de l'Etat étant confondus, on compte, parmi les biens propres de la Cité, outre les biens mobiliers, les édifices publics, les théâtres, les rues, les places, les ports, les remparts, les cours d'eau, les étangs, les marais, les sources, sans compter les prairies et les bois qui, par leur nature même, restent dans l'indivision. Il en résulte pour l'Etat ou, ce qui est la même chose, pour la Cité, le droit de disposer de ce qui, chez les peuples modernes, est placé dans le Domaine public inaliénable et imprescriptible. C'est ainsi que la ville de Cymes conféra à ses créanciers une hypothèque sur ses portiques qui lui furent enlevés à échéance. Comme l'a fait remarquer M. Guiraud (1) la vente d'un tronçon de route n'était

____

(1) *La Propriété foncière en Grèce.* Imprimerie nationale, 1893, p. 344.

pas une opération plus compliquée que celle d'une pièce de terre. « La ville d'Arkesiné, s'étant vue dans l'obligation d'emprunter trois talents, une hypothèque fut conférée à un créancier sur « toutes les possessions communes de la cité » et l'on n'eut même pas l'idée de la restreindre à celles qui, chez nous, formeraient le domaine privé de l'Etat. Quand les villes d'Asie eurent à se procurer, par voie d'emprunt, les fonds nécessaires pour payer l'énorme contribution de guerre que Sylla leur avait imposée, elles hypothéquèrent leurs théâtres, leurs gymnases, leurs ports, leurs murailles, c'est-à-dire des immeubles que nos lois défendraient de donner en nantissement. Cyme d'Eolide fit de même pour ses portiques et comme à l'échéance, elle se trouva insolvable, ses créanciers s'en emparèrent sans délai, si bien que les promeneurs n'eurent plus d'abri contre la pluie (1). »

A Rome, au moment où commence à se former l'Etat, c'est-à-dire sous les rois, on constate également la confusion juridique entre le Domaine privé de l'Etat et le Domaine public. Une partie des ressources publiques provient des redevances sur les biens que nous classerions aujourd'hui dans le Domaine public, qui constitue une sorte de revenu pour l'Etat, comme son domaine privé. Ces biens sont, comme en Grèce, ceux qui, par leur nature, sont restés dans l'indivision entre les *gentes* et forment les biens propres de la Cité. Ce domaine comprend, outre une grande partie du territoire de la Cité, tous les *loca publica* pour l'usage desquels les particuliers payaient un *vectigal* : temples, constructions publiques, ports, rivages de la mer, etc. Il semble donc qu'ici tout était confondu, biens immobiliers et mobiliers, et que seule la nature des choses

____

(1) P. GUIRAUD, *Loc. cit.*, p. 351.

et la religion indiquaient ce dont le Roi pouvait disposer et ce qui était indisponible.

Sous la République, le droit public se dégage du droit sacré ; le pouvoir civil, représenté par les magistrats, se sépare du pouvoir religieux, représenté par les prêtres. Cette séparation des pouvoirs a une conséquence importante : le patrimoine de l'Etat se divise : une partie reste consacrée aux dieux, l'autre, la plus importante, devient le patrimoine du peuple romain. Elle comprend, pour les immeubles, les édifices publics, les routes, les aqueducs, les fleuves, les lacs, les mines et carrières et surtout l'*ager publicus* ; en ce qui concerne les meubles, le butin pris sur l'ennemi et non distribué, les esclaves, les œuvres d'art, les biens confisqués, etc.

Bien que classé dans les *res in patrimonio populi*, l'*ager publicus* correspond juridiquement à notre Domaine privé de l'Etat. Mais, chez les Romains, ces biens étaient régis par des règles différentes : il y avait pour eux imprescriptibilité, ainsi que l'attestent les lois agraires, et même un commencement d'inaliénabilité, car si les magistrats avaient le droit de les vendre à titre onéreux, ils ne pouvaient le faire à titre gratuit qu'avec le consentement du peuple. Comment se forme ce Domaine ? En grande partie par la conquête, si l'on met de côté les causes secondaires, comme les biens vacants, les legs, les confiscations, les libéralités qui pouvaient venir s'y ajouter. En pays conquis, le peuple romain s'attribue en général le tiers du territoire, quelquefois la moitié ou les deux tiers, assez rarement la totalité, comme pour Capoue. Le surplus est laissé aux anciens possesseurs du sol. Les droits que l'Etat confère aux citoyens dans l'*ager publicus* affectent un certain nombre de formes différentes dont aucune n'est la pleine propriété. Cette division comprend, en effet : 1° les terres qui font l'objet d'une jouissance commune et indivise ; 2° celles qui sont affectées à des assignations ou à des fondations de colonies ; 3° les terres louées à charge de *vectigal* ; 4° les terres vendues ; 5° les terres sur lesquelles est concédé un droit de superficie ; 6° enfin, les terres faisant l'objet de possessions proprement dites (1).

Si l'on suit les phases du mouvement juridique de la propriété chez les Romains, on voit que les terres occupées et dont l'Etat est le propriétaire éminent finissent par tomber, par la force même des choses, dans la propriété privée. L'*ager publicus*, en effet, se démembre peu à peu par des distributions de plus en plus fréquentes et parce qu'il devient impossible à l'Etat, malgré les lois agraires, d'exercer le droit de retrait qu'il s'est réservé. Cette partie du Domaine public disparaît finalement à la mort de César. Ce qu'il faut retenir ici comme une vérité historique démontrée d'ailleurs par nombre d'exemples empruntés à d'autres nations, c'est l'impossibilité où se trouve l'Etat de conserver en sa possession des terres qui, tout en restant dans le domaine commun, ont été occupées par les mêmes familles pendant une très longue période (2). C'est la réponse de l'histoire à ceux qui sont aujourd'hui partisans de l'extension indéfinie du domaine foncier productif de revenus et des emphytéoses à long terme ayant pour but de conserver l'*unearned increment* entre les mains de l'Etat.

Si nous passons maintenant à l'époque impériale, aux trois premiers siècles de l'ère chrétienne, époque où les plus célèbres jurisconsultes s'exercent dans toutes les

(1) Cf. le savant ouvrage de M. GARSONNET, *Histoire des locations perpétuelles et des baux à longue durée*, L. Larose, 1879, p. 81.

(2) Il en a été de même en France : l'histoire des *domaines engagés* sous l'ancien régime est analogue à celle des *agri occupatorii* sous la République romaine.

branches du droit, nous ne rencontrons pas encore une doctrine certaine en ce qui concerne le domaine public. Les Instituts de Justinien ne contiennent pas une théorie générale à cet égard et on peut dire qu'à Rome la distinction fondamentale de droit moderne entre les choses livrées à l'usage public et celles possédées par l'Etat comme un particulier et produisant des revenus n'a pas été juridiquement dégagée. Elle n'a été, pour ainsi dire, qu'une constatation de fait (1).

Avec les jurisconsultes de l'époque classique, les choses qui étaient auparavant classées dans le patrimoine du peuple romain (*inpatrimonio populi*) deviennent les *res publicæ*, qui comprennent à la fois, quoique d'une manière incertaine, les *res publicæ in pecunia populi*, c'est-à-dire les biens productifs de revenus et les *res publicæ usui publico destinatæ*, c'est-à-dire les choses affectées à l'usage en nature de tous les citoyens, comme les édifices publics, les théâtres, les aqueducs, les fleuves, les ports, les frontières, etc. Les rivages de la mer étaient classés parmi les *res communes*. Enfin, les choses sacrées (*res sacræ*), comme les édifices religieux et les lieux de sépulture, et les choses saintes (*res sanctæ*) offraient beaucoup d'analogie avec les *res publicæ* puisqu'elles étaient inaliénables et imprescriptibles. Il faut dire d'ailleurs que cette distinction n'empêchait pas plus tard les empereurs de vendre quelquefois les biens des temples en se fondant sur l'ancien droit romain, d'après lequel les *loca sacra* faisaient partie du domaine de l'Etat (2).

Sous l'Empire, en effet, le domaine public subit une

____

(1) SALEILLES, *Le domaine public à Rome et son application en matière artistique*, Paris, Larose, 1889.

(2) MARQUARDT, *De l'organisation financière chez les Romains*, traduction Vigié, Ernest Thorin, Paris, 1888 (*Manuel des antiquités romaines*).

nouvelle transformation. On distingue d'abord deux trésors :
l'un, *l'ærarium*, comprend tous les biens non attribués au
prince et le produit des provinces restées au peuple (*provinciæ populi*) ; l'autre, le *fiscus*, comprend le patrimoine
de l'Empereur et le produit des provinces qui lui ont été
attribuées (*provinciæ Cæsaris*). Pendant un certain temps,
les *res publicæ* ne sont pas entièrement absorbées par le
fisc impérial : celles faisant partie des *provinciæ populi*
appartiennent au peuple, qu'elles soient ou non consacrées
à un usage public ; quant aux autres, dépendant des *provinciæ Cæsaris*, celles qui sont productives de revenus
appartiennent seules à l'Empereur, le peuple ayant réservé
ses droits sur celles consacrées à un usage public. Mais
cette distinction entre ce qui appartient à César et ce qui
appartient au peuple ne dure pas longtemps et finalement
toutes les choses du domaine public, quelle que soit
leur nature, tombe dans le patrimoine particulier du
prince.

II.

La France ne fait pas exception à la règle en ce qui concerne l'origine violente du Domaine de l'Etat, la confusion
juridique entre les deux formes de la domanialité et l'absorption graduelle des terres domaniales par la propriété
privée.

Chez les tribus gauloises, toujours en guerre les unes
contre les autres, l'Etat n'apparaît pas encore et la domanialité ne se présente que sous la forme du Domaine éminent des tribus. Lorsque les barbares envahissent l'empire
romain, ils s'emparent de la presque totalité de l'ancien
domaine impérial : une partie est distribuée en bénéfices
aux principaux chefs et donne, plus tard, naissance aux

fiefs ; l'autre reste entre les mains des rois barbares et devient l'origine du domaine de la Couronne. Les rois francs confondent propriété et souveraineté et les choses publiques, englobées pêle-mêle dans leur patrimoine, deviennent pour eux des objets productifs de revenus. Seules, les cités (*civitates*) conservent leur patrimoine municipal et leurs institutions empruntées à la Rome républicaine (1).

L'organisation politique des clans germains transplantés en Gaule et leur conception de la propriété viennent encore modifier l'évolution de la domanialité. Pour les peuples demi-nomades, comme les Germains, où l'État organisé n'a pas pris naissance, la notion de domanialité, telle qu'elle était comprise à Rome, ne peut guère exister ou plutôt elle est réduite au communisme de la *marke*. Le territoire de la marke est un patrimoine commun pour les membres du clan germain et c'est lui qui en possède le domaine éminent.

De ce mélange d'institutions appliquées aux démembrements de l'ancien domaine impérial, devenu fisc royal, auquel viennent s'ajouter les terres conquises, les propriétés vacantes, les forêts, les pâturages, etc., est né l'ancien Domaine de la Couronne, tel qu'il était composé sous les deux premières races. Chez les Francs, on ne distingue même pas, comme chez les Anglo-Saxons ou les Lombards, entre le Domaine du Roi et celui de l'État ou le fisc (2). Tous les biens productifs de revenus ainsi que les anciennes *res publicæ* romaines sont la propriété du roi et l'usage des choses publiques est frappé de lourdes taxes : taxes de

(1) Esmein. *Cours élémentaire d'histoire du droit français.* Larose et Forcel, 1892, p. 7.

(2) Glasson, *Histoire du droit et des institutions de la France,* F. Pichon, 1887, tome II, p. 365.

passage sur les chemins, droit de péage sur les ponts, sur les grands fleuves, etc.

Cette confusion de la propriété et de la souveraineté amène la création de plus en plus fréquente de l'*immunitas* et de l'*honor*, c'est-à-dire de l'exemption et de la délégation d'impôt. Ce double élément, d'origine romaine, prépare l'appropriation de l'impôt par les seigneurs qui, peu à peu, transforment leurs domaines en petits États indépendants. Par suite des usurpations successives des grands vassaux, le domaine royal n'est plus qu'un grand fief au milieu des autres fiefs, avec un pouvoir nominal de suzeraineté.

Ainsi, non seulement les seigneurs féodaux et justiciers perçoivent à leur profit tous les impôts et revenus domaniaux, les redevances foncières, les droits de mutation, les impôts de consommation, les douanes, les produits et droits domaniaux, mais encore, à l'imitation des rois francs, ils tirent un revenu des choses que nous classerions aujourd'hui dans le domaine public.

Comment cette situation prend-elle fin? Par la longue lutte de la royauté contre les seigneurs féodaux. Peu à peu, le pouvoir royal ressaisit la souveraineté sur l'ensemble du royaume et le domaine royal s'agrandit. On sent bientôt la nécessité de mettre un frein aux aliénations de ce patrimoine et, sous l'influence des légistes, le principe de l'inaliénabilité du domaine royal commence à se manifester avec une ordonnance de Philippe le Long en 1318, puis avec celle de Moulins en 1566, rendue sous l'inspiration du chancelier de l'Hospital. La notion d'un intérêt public se dégage avec les États généraux de 1484. Remarquons toutefois que, contrairement à ce que l'on croit généralement, il n'est question dans l'ordonnance de Moulins que des biens productifs de revenus, des terres de la Couronne et non des biens du Domaine public (1). Toutes ces ordonnances contribuent à maintenir la confusion en assimilant, au point de vue pratique, les biens de la Couronne à ceux du Domaine de l'Etat et du Domaine public. Plusieurs fois cependant, les rois tentèrent de distraire leur Domaine particulier du Domaine de l'Etat, mais ces tentatives restèrent sans résultat, de sorte qu'à la Révolution, ces diverses catégories de biens étaient toujours confondues.

Les législateurs de la Révolution ont le sentiment, assez vague d'ailleurs, de la distinction entre le Domaine public et le Domaine privé de l'Etat, mais c'est en termes beaucoup trop généraux qu'ils proclament, en principe, l'inaliénabilité du Domaine national, tout en affirmant que la nation, propriétaire de ce domaine, peut l'aliéner et, en outre, qu'il est prescriptible. Exception toutefois est faite au principe de l'aliénabilité, dans un but d'utilité publique, en faveur des grandes masses de bois et forêts et, d'autre part, des droits régaliens. Dans le décret du 29 novembre et 1er décembre 1890, on appelle indifféremment *Domaine national*, ou *Domaine public*, les biens qui sont à l'usage de tous et ceux que la Couronne ou la nation possède à titre privé (2).

Ici encore, au moment où la Révolution fait table rase de l'ancien régime et où la nation se reconstitue sur de nouvelles bases, on peut dire que les biens mis à la disposition de l'Etat ont une origine violente. De quoi se composent-ils, en effet ? Des biens nationaux, provenant, on le sait, des confiscations révolutionnaires et qui se divisaient en trois catégories : 1° les biens dits de première origine, c'est-à-dire les biens ecclésiastiques et ceux du Domaine déclaré

(1) Voir, à ce sujet, l'excellent travail de M. Maurice Monteil, *De la domanialité publique*, Paris, L. Larose, 1902.

(2) Dans ce sens, Monteil, *Loc. cit.*, p. 202 et suiv.

aliénable ; 2° les biens d'émigrés ; 3° les biens des départements réunis (1). Une partie seulement de ces biens fut vendue ; une autre partie fut, on le sait, restituée aux hospices, églises, fabriques, bureaux de bienfaisance, ainsi qu'aux émigrés, dont un grand nombre purent recouvrer leurs biens séquestrés. Le reste constitua ce que nous appelons aujourd'hui le Domaine de l'Etat.

La distinction très réelle entre le Domaine public et le Domaine privé de l'Etat n'a pas encore pénétré dans l'esprit général de la nation. L'article 539 de notre Code civil fait toujours la confusion entre ces deux modes de possession. La distinction apparaît cependant plus clairement avec la loi du 16 juin 1851 sur le Domaine public en Algérie, mais il existe encore, à cet égard, dans notre législation, ainsi que nous le verrons dans la suite, certaines obscurités, certaines erreurs même, comme celle qui consiste à placer le domaine que l'on pourrait appeler artistique et scientifique parmi les biens que l'Etat possède à titre privé. Quant aux rares économistes qui se sont occupés de la possession de domaines par l'Etat, il en est peu qui aient compris la nécessité d'établir tout d'abord cette distinction fondamentale.

Aujourd'hui, avec la théorie moderne, s'est dégagée la notion d'un domaine public parfaitement distinct du patrimoine de l'Etat. Cette distinction est maintenant admise par le droit administratif et la jurisprudence (2), mais l'organisation économique, politique et juridique de cette forme de la domanialité est loin d'être achevée. Les lois anciennes

(1) Biens provenant de l'application des lois françaises aux neuf départements belges réunis à la France et évalués à deux milliards.

(2) Certains commentateurs ont préparé cette distinction, mais c'est surtout à J.-B. Victor Proudhon qu'en revient l'honneur (*Traité du Domaine public*, Dijon, 1843).

laissent dans l'incertitude le droit individuel en cette matière dans les conflits qui peuvent naître avec l'Etat, et il
reste toujours à décider si le droit de propriété de l'Etat sur
le domaine public est un droit de propriété ordinaire, ou
s'il ne s'agit pas plutôt d'une propriété publique et d'un
droit *sui generis*, comprenant, d'une part, le droit de jouissance du public et, d'autre part, le droit d'administration de
l'Etat (1).

III

La colonisation moderne nous offre des exemples plus
récents de la manière dont se forme la fortune patrimoniale
de l'Etat. En réalité, soit que l'on se reporte au passé, soit
que l'on s'en tienne au présent, il faut toujours faire remonter l'origine du Domaine foncier de l'Etat à une œuvre
de colonisation, c'est-à-dire à l'occupation, à l'appropriation et à l'exploitation d'un territoire déterminé par une
race conquérante. Dans le passé, cette œuvre de colonisation s'est effectuée soit par des peuples tout entiers, généralement nomades ou demi-nomades, qui, en se fixant au
sol, ont formé peu à peu les Etats modernes ; soit par des
sociétés d'entreprise secondées par des bandes militaires,
comme dans le Brandebourg et la Prusse du Nord. Cette
colonisation de l'Europe, qui est le fait fondamental au
Moyen Age, a demandé un temps extrêmement long. Il est
des pays, comme les Gaules, l'Italie et l'Espagne, où elle
s'est trouvée en avance sur les autres nations. C'est ainsi
que l'Angleterre et l'Allemagne ne sont devenues féodales

(1) MONTEIL, *Loc. cit.*, p. 327. La solution de ce problème pourrait
peut-être jeter quelque lumière sur certaines questions financières
ayant trait à la domanialité (Voir plus loin le chapitre : *L'avenir du
domaine public industriel*).

que postérieurement à la France (1). A plus forte raison, cette colonisation a-t-elle été retardée dans l'Europe orientale, qui est restée très longtemps à la merci des incursions des groupes nomades de l'Asie.

Lorsque les peuples demi-nomades, organisés en confédérations de tribus, s'emparent d'un territoire déterminé, il y a, en général, dépossession d'un peuple inférieur par un peuple mieux organisé militairement, sous la conduite d'un chef. L'organisation sociale du peuple conquérant continue à subsister pendant un certain temps.

Les chefs ou rois s'emparent de la plus grande partie du territoire, sauf à faire des attributions de terres aux membres des tribus conquérantes. L'organisation tribale se transformant ensuite en gouvernement monarchique, c'est dans leurs immenses réserves domaniales en terres, forêts, mines, droits de chasse, etc., que les rois puisent leurs principales ressources financières. C'est ainsi que se sont constitués les domaines de la Couronne dans la plupart des pays de l'Europe orientale, en Russie, en Pologne, en Hongrie, en Autriche, en Bohême, en Roumanie, etc. Dans l'Allemagne orientale, les domaines considérables des Margraves, qui ont colonisé le Brandebourg, après en avoir chassé les Slaves, ont été l'origine des ressources domaniales de la Prusse. En outre de leurs immenses domaines agricoles, les Margraves s'étaient réservé les forêts, les mines, les salines, la monnaie, les péages sur les rivières, le droit de pêche, la chasse, etc. A ces biens sont venus s'ajouter ceux de l'ordre Teutonique qui a colonisé la Borussie ou Prusse du Nord, de Dantzig à Kœnigbsberg, et

(1) La persistance plus longue de la féodalité dans ces deux pays, et principalement en Allemagne, explique pourquoi la transformation de la fiscalité domaniale en système d'impositions publiques s'est effectuée avec plus de lenteur.

qui possédait d'importants revenus provenant d'immenses domaines fonciers auxquels venaient s'ajouter le produit des forêts, les droits de chasse, le cens des domaines particuliers, etc.

De nos jours, la colonisation est encore la source des réserves domaniales d'un grand nombre d'Etats. Aux Etats-Unis, dans l'Afrique australe, en Australie, dans les républiques de l'Amérique du Sud, etc., il y a eu dépossession d'un peuple inférieur et constitution au profit des Etats conquérants, de grandes réserves foncières.

L'Algérie, où l'on peut encore étudier, chez les tribus arabes, les restes de l'organisation d'une société primitive, et qui présente au sociologue un vaste champ d'études, nous offre un remarquable exemple de la manière dont peut se former, s'agrandir et se démembrer le Domaine de l'Etat (1).

Nous y voyons s'y superposer les différents peuples qui sont venus successivement prendre possession du sol algérien et qui ont apporté avec eux leur conception juridique de la propriété.

Le Domaine actuel de l'Etat en Algérie s'est formé de plusieurs manières. La France s'est substituée, en 1830, au gouvernement de l'Odjak d'Alger ; elle est devenue, par la conquête, propriétaire des biens du *Beylick*, c'est à-dire du Domaine de l'Etat turc (2). A ces biens sont venus s'ajouter

(1) « Il n'est pas de partie de la terre de France, dit M. Paul Boiteau, où se voie mieux que dans l'Algérie et nos colonies comment s'est formé autrefois le domaine national, comment il a dû ensuite se diviser en plusieurs domaines et comment diffèrent principalement l'un de l'autre le domaine public et le domaine de l'Etat, ce domaine si rétréci sur notre sol devant les besoins de la propriété publique et si étendu encore dans l'Algérie » (*Fortune publique et finances de la France*, tome I, p. 489).

(2) *Les lois de la propriété immobilière en Algérie*, par Eug. Robe, Alger, 1864.

ceux provenant des confiscations faites sur les anciennes corporations religieuses, et qu'on appelait les *habbous*, et ceux provenant des séquestres mis sur les immeubles des chefs et des tribus ayant pris part à des insurrections.

L'origine du Domaine musulman proprement dit est due elle-même à la conquête. Au point de vue juridique, la propriété arabe primitive était en partie *arch*, en partie *melk*. La terre *arch*, qui se compose de parties labourables et de terres de parcours, appartient à la tribu. C'est de beaucoup la plus étendue en superficie. Elle se partage entre les diverses fractions de la tribu et, dans chaque fraction (*douar* ou *ferka*) les notables la répartissent entre ceux qui veulent la cultiver. Cette terre, dont le domaine éminent appartient à la tribu, est inaliénable (1).

Quant à la terre *melk*, on a coutume de dire qu'elle est propriété individuelle. Mais cette propriété individuelle diffère notablement de ce que nous entendons par là dans les pays européens. Elle provient soit d'une concession faite par le souverain à un chef de famille, à titre d'apanage, soit de la *vivification d'une terre morte*, selon l'énergique expression arabe pour signifier le défrichement d'une terre inculte. A l'origine, pour le chef de famille, elle avait le caractère d'une propriété individuelle, mais, pour ses descendants, elle devenait une propriété familiale. En effet, si le code de Sidi-Khalil prévoit une liquidation des droits successifs, aucune procédure ne permet de la mettre en pratique soit par une licitation, soit par un partage, et les biens restent indivis entre un nombre quelquefois considérable

(1) Nous nous permettons de renvoyer, à cet égard, à un article que nous avons publié dans le *Journal des économistes* (n° d'octobre 1896) : *La propriété immobilière chez les Arabes de l'Algérie*, ainsi qu'à notre article de la *Revue internationale de sociologie: Les formes primitives de la fortune publique* (n° de mars 1909).

d'héritiers. En outre, le droit de retrait successoral, *de cheffaa*, que peuvent exercer les membres de la tribu à l'encontre d'un acquéreur étranger, vient encore renforcer l'indivision.

A ces deux formes de la propriété, Mahomet en ajouta une troisième : la propriété de la communauté musulmane ou de l'Islam. L'Islam, c'est à la fois l'Etat et l'Eglise, représentés par le Prophète. L'établissement du Domaine musulman fut la conséquence de la conception koranique du droit de conquête en ce qui concerne le sol. Les musulmans forment, à l'origine, une étroite association qui a pour but la propagation de l'islamisme et pour moyen la conquête par les armes. Le chef et les combattants qui font la conquête prennent une part, qui leur appartient en propre, de la terre enlevée aux vaincus, mais une autre part est prélevée au profit de la communauté musulmane, c'est-à-dire de l'Etat et de l'Eglise, pour subvenir aux dépenses publiques. En principe, les biens de tous genres conquis les armes à la main devaient être partagés entre les combattants, mais ce principe ne fut jamais rigoureusement appliqué et une partie de ces biens revint au *fei*, caisse particulière de l'Etat qui s'appliquait aux biens de la communauté. Quant aux biens acquis par traité de paix, soit à la suite d'un combat, soit par l'effet d'une soumission spontanée, ils appartenaient à la communauté musulmane (1).

Le Domaine musulman fut composé, au début, du cinquième du butin (2), d'une portion des terres conquises sur l'ennemi et d'immeubles dévolus aux villes saintes, La Mecque et Médine, et aux établissements religieux (*habbous*).

----

(1) *La propriété territoriale et l'impôt foncier sous les premiers califes*, par Max van BERCHEM, Genève, 1886.

(2) Koran, chap. VIII, verset 42.

Les revenus de ces derniers biens étaient destinés à l'entretien du culte et à la subsistance des pauvres, aux soins à donner aux malades, à la réception des voyageurs, à l'entretien des zaouïas. En Algérie, ce Domaine primitif s'est augmenté successivement des confiscations, acquisitions, donations et successions qui, tour à tour, sont venues l'enrichir. En ce qui concerne les donations, il faut remarquer que la loi musulmane fait une part beaucoup plus large à l'Etat que les lois européennes en général, puisque non seulement elle le fait l'héritier de celui qui n'en laisse point, mais encore le constitue le dernier des *asibs* (1).

Le Domaine de l'Etat ne fut réellement constitué et sérieusement exploité que par le gouvernement turc, à partir du xvi⁰ siècle (2). Mais c'est en même temps vers cette époque que la propriété arabe commença à se fractionner et à s'individualiser. C'est ainsi que, par une sorte d'inféodation offrant beaucoup d'analogie avec l'organisation féodale de l'Europe occidentale, l'usufruit de certains immeubles fut affecté à des fonctions spéciales dont il devint l'apanage. La jouissance d'autres portions du Domaine fut donnée à des colonies militaires, les *Smalas*. Ailleurs, le Beylick concéda à ses serviteurs des étendues de terres plus ou moins considérables détachées de ses vastes propriétés. Il faut remarquer d'ailleurs que les fermiers du Beylick étaient presque toujours les mêmes de père en fils et que cette inféodation avait pour effet de maintenir la propriété dans les mêmes familles, par une jouissance héré-

---

(1) Les héritiers *asibs* forment l'une des deux catégories de successibles ordinaires en droit musulman. Ils ont droit à une portion indéterminée après les prélèvements faits par les héritiers *à fard* (à parts fixes).

(2) Les terres du *beylick* étaient gérées par le *beit-el-mal*, administration qui encaissait les revenus, comparable au Trésor public.

ditaire, en favorisant l'acheminement vers la propriété individuelle. C'est ainsi que cette dernière se forma peu à peu, en partie aux dépens du Domaine de l'Etat et, en partie aussi, aux dépens de la propriété de la tribu, soit que, dans quelques [tribus, il y ait eu relâchement dans le partage des terres, soit que certaines familles plus puissantes aient réussi à se former un lot particulier et à s'en faire reconnaître, avec le temps, propriétaires exclusifs (1).

Sous le gouvernement turc, de même qu'auparavant sous les Berbères et sous les Arabes, on ne constate nulle distinction entre le Domaine privé de l'Etat et le Domaine public. Ces deux formes de domanialité sont confondues dans les biens de la communauté musulmane. Ceux-ci toutefois ne comprennent pas les biens particuliers du Souverain, qui sont distincts des biens de l'Etat (2). C'est la France qui, par l'article 2 de la loi du 16 juin 1851, a importé cette distinction de droit public, qui est le produit d'une organisation politique plus élevée.

(1) Eug. Robe, *Loc. cit.*, p. 72.
(2) Eug. Robe, *Loc. cit.*, p. 159.

CHAPITRE IV

L'ÉVOLUTION ÉCONOMIQUE DE LA FORTUNE DE L'ÉTAT

I. Des variations qui se produisent dans la composition du Domaine
de l'Etat avec les progrès de la richesse. — Le revenu du chef dans
la tribu primitive. — Le rôle de la terre dans la composition du
Domaine antique. — Les ateliers de l'Etat à Rome. — Les trois
formes du revenu de l'Etat : le domaine foncier, les monopoles
fiscaux et l'impôt. — II. Le Domaine féodal. — La transformation
économique résultant de l'abondance des métaux précieux. —
— L'avènement de l'or contribue à l'affranchissement du serf. —
La reprise des droits régaliens sur les seigneurs. — Les manufactures royales. — III. L'ère de la grande industrie et le domaine
public moderne. — Prédominance nouvelle du domaine foncier
dans les colonies anglo-saxonnes et du domaine industriel dans
certains Etats européens. Y a-t-il une évolution nouvelle ? Division
du sujet.

1

Dans sa lente accumulation à travers les siècles, la fortune de l'Etat subit, dans sa composition, des variations en
rapport avec les progrès et les transformations de l'état économique des sociétés.

Il a été longtemps admis que, dans les sociétés primitives, la terre constitue la seule richesse. Mais les travaux
relatifs à l'histoire du droit comparé ainsi que les recherches ethnographiques faites chez les différents peuples primitifs qui existent encore de nos jours ont fait voir que

c'était là une erreur. Le besoin de s'emparer et de se servir du sol n'a pu se développer dans le clan ou dans la tribu qu'à la suite d'une foule d'inventions et de découvertes souvent venues du dehors, depuis les procédés relatifs à l'irrigation des terres et à la domestication des animaux jusqu'à l'invention de ces instruments primitifs comme le croc en bois qui représentait primitivement la charrue et le pieu pointu qui tenait lieu de bêche. A l'aube de l'histoire, la terre joue un rôle très peu important et n'a presque aucune valeur, car elle est en quantité illimitée. La véritable richesse des peuples primitifs, c'est le bétail. Les profondes recherches de Summer-Maine sur les tribus celtiques de l'Irlande ont démontré ce fait jusqu'à l'évidence. Dans toutes les tribus nomades et même sédentaires, à l'époque pastorale, le véritable capital (cheptel) est le bétail. On sait que la richesse des anciens Germains consistait principalement dans leurs troupeaux et Tacite nous dit qu'ils n'étaient pas touchés par la possession ou l'usage des métaux précieux (1). Aujourd'hui encore, on peut constater que la richesse d'une tribu nomade du Sahara consiste surtout en *mehara*, moutons, chèvres et ânes.

Dans la tribu primitive, la fortune du chef, qui est en même temps celle du groupe entier et qui est ainsi une source de revenu public, est donc exclusivement mobilière. C'est le don en bétail et en grain qui constitue la principale forme de l'impôt et la domanialité n'a pas encore fait son apparition (2).

La propagation des inventions et des découvertes permettant d'utiliser certains agents naturels donne naissance

____

(1) *De moribus Germanorum*, V.
(2) Nous avons traité cette question dans une brochure déjà citée : *Les formes primitives de la fortune publique*, Giard et Brière, 1909.

à une nouvelle évolution économique de la fortune de l'Etat, en ouvrant l'ère de la petite industrie. En même temps ; il s'opère des changements dans la situation politique des tribus qui, de nomades, passent à l'état demi-nomade puis sédentaire. Les clans et les tribus qui sont en possession du matériel le plus perfectionné acquièrent la prédominance sur les autres et, en se superposant à ceux-ci ou en fusionnant avec d'autres clans, constituent des groupements plus nombreux ayant une organisation sociale plus élevée : villages, cités, Etats. C'est alors que la terre joue un rôle économique de plus en plus grand. Elle se substitue au bétail comme pouvoir reproducteur de la richesse et elle devient le véritable, le seul capital. Sans terre, les richesses sont vite épuisées et c'est ce qui explique ces perpétuelles conquêtes et migrations du monde antique. Les grandes colonisations grecque et romaine sont nées en grande partie de cette cause. Pour un peuple qui n'a qu'un commerce et qu'une industrie rudimentaires et qui, à défaut de la culture du sol, consomme sans produire, la conquête des terres est la seule manière de maintenir et d'accroître ses moyens de subsistance. Il en résulte que la Cité antique est constamment obligée de faire la guerre pour augmenter son domaine, composé en majeure partie de terres conquises sur l'ennemi. Le besoin de s'emparer du sol devient bientôt si grand qu'à défaut de terres conquises sur l'ennemi, on dirige contre les citoyens riches des dénonciations calomnieuses, afin que l'Etat puisse s'emparer de leurs biens par la confiscation. C'est ce qui se produit à Athènes, ainsi que l'affirme Aristophane, et son témoignage est confirmé par nombre d'autres auteurs. La vente des biens confisqués est une des principales branches des revenus publics.

On sait d'ailleurs quelle importance la colonisation avait

acquise à Athènes. Le partage par le sort de la terre des vaincus (*cléros*) avait été de tous temps considéré comme un droit que donnait la conquête. C'est ainsi que la république peupla beaucoup de territoires de colonisation (*clérouquies*) en y envoyant des clérouques, c'est-à-dire des colons qui s'installaient sur les terres conquises et qui étaient pris parmi les plus pauvres citoyens d'Athènes.

En Grèce, parmi les biens de l'Etat, on trouve des terrains cultivés susceptibles d'appropriation individuelle et qui sont distribués aux principaux de la Cité ou loués à des fermiers. Les forêts et les pâturages sont livrés à l'usage commun mais restent, en fait, entre les mains de l'Etat, des temples et des communautés, qui possèdent aussi des salines et des mines. Il ne semble pas toutefois que le domaine industriel joue à Athènes un rôle important. L'Etat n'exploite pas lui-même les mines. Il ne les loue pas pour un temps déterminé, mais à bail perpétuel transmissible par héritage ou vente. On vend le droit d'exploiter la mine moyennant un prix fixe perçu par l'Etat et une redevance perpétuelle du 24e du produit (1).

Les guerres et les conquêtes perpétuelles du monde antique finissent par amener dans la Cité, comme esclaves, une foule d'hommes de toutes les races, de toutes les nationalités. A Rome, le commerce des esclaves devient permanent et l'homme est le principal instrument d'échange. Les petits chefs de la Gaule, de la Germanie, de la Scythie vendent leurs prisonniers et, au besoin, leurs sujets. L'esclave, dans le monde antique, est bien une *chose* dans laquelle s'incarne la richesse et la loi romaine applique aux enfants nés dans la servitude les règles de la propriété des animaux.

---

(1) Boeckh, *Die Staatshaushaltung der Athener* (*Economie politique des Athéniens*, traduction Laligant, Paris, 1828, tome II, p. 41).

Crassus et Caton ne dédaignent pas les bénéfices que leur procure la vente ou la location des esclaves que l'on dresse à tous les métiers. On en fait des tisserands, des ciseleurs, des brodeurs, des peintres, des architectes, des médecins, des précepteurs, des gladiateurs, etc. Ce régime donne naissance à l'industrie servile et permet à l'Etat, possesseur de nombreux esclaves, de se livrer à certaines exploitations dans un but fiscal. A Rome, surtout dans les derniers temps de l'Empire, l'Etat est propriétaire de mines et de salines qu'il fait exploiter directement par ses esclaves. Il exploite, en outre, des ateliers de monnaie et d'orfèvrerie, des manufactures d'armes, des ateliers de tissage, des teintureries, des corderies, des pêcheries où l'on recueillait le murex, etc. D'après la *Notitia dignitatum,* il y avait en Gaule, à la fin du ive siècle, huit fabriques d'armes, trois fabriques de monnaies, trois ateliers d'orfèvrerie ; six gynécées appartenant à l'Etat, une grande manufacture de tissus ; deux teintureries, deux administrations de transports, etc. (1). Non seulement l'Etat condamnait les fonctions industrielles à un asservissement extraordinaire au moyen des collèges professionnels dont chaque membre était rivé à sa fonction, mais encore, dans les industries qu'il exerçait lui-même, grâce aux familles d'esclaves qu'il possédait et aux condamnés qu'il employait, on ne peut rien imaginer de plus dur que la servitude à laquelle étaient soumis les employés et les ouvriers, servitude qui durait souvent toute leur vie.

Sous le régime de l'esclavage, l'industrie ne peut faire aucun progrès, parce que le travail servile anéantit l'esprit

---

(1) *L'organisation des métiers dans l'empire romain,* par M. Levasseur (Extrait de la *Revue internationale de sociologie*), Giard et Brière, 1899. *L'expérience des peuples et les prévisions qu'elle autorise,* par Ad. Coste. Félix Alcan, 1900, p. 223 et 224.

d'invention et qu'il est d'ailleurs plus onéreux et moins productif que le travail libre. Il en résulte que le Domaine industriel ne peut jouer un rôle bien important dans les revenus de la Cité antique. On y rencontre cependant, comme dans toutes les sociétés arrivées à un certain degré de civilisation, les trois formes du revenu de l'Etat : domaine foncier, droits et monopoles fiscaux, impôts (1). A mesure que se développe la richesse d'une société, la fortune de l'Etat revêt successivement ces trois formes qui, à une certaine période de l'évolution économique, se présentent réunies dans la composition de cette fortune, quoique dans des proportions différentes selon le degré de civilisation. Dans l'antiquité, l'impôt joue un rôle bien moins important que dans les temps modernes. Il ne peut donner naissance aux grands travaux d'utilité publique d'où, plus tard, est née une nouvelle forme de la domanialité, car il n'existe, en général, qu'à titre temporaire. Ce sont les dons en nature, les offrandes liturgiques dont le montant est laissé à la générosité des citoyens, puis et surtout les tributs de guerre qui soldent la plupart des dépenses publiques extraordinaires.

II

La prédominance du patrimoine foncier dure aussi longtemps que subsiste, dans les sociétés, le régime des corpo-

(1) Ces trois formes du revenu public correspondent elles-mêmes, d'après Roscher, aux trois formes de la production : nature, travail et capital. « Les impôts, au moins les impôts tant soit peu élevés, ne sont possibles que là où il s'est déjà formé une masse importante de capitaux » (ROSCHER, *Ansichten der Volkswirthschaft aus dem geschichtlichen Standpunkt*, traduit en français sous le titre de *Recherches sur divers sujets d'économie politique*, Guillaumin et Cie, 1872, p. 34 et 35).

rations fermées et que le commerce et les échanges n'ont pas pris l'extension que leur donne l'adoption d'une marchandise déterminée comme équivalent universel. C'est ainsi que, dans la société gallo-romaine et dans la société féodale, le capital se trouve toujours immobilisé et représenté par la terre. On peut dire que le seigneur y est attaché aussi bien que le serf et l'axiôme de droit féodal : *nulle terre sans seigneur* semble devoir se compléter par sa réciproque : nul seigneur sans terre. On peut en trouver la preuve dans ce fait qu'un baron féodal qui a vendu sa terre ne peut plus prétendre sur elle à des droit de suzeraineté, sans toutefois que l'acquéreur, s'il n'est pas noble, puisse lui-même exercer ces droits (1). Les grandes propriétés constituées sur les ruines de l'Empire romain se divisent elles-mêmes en deux parties : le *domaine* ou partie occupée par le maître et les *tenures féodales,* concédées à divers titres et sur lesquelles il conserve le droit de *domaine éminent.* Le Domaine royal lui-même se réduit à peu de chose par suite de ces inféodations successives et c'est pourquoi on sent bientôt la nécessité de la rendre inaliénable.

Mais en même temps que se produit la décadence du patrimoine foncier de l'Etat, on peut constater la naissance de la fortune publique industrielle.

La raréfaction des métaux précieux qui se produisit chez les nations européennes du vi° au ix° siècle avait eu surtout pour cause l'invasion des barbares et l'emploi presque exclusif de l'or et de l'argent dans les vases et bijoux sacrés. La découverte des mines du Nouveau-Monde vient changer cette raréfaction en abondance et contribue à amener une nouvelle et décisive transformation économique. Grâce à

(1) Saint-Simon, *Mémoires,* t. V, p. 110.

l'impulsion donnée aux échanges par l'emploi plus abondant des métaux précieux, les rapports économiques ne sont plus exclusivement circonscrits dans le fief qui représente, au point de vue de la difficulté de la mobilisation de la richesse, une organisation analogue à celle de la *gens* et du clan. Il en résulte que le lien social, au lieu d'être caractérisé par le rapport unilatéral de seigneur à serf ou, comme dans l'antiquité, de maître à esclave, devient de plus en plus impersonnel. Plus les échanges se multiplient, plus il semble que la richesse s'incarne dans les métaux précieux, ce qui facilite le démembrement et la séparation des divers droits attachés à la possession de la terre. C'est ainsi que l'avènement de l'or contribue à l'affranchissement du serf et à sa transformation en colon libre.

Mais, en même temps, l'illusion de plus en plus répandue que la richesse consiste exclusivement dans les métaux précieux donne naissance au système mercantile, et les États sont ainsi amenés à constituer des réserves métalliques plus ou moins considérables. Les rois et leurs ministres considèrent comme un devoir de laisser après eux, comme le faisaient les administrateurs de l'antiquité, un Trésor richement pourvu. Malheureusement, ce n'est pas en vue de féconder la puissance du travail qu'ils amassent péniblement de l'argent dans les caveaux de leurs Bastilles, mais pour parer aux éventualités de la guerre. Les Trésors de guerre constituent ainsi une catégorie de la domanialité pour la conservation de laquelle les rois s'efforcent de prendre les mesures les plus désastreuses pour l'industrie et le commerce.

Une série d'inventions capitales, la boussole, la poudre à canon, les armes à feu, l'imprimerie, etc., viennent, dès la fin du Moyen Age, transformer la situation économique des nations civilisées en préparant l'avènement de la grande industrie. De là, la possibilité, pour les Etats qui se sont successivement édifiés sur les ruines de la féodalité et qui ont à faire face à des nécessités toujours plus grandes, d'augmenter leurs ressources domaniales par d'autres revenus que ceux tirés de la terre. L'impôt devient permanent et le domaine industriel s'étend de plus en plus. Dans certains pays, à Venise, à Amsterdam, à Hambourg, l'Etat se fait banquier ; dans d'autres, il se livre au négoce. Presque partout, il se fait manufacturier.

Deux causes principales, le développement de la fiscalité au profit de la puissance royale et le luxe grandissant des souverains contribuent à étendre le domaine industriel.

La ruine de la féodalité a, en effet, pour conséquence la reprise par les rois des droits régaliens, usurpés par les seigneurs pendant l'époque d'anarchie qui suivit la dissolution de l'empire de Charlemagne. Au nombre de ceux-ci figurait le droit de battre monnaie et c'est ainsi que la fabrication des monnaies devient partout une industrie d'Etat. On sait avec quel sans-gêne les rois en usaient pour augmenter leurs ressources, mais la disparition du faux-monnayage devait surtout être le résultat d'un certain nombre d'inventions rendant les falsifications presque impossibles. Parmi les droits usurpés par les seigneurs se trouvait aussi celui d'exploiter les mines et salines ou de percevoir, à titre de redevance, le dixième de leur produit. Ce droit rentre définitivement dans le domaine royal. A ces industries se joignent celles du transport des correspondances, service créé d'abord à l'usage exclusif du roi et qui, avec l'extension prise par la correspondance privée, devient peu à peu une source de revenus pour le Trésor ; puis la fabrication et la vente des poudres et salpêtres, la fabrication et la vente du tabac, etc. A cette partie du domaine industriel viennent s'ajouter les manufactures établies par les rois, soit pour satisfaire des goûts personnels de luxe, comme quand il s'agit de l'ameublement de leurs châteaux, soit pour dérober à l'étranger certains secrets de fabrication, en faisant venir de l'extérieur des ouvriers spéciaux. C'est, en effet, à côté des demeures royales et avec les fonds fournis par l'Etat que s'établissent les grandes manufactures de porcelaines à Sèvres, à Berlin, à Meissen, à Vienne, à Saint-Pétersbourg, à Londres ; les manufactures de tapisseries, comme celle des Gobelins ; les manufactures de draps, comme celle de Berlin, qui fut longtemps manufacture royale.

III

Avec la mobilisation des capitaux, la création des emprunts d'Etat et le développement de plus en plus grand des valeurs mobilières qui caractérisent l'ère de la grande industrie et rendent possibles les grands travaux publics de viabilité, le domaine industriel prend une extension de plus en plus rapide, pendant que le domaine foncier, réduit presque aux seules forêts, se démembre de plus en plus par des aliénations successives. En même temps apparaît, chez les nations où le droit public est le mieux établi, une nouvelle forme de la propriété sociale : le domaine public moderne. Cette partie de la fortune publique semble être la réapparition de ce que, dans la Cité antique, on appelait les biens *hors du commerce* : elle en diffère toutefois non seulement au point de vue juridique, mais aussi au point de vue économique et financier. Elle est en quelque sorte le résultat du développement de la branche la plus élevée des revenus publics, de celle qui ne se rencontre que chez les peuples parvenus à un certain degré de culture : l'impôt librement consenti. Si l'emprunt, en effet, solde momentanément les dépenses relatives à certaines parties du domaine public, c'est toujours par anticipation sur le revenu réel, qui est l'impôt. La formation de cette nouvelle propriété commune est d'ailleurs conforme à l'évolution économique comme l'avait été auparavant celle de la fortune patrimoniale de l'Etat. C'est dans un intérêt commun que les ressources de tous les citoyens forment une certaine masse pour doter l'Etat et donner naissance à des biens qui ne sont détenus par lui qu'en raison de leur affectation à l'usage de tous.

Avec le développement de plus en plus considérable du Domaine public moderne semble donc devoir disparaitre peu à peu l'idée d'un patrimoine qui soit propre à l'Etat, d'une accumulation de propriétés rurales et de capitaux industriels exploités par lui, comme le ferait un propriétaire ou un capitaliste. On constate, en effet, de nos jours, chez beaucoup de nations, une décroissance des revenus domaniaux et industriels. En Angleterre, le domaine de la Couronne est peu important. Il ne rapporte guère plus de 12 millions. L'Etat n'exerce pas de monopole, sauf celui des postes, dont les recettes sont absorbées par les frais de gestion. L'Italie et l'Espagne n'ont pas de revenus patrimoniaux, mais l'Italie a racheté ses chemins de fer. Aux Etats-Unis, on ne trouve comme produits domaniaux que le produit de la vente des terres de colonisation, qui a d'ailleurs beaucoup diminué.

Mais il est des nations où la civilisation de l'Europe occidentale ne se fait jour que péniblement, à travers la puissance des souvenirs et des habitudes. Quoique le domaine foncier ait partout considérablement diminué, les revenus qui en proviennent occupent encore une place importante dans les budgets de certains Etats, comme la Russie, certains Etats allemands, notamment les deux Mecklembourgs et la Prusse, la Hongrie, la Roumanie, etc.

Dans ce dernier pays, un domaine spécial de la Couronne, à la fois agricole et forestier, a été constitué en 1884 (1). D'autre part, les Etats-Unis et certains Etats de l'Amérique du Sud possèdent de très grandes étendues de terres dont la vente ou la location constituent pour eux une ressource budgétaire importante. Il en est de même dans les sociétés anglo-saxonnes nées de la colonisation moderne, l'Australie, la Nouvelle-Zélande, etc., où cependant ces ressources domaniales tendent tous les jours à diminuer.

A ces revenus fonciers, se joignent des recettes provenant de l'exploitation de domaines industriels qui, aujourd'hui, se chiffrent par des sommes importantes. La Russie et la Suisse, deux nations qui ont des constitutions politiques diamétralement opposées, ont également racheté leurs chemins de fer. Nous verrons plus tard comment se constituent ces nouvelles formes de domaines industriels au point de vue du droit public.

Que doit-on conclure de ces faits? La prédominance du produit des impôts sur les revenus domaniaux, qui s'est manifestée jusqu'ici dans les budgets des nations les plus civilisées, est-elle, en matière de finances publiques, un fait universel et nécessaire, une véritable loi de sociologie économique et faut-il croire que certains Etats sont simplement dans une période transitoire de leur évolution financière? Ou bien, sommes-nous, comme on l'a affirmé, au début d'une évolution nouvelle qui aurait pour effet de

____

(1) Cette création a eu lieu dans le but de « donner à la Couronne les moyens matériels de soutenir son prestige et de créer un nouveau lien avec le pays et particulièrement avec la classe rurale » (*Notice sur le Domaine de la Couronne en Roumanie* pour l'Exposition universelle de 1900, Bucarest, imprimerie « Gutemberg » Joseph Gobl, 1900).

remplacer partout les impôts ou une notable partie des impôts par les revenus d'immenses domaines fonciers, industriels, financiers, commerciaux, peut-être même agricoles? Un certain nombre d'écrivains croient à la prédominance, dans les budgets futurs des Etats et même des villes, de revenus provenant de grands domaines industriels. D'autres veulent que les nations nouvelles nées de la colonisation moderne conservent tout ou partie de leurs immenses domaines fonciers afin de constituer des réserves destinées à compenser l'inégalité dans la répartition du sol (1). Ces vues sont-elles justes ou ne sont-elles qu'en apparence conformes à l'évolution de la fortune publique? Cette évolution comporte-t-elle toujours le passage plus ou moins lent, mais de plus en plus accentué, des finances à bases domaniales aux finances à bases d'impôts? C'est un point que nous essaierons d'éclaircir après avoir successivement passé en revue les différentes catégories de domaines productifs de revenus dans les Etats modernes (2).

On classe ordinairement dans le domaine privé de l'Etat deux catégories de biens : les biens affectés à des services publics et ceux productifs de revenus. Cette classification, ainsi que nous le verrons plus loin, n'est pas exempte de

(1) Cf. l'*Impôt dans les diverses civilisations*, par E. Fournier de Flaix, t. II, p. 613; *La Propriété primitive*, par E. de Laveleye; *L'économie politique et la science des finances*, par G. de Greef, Bruxelles et Paris, 1907, p. 53 et suivantes; Nitti, *Loc. cit.*, M. Leroy-Beaulieu semble croire aussi à la prédominance dans les budgets futurs des Etats et des villes, des revenus provenant du domaine industriel (*Traité de la science des finances*, 7e édition, tome I.)

(2) Cf. Léon Say, article *Fortune de l'Etat* dans le *Dictionnaire d'économie politique*, Guillaumin et Cie. C'est le regretté M. Léon Say qui, frappé de ces tendances modernes, avait fait mettre au concours, par l'Académie des sciences morales et politiques, la question de la possession et de l'exploitation par l'Etat de domaines productifs de revenus.

critiques au point de vue économique et juridique. Nous étudierons, dans les trois premières parties de ce travail, et autant qu'il nous sera possible de le faire, les conditions historiques dans lesquelles sont nés les biens de l'Etat productifs de revenus et nous essaierons, en même temps, de nous rendre compte des avantages et des inconvénients que peuvent présenter, pour les sociétés actuelles, la possession et l'exploitation des biens de cette catégorie. En cette matière, il faut surtout distinguer la possession de l'exploitation par l'Etat, car l'Etat peut très bien posséder un domaine et même en tirer un revenu important, tout en laissant l'exploitation entre les mains des particuliers ou des associations.

Nous séparerons le domaine foncier du domaine industriel et du domaine financier. Les Etats ont aussi un domaine commercial, puisqu'ils se font acheteurs de matières premières et vendeurs de produits agricoles et industriels, mais ce domaine se trouve presque toujours uni soit au domaine foncier, soit au domaine industriel (1).

Ces catégories comportent elles-mêmes des subdivisions : le domaine foncier comprend lui-même le domaine forestier, le domaine agricole et le domaine de colonisation. En ce qui concerne le domaine industriel, il y a lieu de distinguer les industries monopolisées par l'Etat de celles qu'il exerce sous le régime de la libre concurrence. Enfin, le domaine financier comprend les réserves métalliques et fiduciaires, les participations de l'Etat dans les Banques privi-

----

(1) Le *Seehandlung Institut*, banque maritime fondée en Prusse en 1772 et qui appartient à l'Etat, pourrait être cité comme exemple de domaine commercial. Mais en réalité cet établissement fait plutôt partie du domaine industriel et financier : il exploite des moulins, des filatures de lin, le Mont-de-piété royal.

Il y a certains pays, comme la Suisse et la Russie, où le monopole de l'alcool constitue surtout un monopole de vente.

légiées, les parts éventuelles qu'il s'est réservé dans les bénéfices des Compagnies de Chemins de fer, etc.

Parmi les biens de l'Etat affectés à des services publics,
il existe des établissements qui, tout en lui procurant parfois des revenus, ont plutôt le caractère d'établissement
d'enseignement d'art ou sont créés dans le but de maintenir le niveau de la production, de fournir des modèles, d'encourager l'agriculture ou de pourvoir à la défense nationale.
Telles sont les manufactures modèles, les fabriques d'armes,
les fermes-écoles, les imprimeries nationales, les bergeries
de l'Etat, etc. La création de ces établissements n'a pas eu
pour objet le revenu qu'ils peuvent produire, mais ils
exercent sur l'économie nationale une certaine influence et
nous aurons l'occasion de les étudier en traitant des différentes parties du domaine productif de revenus.

Enfin, dans la quatrième partie, nous examinerons les
transformations de la domanialité, leurs rapports avec la
fortune publique et l'évolution de l'Etat.

LIVRE II

Le domaine foncier des Etats modernes.

CHAPITRE PREMIER

LE DOMAINE FORESTIER

De la propriété des forêts. — Etendue des forêts chez les diverses na-
tions de l'Europe comparativement à la surface totale du territoire.
— Origines de la propriété forestière et proportion comparée des
forêts de l'Etat et des particuliers en France et en Allemagne. —
Avantages et inconvénients de la possession des forêts par l'Etat.
— Différences entre la production ligneuse et la production agri-
cole. — Limites de la possession par l'Etat. — Exemple de l'Algérie.
De l'exploitation des forêts. — De la gestion directe et de l'affermage.
— Expériences faites sur les forêts de chênes-liège en Algérie. —
Avantages et inconvénients de l'exploitation par l'Etat. — Les re-
venus des forêts. — Augmentation de la consommation de la
houille. — Baisse du revenu de l'Etat et diminution de la valeur
en capital. — Les frais d'exploitation en France, en Allemagne, en
Russie, en Algérie.
Diminution et augmentation du domaine forestier.

L'étendue des forêts, chez une nation, est en corrélation
intime avec son état économique. Partout, on voit les sur-
faces boisées se restreindre à mesure que la densité de la
population augmente, que la culture devient plus intensive
et que l'appropriation individuelle du sol fait des progrès.

Dans l'état pastoral, qui exige de si grands espaces pour faire vivre les peuples qui s'y livrent, les forêts sont le grand obstacle au développement de la population et c'est généralement par le feu que se font les défrichements. Ce n'est qu'assez tard et dans les civilisations avancées que les peuples songent à remédier à leur imprévoyance et comprennent la nécessité de conserver intacts certains massifs boisés.

On évalue la superficie des forêts qui couvraient autrefois la Gaule à 40 millions d'hectares. Il fut un temps où une bonne partie du pays qui est maintenant l'Allemagne n'était, pour ainsi dire, qu'une vaste forêt : la forêt Hercynie, *Hercynia sylva*, qui s'étendait du Rhin à l'Erz Gebirge et au Böhmer Wald. Avec une pareille étendue de bois, la première condition du progrès économique était le défrichement. Celui-ci constituait le seul mode d'appropriation du groupe primitif, c'est-à-dire du clan. Il n'y avait d'ailleurs aucune raison pour que tous les clans avoisinant ces immenses massifs boisés et qui s'ignoraient réciproquement ne fissent pas usage de la forêt, presque au même titre que l'air et la lumière. Ajoutons qu'une sorte de respect religieux entourait les forêts. Chez les Germains, il était défendu d'abattre d'autres arbres que ceux marqués d'un certain signe et les infractions étaient, dans plusieurs cas, punies de mort.

Partout, l'appropriation individuelle s'opère lentement. Elle se fait généralement par la réserve de territoires de chasse, comme chez les rois francs. Peu à peu, les seigneurs les imitent et ils finissent par devenir maîtres absolus de la propriété forestière. C'est alors que celle-ci fait l'objet de concessions aux communes et aux monastères. Plus tard, le domaine forestier s'agrandit sur les ruines de la féodalité. En France, la plus grande partie des forêts se trouve concentrée, jusqu'en 1789, entre les mains du roi, des seigneurs, des communes et des établissements publics.

Actuellement, c'est en Russie que nous trouvons l'étendue de forêts la plus considérable non seulement au point de vue absolue, mais aussi relativement à la surface du territoire. Elles y occupaient, en 1898, pour la Russie d'Europe, une superficie de 181,2 millions d'hectares et 35,7 0/0 du territoire total. En ce qui concerne particulièrement la province de Finlande, la proportion par rapport au territoire total monterait à 60 0/0 (1). On ne possède d'ailleurs de documents précis que pour la Russie d'Europe, le Caucase et la Finlande. Il n'est pas possible de déterminer avec précision l'étendue des forêts de la Sibérie orientale.

Après la Russie, viennent la Suède avec 18,2 millions d'hectares, soit 40 0/0 du territoire total ; l'Autriche, avec 9,71 millions d'hectares et 32,3 0/0 ; l'Empire allemand, avec 13,957 millions d'hectares et 25,8 0/0 (2). Nous trouvons ensuite, dans un ordre de proportionnalité décroissante, la Norvège, avec 21 0/0 ; la France avec 18,2 0/0 ; la Belgique avec 17,7 0/0 ; la Roumanie avec 15 0/0 ; l'Italie avec 14 0/0 ; l'Espagne et la Grèce avec 13 0/0. Les pays les moins boisés sont le Portugal, la Hollande, le Dane-

(1) Ces chiffres sont tirés d'un mémoire de M. Mélard, cité par M. Huffel. *Economie forestière*, tome I, Paris, Lucien Laveur, 1904. Le ministère de l'Agriculture n'a pas publié les résultats de l'enquête décennale de 1902.

(2) D'après les derniers plans de l'année 1900, il y aurait, en Allemagne, 13,995 millions d'hectares, soit 25,9 0/0 de la superficie totale occupés par les forêts. Les forêts de la Couronne et de l'Etat ont progressé de 1 0/0 et ont passé de 32,7 0/0 en 1883 à 33,7 0/0 en 1900. C'est Schambourg-Lippe qui, avec 93 0/0, détient la plus forte proportion de forêts de l'Etat (*Journal de la Société de statistique*, août 1906).

mark et l'Angleterre. Dans ce dernier pays, l'étendue des forêts ne dépasse pas 4,1 0/0 de la surface totale.

Au 1er janvier 1901, il y avait en Russie 258,61 millions d'hectares de forêts appartenant à l'Etat, dont 117,42 millions d'hectares pour la Russie d'Europe, non compris la Finlande ; 5,34 millions pour le Caucase et 135,85 millions pour la Russie d'Asie (1). Ce dernier chiffre est d'ailleurs approximatif. Pour la Russie d'Europe, l'Etat possède 64,8 0/0 de la propriété forestière, mais, sur l'ensemble de ce domaine, il n'y avait guère que 93 millions d'hectares de forêts s'élevant sur de bonnes terres forestières. Au Caucase, les forêts se trouvant dans les mêmes conditions couvraient 3,5 millions d'hectares et 40 millions d'hectares en Russie d'Asie. L'étendue des forêts aménagées n'est que d'environ 8 0/0 de la superficie totale des forêts domaniales (2).

La Russie et l'Angleterre nous offrent, soit au point de vue de la propriété forestière en général, soit au point de vue de l'étendue des forêts domaniales, un contraste significatif ; sur 1,29 million d'hectares de forêts, l'Etat anglais n'en possède qu'une portion infime : 0,2 0/0 environ. Mais, par suite de la nécessité de donner des terres aux paysans, le domaine forestier de la Russie se démembre peu à peu. En Allemagne, la plus grande partie des forêts appartient à l'Etat ou aux collectivités. D'après Roscher (3), la proportion est dans le Hanovre de 89 0/0, dans la Hesse électorale de 90 0/0, en Bavière de 58 0/0, dans le Wur-

----

(1) Ces chiffres sont déduits de ceux donnés en déciatines par le *Bulletin de statistique et de législation comparée du ministère des Finances*, qui les a lui-même extraits du *Journal du ministère des Finances russe.*

(2) *La Russie à la fin du xixe siècle*, publié sous la direction de M. W. de Kovalevsky, adjoint au ministre des Finances de Russie.

(3) *Recherches sur divers sujets d'économie politique*, traduit de l'allemand. Guillaumin et Cie, 1872, p. 109.

temberg et dans la Hesse Darmstadt de 70 0/0, dans le Grand-Duché de Bade de 69 0/0. En Prusse, d'après des documents plus récents, sur un total de 8,27 millions d'hectares de forêts, l'Etat en possède 2,56 millions et la Couronne 0,72 million, soit ensemble 31,7 0/0 de la propriété forestière. Les particuliers en possèdent environ 50 0/0 et le reste, soit 18 0/0, est partagé entre les forêts dont l'Etat est co-propriétaire et celles des communes, des établissements publics et des corporations (1).

Il est assez difficile de savoir quelle était l'étendue des forêts domaniales en France à l'époque de la Révolution. D'après le comité des Domaines, elle était de 4.704.917 hectares en 1791. En 1795, la commission du Conseil des Cinq-Cents l'évalue à 2.592.706 hectares (2). On sait d'ailleurs que c'est par la vente des biens nationaux qu'une grande partie de cette propriété passa entre les mains des particuliers. En 1820, d'après les états d'assiette de la contribution foncière, la contenance des forêts domaniales n'est plus que de 1.190.453 hectares. En 1865, elle tombe à 1.111.759 hectares, chiffre qui n'a pas beaucoup varié depuis. En 1898, l'Etat français possédait 1.155.788 hectares de forêts, soit 12 0/0 de la propriété forestière ; les communes et établissements publics 2.235.757 hectares, soit 23,3 0/0 de cette propriété et les particuliers 6.217.000 hectares, soit 64,7 0/0. En 1908, la contenance des forêts domaniales a légèrement augmenté. Elle est de 1.189.112 hectares (3). L'augmentation est faible, mais constante depuis 1883.

(1) Cette proportionnalité est déduite des chiffres donnés par le *Bulletin de statistique et de législation comparée* du ministère des Finances (septembre 1903) qui les a lui-même extraits du *Bulletin royal de statistique*, publié par la *Statistiche Correspondent*.

(2) *Annuaire des eaux et forêts*, 1909, Lucien Laveur, Paris. p. 281.

(3) *Annuaire des eaux et forêts pour 1909*, p. 281.

En comparant la France à l'Allemagne, on voit que la proportionnalité respective des forêts possédées par l'Etat et les collectivités et de celles possédées par les particuliers est ici renversée.

Les forêts ont été partout et de tout temps considérées comme formant une des parties les plus importantes du Domaine privé de l'Etat, mais comme on vient de le voir, l'étendue des forêts possédées par l'Etat varie suivant les époques et les civilisations. Partout, ce domaine forestier tend à se restreindre devant les progrès de la culture. Aussi, s'est-on demandé s'il n'y a pas une limite à laquelle doive s'arrêter cette évolution et s'il est bon de laisser se continuer indéfiniment ce démembrement de la propriété forestière de l'Etat.

Pour répondre à cette question il faut se rappeler que les forêts remplissent un double rôle : elles exercent une action considérable au point de vue climatologique et sanitaire et elles pourvoient la nation des bois dont elle a besoin. En ce qui concerne le premier point, les forêts exercent une action prépondérante sur le régime des eaux, puisque leur présence dans une contrée a pour effet de conserver les sources, de régulariser les cours d'eau, d'entraver la formation des torrents et d'empêcher ainsi les inondations ou tout au moins d'en diminuer les ravages (1). Elles arrêtent les courants atmosphériques ou en amoindrissent la violence et elles contribuent, par suite, à conserver à l'agri-

---

(1) Les inondations qui ont ravagé le Languedoc pendant l'automne de 1907 ont fait voir de nouveau quels dangers font courir aux habitants des montagnes et des vallées le déboisement des pentes supérieures (Cf. *Economiste français* du 13 juin 1908. *La conservation et la reconstitution des forêts françaises*). Les terribles inondations qui viennent de désoler Paris et la vallée de la Seine sont dus aussi, en grande partie, au déboisement de cette région.

culture des terrains qui, sans leur abri, ne pourraient être
cultivés. En France, ce sont des plantations de pins maritimes qui, seuls, ont pu fixer les dunes de Gascogne et
arrêter l'envahissement des sables qui menaçaient d'en-
gloutir les deux départements des Landes et de la Gironde.
Dans la Manche, l'extension du sol forestier a été la condition indispensable de tout progrès agricole. Dans les Cé-
vennes, le déboisement effectué sous le règne d'Auguste a
eu pour effet d'exposer la vallée du Rhône aux ravages du
mistral. En Belgique, les plantations effectuées aux environs d'Anvers ont corrigé le régime atmosphérique et
transformé des sables en champs fertiles. En Algérie, le
peuplement des cèdres et des chênes sur le sommet des
montagnes pour arrêter les ravages du *siroco*, les semis
de pins maritimes pour fixer le sol des parties sablonneuses,
les plantations d'eucalyptus et de caroubiers le long des
cours d'eau et des routes pour entretenir la fraîcheur des
plaines pendant l'été sont autant de questions vitales pour
l'avenir de la colonie (1).

En ce qui concerne la production ligneuse, sur laquelle
les économistes se sont basés principalement pour justifier
l'utilité publique des forêts, cet argument a beaucoup perdu
de sa valeur. Autrefois la pénurie de bois était une calamité

---

(1) L'influence des forêts sur le régime des eaux est aujourd'hui
démontrée. M. Octave Noël dans son *Etude historique sur l'organisation financière de la France* rapporte le fait suivant tiré du *Voyage en
Bulgarie* de M. Blanqui. « Quand Napoléon fut conduit à Sainte-
Hélène, les Anglais comprirent la nécessité de s'emparer de l'île de
l'Ascension, qui n'était qu'un rocher stérile à peine couvert de
quelques cryptogames, et ils y établirent une compagnie de cent
hommes. Au bout de dix ans, cette petite garnison était parvenue, à
force de persévérance et de plantations, à créer un sol dans l'île et à
y faire jaillir de l'eau. Elle était abondamment pourvue de légumes.
Voilà ce qu'ont produit les plantations sur un rocher au milieu de
l'Océan ».

Bochard   6

publique et, au Moyen Age, c'est par des concessions gratuites de bois dans leurs forêts que les seigneurs retenaient sur leurs terres les populations qui les mettaient en culture. Mais aujourd'hui, par suite du perfectionnement incessant des moyens de transport, nous recevons des bois de tous les pays. En outre, la transformation de l'armement maritime et l'emploi de l'acier dans la construction des grands navires ont beaucoup contribué à restreindre l'emploi des bois d'œuvre.

De ce que nous venons de dire dérive la nécessité de conserver boisées les parties d'un territoire d'un pays qui, dans cet état, ont sur le régime des eaux ou sur la salubrité publique une influence salutaire. Mais cette conservation touche bien plus à l'intérêt général qu'à l'intérêt particulier. Le propriétaire d'une forêt utile à la nation tout entière en profite-t-il assez personnellement pour ne pas la détruire s'il y trouve un avantage pécuniaire? L'histoire des forêts est là pour nous dicter la réponse. La longue série des ordonnances royales rendues depuis Charlemagne n'a pu empêcher les défrichements, qui se sont étendus non seulement aux terrains qui pouvaient rapporter un revenu supérieur à celui de la culture forestière, mais encore à des montagnes arides et, en plaine, à des terrains dont on ne pouvait tirer un parti plus avantageux. Et cela simplement parce que les propriétaires y trouvaient un avantage momentané. Ajoutons que les hasards de la dévolution héréditaire ont, depuis la Révolution, secondé puissamment cette action dissolvante et que les partages renouvelés à chaque génération ont été, pour la propriété forestière, une cause de ruine. A ce point de vue, l'Angleterre ne s'est pas trouvée dans les mêmes conditions que la France. L'existence d'une riche aristocratie et le maintien du droit d'aînesse ont fait que, dans ce pays, les forêts ont pu se transmettre de génération en génération, ce qui a rendu le rôle de l'Etat moins nécessaire.

Une autre considération très importante vient à l'encontre de l'appropriation privée en matière forestière : c'est la différence profonde qui existe entre la production ligneuse et les autres productions, en particulier la production agricole. Il est presque impossible de s'en rapporter à l'initiative individuelle quand il s'agit de produits dont l'élaboration demande 20 à 25 ans pour le bois de chauffage 150 à 200 ans pour les bois destinés à l'industrie ou à la construction. Cette considération doit donner à réfléchir si l'on songe à l'énorme quantité de gros bois qu'exige annuellement la seule industrie des chemins de fer dans le monde entier.

Il importe donc que les marchés soient approvisionnés d'une manière régulière et que les forêts soient aménagées de façon à fournir annuellement la même quantité de bois. C'est pourquoi il est avantageux pour la nation que la propriété forestière ne soit pas tout entière soumise aux vicissitudes de la fortune des particuliers, mais qu'une portion importante de cette propriété soit réservée à des êtres moraux impérissables, comme l'Etat, les communes et les établissements publics. Toutefois, ici encore, une distinction est à faire. Les communes et les établissements publics nous semblent plus aptes que les particuliers à posséder les forêts, mais leur aptitude en cette matière est moins grande que celle de l'Etat, parce que tout en ayant des intérêts permanents, ils ont des besoins plus pressants à satisfaire et qu'ils sont quelquefois disposés à sacrifier l'avenir au présent. Le contrôle de l'Etat est donc ici absolument indispensable et, si partisan que l'on soit de l'autonomie communale en matière d'administration ou de finances, il est impossible de ne pas en reconnaître la nécessité. Partout, même en Suisse, où la liberté municipale est si grande, ce contrôle a été reconnu nécessaire.

L'Etat a donc une aptitude particulière en ce qui concerne la propriété des forêts (1), mais seulement de celles dont la conservation est jugée nécessaire au point de vue du climat, de la salubrité, du régime des eaux ou de la défense du territoire. Il s'agit ici d'une question d'intérêt commun et il est même préférable que l'Etat s'arme, comme en Saxe, du droit d'expropriation pour tous les terrains dont le maintien en nature de bois a été reconnu indispensable, sauf à laisser ensuite toute liberté à la propriété particulière, plutôt que d'empêcher, par une police et une surveillance tracassières, la transformation des bois médiocres en terrains propres à la culture.

Il faut toutefois tenir compte des besoins des populations pastorales. Un exemple des abus de l'Etat en cette matière nous est fourni par l'Algérie. La superficie des forêts algériennes était évaluée en 1890 à 3.247.692 hectares, sur lesquels 2.500.000 hectares étaient détenues par l'Etat, comme héritier du Beylick turc, et lui avaient été dévolus soit à la suite des opérations du sénatus-consulte de 1863, soit en vertu de la présomption légale de propriété résultant de la loi du 16 juin 1851. Le Beylick turc n'interdisait pas aux Arabes le pâturage dans les forêts, où ils pouvaient prendre aussi le bois pour se chauffer, pour construire leurs gourbis et pour fabriquer leurs instruments grossiers. En prenant possession de ce domaine, nous y avons appliqué le code forestier français et nous avons retiré aux indigènes leurs droits d'usage, non-seulement dans les forêts propre-

____

(1) Cette aptitude a été reconnue par la plupart des économistes (Cf. notamment RAU, *Lehrbuch der politischen œkonomie*, §§ 347, 348, 366, LEROY-BEAULIEU, *Science des finances*, tome I, chap. IV et V, WAGNER, *Finanzwissenchaft*, tome I, § 236 et suiv.)

ment dites, mais encore sur de simples broussailles qui ont été assimilées aux forêts en vertu de la loi du 9 décembre 1885 dont l'effet a été d'accroître de 951.258 hectares en 3 ans (de 1885 à 1888) l'étendue des terrains soumis au régime forestier. Cette loi interdisait aux indigènes le pâturage et le défrichement dans des broussailles situées sur le versant de simples coteaux et, en la privant de cette maigre mais dernière ressource, elle équivalait presque à un arrêt de mort pour la population pastorale. Sans doute, la superficie des terrains boisés en Algérie est très loin d'être suffisante puisque, pour la région du Tell, elle n'est que de 14 0/0 du territoire total. L'Algérie souffre surtout du manque d'eau et il serait absolument nécessaire d'y faire des reboisements considérables (1), mais l'interdiction presque générale du parcours semble contraire aux intérêts forestiers eux-mêmes. Pour les forêts de chênes-liège, le régime du *pâturage aménagé* a donné, dans les pays où il est appliqué, comme en Espagne et en Portugal, des résultats utiles et profitables (2).

Une loi du 21 février 1903 est enfin venue modifier cet état de choses. Déjà, en vertu de décisions successives de l'administration forestière, 22.000 hectares de terrains fores-

---

(1) Une ligue du reboisement qui s'est fondée à Alger estime à 230 millions l'achat des terrains à reboiser et les frais de plantation et d'entretien.

(2) Le système du pâturage en forêt, méthodiquement réglementé, ne serait pas la ruine des forêts. Il est pratiqué déjà par des particuliers. « En Espagne et en Portugal, où la culture du liège est pratiquée depuis longtemps, il est reconnu qu'il est utile de débarrasser les sous-bois des broussailles qui entretiennent une quantité d'insectes nuisibles à la santé des chênes et à la bonne qualité du liège ; ces broussailles sont en même temps plus exposées au feu que les arbres eux-mêmes. Aussi, sous leurs chênes-liège, le pâturage des troupeaux est constant et les incendies sont extrêmement rares » (*Rapport sur le régime forestier de l'Algérie*, par J. GUICHARD, 1893).

tiers sur un total de plus de 3 millions d'hectares avaient été rendus à la colonisation en 1900. La loi, tout en constituant fortement notre domaine forestier, soumet sa gestion à certaines règles plus larges que celles adoptées en France. Sans doute, le mouton est toujours classé parmi les animaux que les usagers ne peuvent introduire en forêt, mais il n'est pas proscrit d'une manière absolue, comme le chameau ou la chèvre, et des arrêtés du gouverneur peuvent l'admettre exceptionnellement (1).

Examinons maintenant une autre question : celle de l'exploitation. L'Etat doit-il gérer lui-même les forêts qu'il possède ou les affermer soit à des compagnies, soit à des particuliers ?

Sous la Restauration, en France, on a essayé d'appliquer le système du fermage. En Espagne, en Portugal, en Algérie, ce mode d'exploitation est en usage pour les forêts de chênes-liège.

Les économistes qui se sont occupés de la question, entre autres G. Roscher en Allemagne et J. Clavé en France, se sont prononcés contre le système du fermage (2). Il est certain, en effet, que ce système n'offre pas, pour les forêts, le même avantage que pour l'exploitation agricole. La principale raison est que la plus grande partie du capital d'exploitation est fournie par le propriétaire et composée des bois sur pied. Ce capital est entre les mains du fermier qui, par des coupes abusives, peut le détruire. L'Etat, en ce qui le concerne, serait donc obligé d'exercer une surveillance étroite qui ne parviendrait peut-être pas à empêcher le mal et qui équivaudrait presque à une gestion directe.

(1) Voir rapport de M. Saint-Germain du 18 décembre 1900 et exposé des motifs du projet présenté le 23 octobre 1902. L'étendue du sol forestier de l'Algérie au 1er janvier 1905 est de 1.734.988 hectares domaine) et 670.000 hectares (communes et particuliers).

(2) G. ROSCHER, *Loc. cit.*, p. 124 et G. CLAVÉ, *Etudes sur l'économie forestière.*

L'expérience qui se poursuit en Algérie depuis un demi-siècle est de nature à nous éclairer sur la question. Il y a une soixantaine d'années, vers 1849, l'Etat n'étant pas en mesure d'exploiter directement les 4 ou 500.000 hectares de chênes-liège qu'il possédait, concéda à des fermiers, pour une durée de 16 années, l'exploitation d'une certaine partie de ce vaste domaine. Les fermiers devaient procéder au démasclage (1), pratiquer des tranchées séparatives en prévision des incendies, etc. Ce système ne donna aucun résultat, parce que les fermiers n'avaient pas de capitaux suffisants pour se livrer à cette exploitation. On porta alors la durée de l'affermage à 50 ans, puis à 90 ans. Malheureusement, de 1860 à 1865, survinrent de grands incendies dans les forêts concédées. On n'imagina rien de mieux que de donner, à titre d'indemnité, aux concessionnaires sinistrés, la propriété des parties atteintes par le feu et, de plus, du tiers des parties non incendiées. Les deux autres tiers furent aliénés au prix de 60 francs l'hectare, payable en 20 ans. C'est ainsi que le système du fermage aboutit, pour 152.000 hectares de forêts, à une aliénation pure et simple, qui fut pour les fermiers une véritable spéculation.

En 1878, on a essayé de nouveau d'adjuger l'exploitation des forêts domaniales pour 14 ans. Une étendue de 50.690 hectares, sur 260.000 qui restaient inexploités, a été ainsi mise en valeur. Le produit s'est élevé à 922.600 francs en 14 ans, ce qui porte à peu près le rendement à 1 franc par hectare et par an, alors qu'en France il est d'environ 14 francs pour les forêts de l'Etat. De son côté, l'Administration des forêts a procédé elle-même au démasclage de 69.310 hectares. On a pu faire des comparaisons dans certaines forêts divisées en

____

(1) Opération qui consiste à dépouiller l'arbre du *liège-mâle*, écorce épaisse et spongieuse qui le recouvre lorsqu'il a dépassé l'âge de 10 ans.

deux massifs dont l'un a été adjugé et l'autre exploité directement. Les produits de cette dernière exploitation ont donné des résultats quatre ou cinq fois supérieurs au produit de l'exploitation des fermiers (1).

En France, on a absolument renoncé au système du fermage et il paraît suffisamment démontré que ce système est absolument inférieur à celui de l'exploitation directe. Ajoutons que celle-ci a des limites nécessaires et qu'elle doit se restreindre à certaines opérations bien déterminées. La vente des bois sur pied doit être préférée à la vente des produits façonnés et au système de l'exploitation des coupes. L'Etat sort complètement de son rôle lorsque, comme en Allemagne, il s'occupe de façonner le bois, de le transporter là où le besoin s'en fait sentir et d'approvisionner les marchés. Tout cela est l'affaire de l'industrie privée. Pour être au courant des besoins et des oscillations du marché, il faut y être personnellement et directement intéressé et l'Etat n'a aucune aptitude pour les opérations commerciales. La gestion des forêts domaniales ne doit pas être d'ailleurs une gestion purement fiscale, car leur destination n'est pas tant de produire un revenu élevé que de rendre des services d'intérêt général et d'approvisionner le pays en bois d'œuvre. C'est pourquoi toutes les forêts de l'Etat doivent être soumises à un aménagement régulier. L'administration doit surtout rechercher les parties de forêts qui peuvent croître en futaie et choisir la révolution la plus avantageuse. En d'autres termes, l'Etat doit surtout demander à ses forêts des produits que l'initiative privée est impuissante à fournir.

Si l'on jette un coup d'œil sur la statistique des revenus

____

(1) Cf. le rapport de M. Guichard sur le régime forestier de l'Algérie, 1893.

des forêts en France, on s'aperçoit qu'après avoir suivi une marche ascendante depuis 1830 jusque vers 1860, ces revenus ont ensuite baissé et que, depuis 1880 surtout, cette baisse est particulièrement sensible. En 1827, le produit brut était de 26.964.619 francs, en 1860 de 42.506.683 francs mais, en 1880, il redescend à 35.127.623 francs (1), et, en 1887, à 24.752.902 francs. Depuis quelques années, ce produit a une légère tendance à se relever : il dépasse maintenant 34 millions (2). Cette moins-value dans le produit des forêts domaniales ne doit pas être attribuée à une mauvaise gestion de l'Etat ; elle ne tient ni à la qualité ni à la quantité des bois vendus, car la production est restée sensiblement la même (3 millions de mètres cubes environ). Elle est due, aussi bien pour le bois de chauffage que pour les bois d'œuvre, à une diminution des prix provoquée par diverses causes. Pour le bois de chauffage, elle tient surtout à l'invention des poêles mobiles, à leur emploi de plus en plus répandu et, par suite, à l'augmentation de la consommation de la houille. C'est ainsi qu'à Paris la consommation du bois à brûler est inférieure à ce qu'elle était en 1860 (3). Par contre, la consommation de la houille a triplé (4).

---

(1) *Annuaires des eaux et forêts* et *Dictionnaire des finances*, de Léon SAY, article Forêts. Tous ces chiffres comprennent les produits accessoires comme, par exemple, le droit de location de la chasse, mais les produits de la pêche n'y sont plus compris à partir de 1840 ni les frais de régie des bois communaux à partir de 1839.

(2) Produit en 1908 : 34.964.736 (*Compte général de l'administration des finances pour* 1908, 1er vol., p. 72. Dans ce produit figurent les frais d'administration des bois des communes et établissements publics évalués pour 1908 à 1.037.600. Chiffre du budget de 1910 : 34.816.400.

(3) 774.234 stères en 1860 ; 488.006 stères en 1907 (*Annuaire des eaux et forêts pour* 1909, p. 295).

(4) 519.939.649 kilogs en 1860 ; 1.692.546.643 kilogs en 1907 (*Même annuaire*, p. 295).

En ce qui concerne les bois d'œuvre, la diminution des recettes provient de deux causes principales : 1° l'emploi de plus en plus général du fer dans les constructions ; 2° l'importation des bois étrangers. Cette importation se chiffrait en 1880 par 278 millions de francs : elle n'était plus en 1906 que de 161 millions.

La moins-value constatée dans le produit des forêts domaniales a atteint également les forêts communales dont l'État a la gestion. On constate, en effet, que ce produit, qui était de près de 44 millions en 1876 n'était plus que de 29 millions en 1888.

Une conséquence se déduit de ces faits. Les inventions relatives au chauffage ont diminué la consommation du bois et augmenté la consommation de la houille. Elles ont procédé, vis-à-vis du bois, par élimination progressive et, en faisant baisser le revenu que l'État pouvait tirer des forêts, elles ont diminué leur valeur en capital. La moyenne du prix de vente des forêts, qui était, en effet, de 979 francs l'hectare pendant la période de 1814 à 1835, n'était plus que de 953 francs de 1852 à 1870 et, depuis, ce chiffre ne paraît pas s'être relevé. Le *Tableau des propriétés de l'État* publié en 1879 fait ressortir, il est vrai, la valeur de l'hectare à 1.300 francs en moyenne pour l'ensemble de la propriété forestière, mais ce chiffre paraît trop élevé. Les évaluations de l'Administration des contributions directes pour cette même année 1879 ne sont que de 745 francs par hectare.

Les dépenses du service des forêts en France dépassent maintenant 14 millions. Si l'on déduit de ce chiffre les sommes employées pour restauration de terrains en montagne et qui sont des frais de premier établissement, on trouve que la dépense nette est de 11 millions environ (1),

(1) Chiffre de 1908 : 14.334.590. Crédits pour restauration de ter-

ce qui représente 31,5 0/0 du produit brut. En 1888, c'est-à-dire 20 ans auparavant, ce rapport était de 39 0/0. Ce coefficient n'est pas trop élevé, car il faut tenir compte que la gestion des bois des communes impose à l'administration des forêts des charges qui ne sont pas compensées par la somme portée au budget pour les frais de régie de ces bois et qu'en outre certaines dépenses d'intérêt général, comme celles relatives au reboisement des montagnes et à la fixation des dunes, ne sont atténuées par aucune recette.

En Prusse, les frais d'exploitation sont plus élevés. D'après les évaluations des budgets prussiens, ils ont toujours oscillé aux environs de 50 0/0 depuis cinquante ans(1).

En Russie, le coefficient d'exploitation est beaucoup moins élevé. Si l'on prend la moyenne de la période 1897-1905, les dépenses représenteraient 18,4 0/0 du produit brut (2). Mais il faudrait pouvoir s'assurer que ce chiffre comprend intégralement tous les frais d'exploitation.

En Algérie, on a fait de réels efforts pour améliorer la situation depuis 10 ans et il faut en féliciter l'Administration forestière et le gouvernement général. En 1897, la proportion des frais par rapport à la recette brute s'élevait à 260 0/0. En 1907, avec 3,5 millions de dépenses et 4,5 millions de recettes pour l'Algérie proprement dite, elle ne s'élève plus qu'à 78 0/0. Mais, évidemment, il ne faut pas raisonner sur les forêts algériennes comme on pourrait le faire sur celles d'Europe. La faute que l'on a commise, c'est de ne pas les mettre en valeur, de ne pas dépenser assez d'argent pour

rains en montagne 3.310.969 (*Compte général de l'Administration des finances pour* 1908, p. 482).

(1) Chiffres du budget de 1909 (en milliers de marks) : recettes 113.604 ; dépenses 52.816, soit un coefficient de 46,4 0/0.

(2) Produits totaux pour cette période (en milliers de roubles) : 478.347 ; dépenses : 90.229 (*The statesman's yearbook by Scott Kellie,* London, 1908).

elles. Les chênes-liège pourraient donner un revenu res-
pectable. On s'est livré, à ce sujet, à des évaluations un peu
fantaisistes en calculant que ces forêts, lorsqu'elles seront
toutes en exploitation, pourraient rapporter 18 millions, mais
on n'est pas éloigné de la vérité en disant que l'on pourrait
compter sur 8 millions (1). Dans tous les cas, il y a pour
l'Algérie une source de revenus considérables. Les forêts de
chênes-liège de ce pays sont bien plus importantes que celles
de l'Espagne. Elles pourraient leur faire une concurrence
redoutable en déplaçant le marché du liège au profit de notre
colonie.

Depuis la Révolution, l'étendue du domaine forestier de
l'Etat a, comme nous l'avons vu, considérablement diminué.
En l'an XIII, la contenance des forêts nationales était, d'après
Pouchet, de 2.393.000 hectares. En 1872, après la perte de
l'Alsace-Lorraine, elle n'était plus que de 998.540 hectares.
De 1814 à 1870, il a été aliéné 352.645 hectares de bois
qui ont produit 306.414.882 francs. De 1872 à 1893, l'augmentation a été de 112.589 hectares, provenant, en grande
partie, de plantations de pins maritimes pour la fixation des
dunes et de reboisements de terrains situés en montagne.
Depuis 1870, aucune aliénation n'a d'ailleurs été autorisée
et les faibles diminutions qui ont pu avoir lieu proviennent
de cessions faites soit pour les routes et les chemins de fer,
soit pour la création de forts et de champs de manœuvres.

Il résulte des chiffres que nous avons cités plus haut,
comparés au total des recettes ordinaires du budget, que la
part proportionnelle des produits forestiers dans l'ensemble
des revenus de l'Etat n'est pas très élevée. Pour la Russie,
elle s'élève à 3,15 0/0, pour la Prusse, à 2,96 et pour la
France à 0,79 0/0.

(1) Ce chiffre a été indiqué par M. GUICHARD, *loc. cit.*

A diverses époques, il s'est trouvé des financiers dans l'embarras pour soutenir que l'aliénation des forêts était pour l'Etat le meilleur moyen d'en tirer parti. C'est surtout pendant les vingt années qui se sont succédé de 1815 à 1835 que cette théorie a été le plus en faveur et qu'ont eu lieu les aliénations les plus importantes. Dans les premières années de la Restauration, on alléguait des raisons politiques pour justifier les ventes de forêts. On voulait, disait-on, rassurer les acquéreurs de biens nationaux et, par ce moyen, « finir la révolution ». En réalité, il s'agissait de subvenir aux besoins de la dette flottante. C'est ainsi que, par la loi du 25 mars 1817, on affectait le produit de la vente de 150.000 hectares de forêts à la dotation de la caisse d'amortissement. On a souvent cité les paroles que prononçait M. Laffitte, en 1831, pour justifier l'aliénation de 300.000 hectares de forêts domaniales. M. Laffitte s'appuyait sur la prétendue supériorité de la propriété privée, sur la propriété de l'Etat en matière forestière. « Les bois en général ne rendent que 2 ou 2 1/2 0/0 au plus à l'Etat, disait-il ; transportés aux particuliers, ils rendraient par les mutations ou l'impôt foncier 1 1/2 au moins 0/0, c'est-à-dire les deux tiers environ de leur revenu actuel. L'Etat en aurait donc en caisse la valeur et retrouverait, par l'impôt, une partie du produit. Les particuliers en retireraient, de leur côté, un revenu supérieur à celui qu'en retirerait l'Etat. La supériorité de l'industrie individuelle explique ces différences. » Outre que ce raisonnement repose financièrement sur un calcul erroné (1), il ne tient pas compte de l'intérêt général. Dans cette question il ne faut pas se laisser entraîner par des besoins momentanés et, comme nous l'avons

____

(1) Cons. à ce sujet le *Traité de la science des finances*, de M. P. Leroy-Beaulieu, 7ᵉ édition, tome I, p. 78 et suivantes.

montré, il importe d'envisager l'avenir même du pays.

En Algérie, les conseils élus ont quelquefois réclamé la vente des forêts de chênes-liège. Les bénéfices faits par les concessionnaires devenus propriétaires par les incendies de forêts ne sont peut-être pas étrangers à ces demandes, qui croyons-nous, n'ont plus maintenant aucune chance d'aboutir. Il importe, en effet, de conserver la seule partie du domaine algérien susceptible de donner quelque ressource dans l'avenir.

Mieux éclairées sur les faits relatifs au climat et au régime des eaux, sur les causes des inondations, sur les conditions de salubrité générale, les nations comprennent aujourd'hui la nécessité de maintenir boisée une certaine partie de leur territoire et de reboiser partout où des défrichements opérés sans discernement ont compromis les conditions d'existence des générations présentes aussi bien que celles des générations futures. Nulle part cette nécessité ne se fait plus sentir que dans notre grande colonie de l'Afrique du Nord, dévastée périodiquement par des incendies de forêts et où il serait nécessaire de reconstituer un domaine forestier triple et même quadruple de celui qui existe. Dans l'Inde, les Anglais ont été bien moins hésitants et beaucoup plus prévoyants que nous en reconstituant un vaste domaine forestier de 30 millions d'acres sur les versants de l'Himalaya.

CHAPITRE II

De la possession par l'Etat de domaines agricoles : terres cultivées,
vignes, prairies, fermes, etc. — Etendue de ces domaines dans les
Etats allemands. — Inconvénients de leur possession et de leur exploitation directe par l'Etat au point de vue économique et financier. — Ces domaines ne peuvent exister que dans les pays de culture extensive. — Les divers systèmes d'amodiation des terres détenues par l'Etat : le métayage, la corvée, la capitation, le bail à
ferme, les emphytéoses à long terme. — D'un mode d'amodiation
proposé en France pour les terres incultes qui appartiennent encore à l'Etat ainsi que pour tous les biens de l'Etat, des départements et des communes non affectés à des services publics. — Réfutation.

De la reconstitution en Europe de vastes domaines agricoles par la
nationalisation du sol. — Les divers systèmes de rachat. — La loi
de la rente de Ricardo et l'argument de l'*unearned increment*. —
L'invention a une action doublement efficace pour faire baisser la
rente. — La reprise du sol par l'impôt serait un acheminement
vers la ruine de l'agriculture. — Le meilleur moyen de tirer parti
des domaines ruraux est de les vendre.

De la possession par l'Etat de certaines exploitations agricoles dans
le but de perfectionner les procédés de culture ou d'améliorer
l'élevage. — Fermes-modèles en Prusse et en France. — Inutilité
de ces établissements, sauf en ce qui concerne les écoles d'agriculture.

Indépendamment de leurs forêts, les Etats peuvent posséder des terres cultivées, des vignes, des prairies et même
des établissements agricoles, tels que des fermes, des bergeries, des vacheries, etc.

Dans le passé, les domaines rur ux ont joué dans les finances des nations un rôle très important, mais dans beaucoup d'Etats, ce rôle tend à diminuer. En Russie, deux causes principales semblent avoir agi dans ce sens. D'une part, une loi de l'empereur Paul a séparé le domaine de l'Etat des biens de la maison régnante dits « biens d'apanage » et en a fait la propriété personnelle des membres de la famille impériale ; d'autre part, l'abolition du servage, en 1861, a eu pour effet de faire passer entre les mains des paysans ou plutôt des communautés de paysans une partie des terres de l'Etat qui sont devenues des terres de *nadiel*. Toutefois, pour la Russie d'Europe, on évaluait naguère encore la contenance des terres domaniales à 164,3 millions d'hectares, soit à 38,5 0/0 du territoire total. Il faut dire d'ailleurs que les 7/10 environ des terres domaniales sont couvertes de forêts et il paraît que, dans la Russie d'Europe, les terres domaniales ne contiennent pas plus de 2 1/2 0/0 de bonnes terres (1). Les derniers événements qui se sont passés en Russie et la réforme agraire qui en a été la conséquence ont montré l'insuffisance des terres à donner aux paysans. Dans le budget de la Russie, le produit des fermages et des forêts n'entre pas pour plus de 4,3 0/0 dont 3,15 0/0 pour les forêts. Il resterait donc une proportion de 1,25 0/0 pour le produit du domaine agricole.

Dans les Etats allemands, les domaines ruraux jouent encore un rôle relativement important, particulièrement en Prusse où ils s'étendraient sur une superficie qu'on a évaluée à 340.000 hectares (2). Cependant, dans ce pays, les revenus du domaine agricole, composés surtout de fer-

---

(1) Cf. *La Russie à la fin du* xix° *siècle*, par M. W. de KOVALEWSKY, Paris, 1900.

(2) Cf. WAGNER, *Finanzwissenchaft*, 1ʳᵉ part., p. 334 et suiv.

mages, ne semblent pas beaucoup augmenter (1). Ils étaient de 27,6 millions de marks en 1896-1897, sur lesquels il faut déduire environ 8 millions de marks pour frais d'administration. En 1906-1907, ils sont de 28,4 millions de marks en recettes et 7,5 millions de marks en dépenses. La proportion du produit du domaine agricole par rapport à l'ensemble du budget ne parait pas dépasser 1 1/2 0/0.

Nous retrouvons les domaines ruraux dans d'autres Etats, comme les deux Mecklembourgs, qui ont des finances domaniales. On les rencontre aussi en Autriche sur une surface de 400.000 hectares. Il y a des pays, comme la Belgique et l'Angleterre, où ils sont presque insignifiants.

La France a aliéné presque tous ses domaines ruraux, mais elle possède encore 6.226.189 hectares (2) de landes, pâtis, garrigues et autres terrains incultes qui ont leur origine dans le défrichement primitif de la Gaule, à une époque où, par suite d'une culture absolument rudimentaire, comme l'est encore celle des Arabes en Algérie, les bois et les forêts étaient considérés comme un obstacle au développement de la population. Nous verrons dans le chapitre suivant, qu'elle possède en outre, en Algérie, un domaine agricole qui comprend des terres de culture, des pénitenciers agricoles, des propriétés occupées par des corps militaires indigènes, etc.

Nous avons établi que l'origine du domaine foncier est généralement dans la conquête et les confiscations. Certaines causes légales viennent successivement l'augmenter. L'Etat recueille les successions à défaut d'héritiers connus ;

____

(1) Si l'on consulte le *Rapport sur les relocations des biens domaniaux* qui est fourni chaque année au Landtag à l'appui du budget prussien, on constate que le prix moyen de location par hectare a baissé pendant assez longtemps. Mais l'administration fait aussi des achats de domaines nouveaux.

(2) *Enquête agricole de* 1892. Le ministère de l'Agriculture n'a pas publié celle de 1902.

Bochard 7

il devient propriétaire des biens vacants et sans maître, des
lais et relais de la mer, des îles qui se forment dans les rivières navigables et flottables ; des biens qui, par suite d'une
disposition de l'autorité publique, cessent d'être affectés à
l'usage de tous ou aux services publics, comme des parcelles de route, des portions du lit des fleuves, des terrains
expropriés qui ne reçoivent pas leur destination, etc.

Dans les civilisations antiques, et particulièrement en
Grèce, l'Etat, pour des raisons politiques, se rendait acquéreur de biens immobiliers pour les concéder ensuite aux citoyens. Ces motifs d'acquisition n'existent plus chez les nations modernes, mais il en est d'autres qui sont maintenant
invoqués avec persistance par certaines écoles. C'est ainsi
que si on appliquait les théories relatives à la nationalisation du sol, les Etats se rendraient acquéreurs de toutes les
terres possédées par les particuliers dans le but de bénéficier de la plus-value problématique qu'elles pourraient progressivement acquérir.

Que l'Etat devienne, par la conquête, détenteur d'un domaine agricole et que ce domaine augmente ensuite par
les causes légales que nous venons d'indiquer, ce sont des
faits auxquels l'économie politique reste étrangère. Elle
prend ces faits tels qu'ils sont, mais alors se pose une
question : l'Etat doit-il aliéner purement et simplement ce
domaine, où le conserver, l'augmenter par des acquisitions
nouvelles et même aller jusqu'à acquérir toutes les terres
d'un pays, comme le réclament certaines écoles socialistes ?

Les écrivains allemands qui se sont occupés de l'économie rurale ont tous signalé les inconvénients des grands
domaines possédés par l'Etat. Roscher fait remarquer que
l'étendue des exploitations diminue à mesure que l'intensité de la culture augmente. Il fait voir que la population

agricole, dans un pays où il n'y a que de grandes propriétés,
est beaucoup moins nombreuse que là où prédominent les
petites propriétés (1). D'après lui, les accidents extraordinaires, comme les guerres, sont beaucoup plus désastreux
là où il existe de grands domaines équestres que dans un
pays peuplé de petits cultivateurs. Les ouvriers qui tra-
vaillent sur ces grands domaines ont d'ailleurs une tendance à l'émigration. On peut constater, en Allemagne,
que c'est dans les Etats et les provinces les moins peuplés
et les plus pauvres que se trouvent ces domaines ruraux.
Dans le grand-duché de Mecklembourg-Schwerin, sur une
superficie totale de 241 milles carrés allemands, 99,7 appartiennent à l'Etat (2). En Prusse, c'est dans les provinces
de Poméranie, de Prusse, de Brandebourg et de Saxe que
l'on trouve les plus vastes domaines de l'Etat. Ils sont
presque insignifiants en Westphalie (3).

La transformation de ces propriétés en exploitations
d'étendue moyenne est liée elle-même à l'évolution économique générale. Il faut remarquer, en effet, que ce qui caractérise la grande exploitation agricole, ce n'est pas tant
son étendue que la quantité de capital et de travail qui y est
mis en œuvre. Il en résulte qu'en général, plus la culture
devient intensive, plus l'étendue des exploitations doit diminuer, car la superficie géométrique des grands domaines
n'est plus en rapport avec le capital employé. Or, la cul-

____

(1) ROSCHER, *National ökonomik der Ackerbaues und der Verwandten
Urproductionen*; 11ᵉ édition, Stuttgart, 1885. Cotta ou *Traité d'économie politique rurale et forestière*. Traduction de Charles Vogel, Guillaumin et Cie, 1888, p. 193.

(2) ROSCHER, *Loc. cit* , p. 212.

(3) Sur 11.902 grandes exploitations en Prusse, il y en a 605 qui
appartiennent à l'Etat. La proportion est à peu près la même dans le
Mecklembourg, le Brunswick, l'Anhalt (Ch. BLONDEL, *Etudes sur les
populations rurales de l'Allemagne et la crise agraire*, Larose, 1897,
p. 10, note).

ture intensive, qui caractérise le progrès agricole, est incompatible avec l'exploitation directe par l'Etat. Il ne s'agit
plus ici, comme pour les forêts, de pourvoir à un intérêt
commun en vue duquel l'initiative privée est impuissante
ou inefficace. Il est évident que la production agricole se
distingue essentiellement de la production forestière. Les
céréales, les plantes oléagineuses, fourragères ou industrielles n'exigent qu'un temps d'élaboration relativement
court. La vigne elle-même ne demande que quelques années pour devenir productive. Ces délais ne sont pas au-
dessus de la force d'action et de prévoyance de l'individu et
la société peut s'en rapporter à lui du soin de mettre sa
propriété en pleine valeur par la culture. Bien plus, l'Etat
manque ici d'aptitudes. Les produits agricoles, en effet,
doivent être amenés sur le marché dans un délai restreint,
l'agriculteur doit se tenir au courant des oscillations du
marché, choisir le moment favorable pour vendre, etc. Il
y a là toute une série d'opérations dont la rapidité et la
multiplicité s'accommodent mal avec les lenteurs auxquelles
sont habituées les administrations publiques. Tout le zèle
et tout le dévouement du fonctionnaire ne vaudront jamais,
à cet égard, l'intelligence toujours en éveil de celui qui administre son propre fonds. Les essais, les expériences coûteuses qui amènent, souvent après une série de tâtonnements infructueux, des améliorations utiles, sont d'ailleurs
interdites à l'Etat, qui n'a à sa disposition que l'emploi,
toujours très limité, des ressources budgétaires.

Retrancher des propriétés foncières de la circulation,
c'est, en outre, une mauvaise opération au point de vue
fiscal, car c'est priver le budget des droits d'enregistrement
que leur transmission à titre gratuit ou onéreux ou leur
mutation par décès pourrait rapporter (1). En France, avec

(1) En 1904, par exemple, le nombre de transmissions entre vifs

les droits actuels, quatorze ou quinze transmissions entre
vifs à titre onéreux produisent, au taux de 7 0/0 (1), un
chiffre d'impôts égal à la valeur du fonds. Pour les transmissions à titre gratuit ou les mutations par décès, les
droits sont très élevés et vont respectivement jusqu'à
13,50 0/0, et 18,50 0/0 (2). Au premier de ces taux, il
suffirait de huit mutations pour représenter la valeur totale
de l'immeuble. Si l'on ajoute les droits de timbre, qui deviennent élevés lorsqu'il y a des contestations judiciaires,
l'impôt foncier et les impôts indirects, on peut dire qu'au
bout d'un petit nombre d'années, dix ans en moyenne, les
propriétés aliénées par l'Etat ont rapporté, par l'impôt, une
somme égale au prix de vente. Il va sans dire, d'ailleurs,
que des droits trop élevés, surtout en ce qui concerne les
petites ventes, ont pour effet d'entraver la circulation et,
par conséquent, de nuire à la prospérité générale. Nous
nous bornons à signaler ici les conséquences fiscales de la
possession par l'Etat.

Toutefois, dans les pays et aux degrés de civilisation où
la densité de la population est faible, où les capitaux sont
rares et où, par conséquent, la culture extensive est seule
possible, l'inconvénient de la possession et de l'exploitation
par l'Etat d'un domaine agricole y est moins grand, car
cette culture n'exige qu'un système d'exploitation élémentaire et peu coûteux. On comprendrait aussi que dans les
contrées où, pour arriver à mettre le sol en culture, il
serait nécessaire d'effectuer de grands travaux d'assainis-
sement, d'amendement ou de drainage au-dessus des forces

d'immeubles à titre onéreux a donné lieu, en France, à une constatation de droits de 131,9 millions (*Bulletin de statistique et de législation comparée*, mars 1906).
  (1) Loi du 22 avril 1905.
  (2) Lois des 25 février 1901 et 30 mars 1902.

de l'initiative privée, l'Etat conservât provisoirement et forcément aussi, des domaines agricoles. Il existe, d'autre part, certaines propriétés, comme les prairies naturelles, qu'il peut être avantageux à l'Etat de conserver, parce qu'il n'en retirerait ni par la vente ni par la location un revenu aussi rémunérateur que par l'adjudication des produits. Les prairies naturelles forment une catégorie de culture à part, comparable, à certains égards, aux bois et aux forêts, et c'est pourquoi on constate qu'elles sont, comme ceux-ci, restées si longtemps dans l'indivision. Mais, en dehors de ces cas spéciaux, partout où le prix de la main-d'œuvre et le loyer des capitaux sont relativement peu élevés et où, par conséquent, il est nécessaire de faire de la culture intensive par des labours profonds, des fumures abondantes, un assolement régulier, la possession et l'exploitation par l'Etat de domaines ruraux est onéreuse pour la nation et diminue la richesse générale.

Mais la question de la possession n'est pas nécessairement liée à celle de l'exploitation directe. L'Etat qui possède des terres ou d'autres propriétés foncières, n'est pas obligé de se faire agriculteur. Il peut louer ses terres à des fermiers, moyennant redevance, pour des périodes plus ou moins longues ; il peut en faire l'objet de concessions à emphytéose ou percevoir un fermage sous forme d'impôt. En France, cette question d'amodiation peut se présenter pratiquement en ce qui concerne les terrains incultes qui se trouvent encore entre les mains de l'Etat.

Les modes d'amodiation des terres domaniales ont beaucoup varié. Dans la Cité antique, l'exploitation des terres, qui composaient la partie principale de la fortune publique, se faisait par des esclaves. La chute de l'empire romain, l'invasion des barbares et l'organisation féodale apportent successivement de nouveaux modes d'amodiation : le métayage, ou exploitation à moitié fruit, système principalement usité dans les pays de race latine ; la corvée, qui consistait dans l'obligation de travailler gratuitement un certain nombre de jours par semaine et qui était employé en Hongrie, en Bohême, et surtout en Pologne sur les vastes domaines de l'État détenus par les « starostes » ; la capitation, espèce de rente levée sur la personne en guise de rachat, système que l'on trouve pratiqué par l'État en Russie avant l'abolition du servage. En Algérie, le Beylick exploitait ses *haouchs* (domaines) au moyen de baux passés avec des *khammès*, colons partiaires au cinquième. Le colonat partiaire existe toujours chez les Arabes pour les terres possédées par des particuliers. Le bail à ferme est la dernière forme d'amodiation employée par les États possesseurs de terres, celle qui a remplacé, chez toutes les nations civilisées, les contrats résultant du servage.

En France, c'est ce système qui est prescrit par le Code Civil, en ce qui concerne les biens ruraux que l'État, pour un motif quelconque, croit devoir conserver entre ses mains. Au point de vue de ses effets économiques, le fermage consenti par l'État n'a pas les mêmes avantages que celui consenti par le propriétaire rural. Celui-ci, en effet, ne se borne pas seulement, comme on le croit généralement, à percevoir ses rentes. Il a des fonctions pour lesquelles l'esprit d'initiative est absolument nécessaire : il doit pourvoir aux intérêts permanents de la propriété. Or, à ce point de vue, il n'est pas indifférent que celle-ci soit entre les mains d'un être responsable et libre, disposant de capitaux et ayant un intérêt personnel à l'amélioration de la terre, plutôt qu'entre les mains d'une administration publique. Les baux à long terme, comme ceux qui sont consentis pour trente ans par l'État prussien, ne corrigent qu'en partie ce grave inconvénient.

A la location par le bail à ferme, on a eu l'idée de substituer l'emphytéose à long terme ou une sorte d'usufruit rappelant, à certains égards, le régime du *mir* russe. En France, un député, M. Colfavru, avait proposé, en 1888, de constituer un domaine spécial des biens de l'Etat, des départements et des communes non affectés à des services publics et d'attribuer à des habitants des concessions temporaires gratuites et conditionnelles d'une fraction des biens allotis. Ce projet avait pour but d'étendre à toutes les propriétés foncières appartenant à l'Etat, aux départements et aux communes, le système des *portions ménagères* qui, au siècle dernier, a servi à mettre en valeur les biens communaux dans certaines parties de la France.

On sait que les biens communaux, après avoir été absorbés par la féodalité, avaient été constitués en droits d'usage par les seigneurs, puis transformés en propriétés des paroisses en servant exclusivement au pâturage. Personne n'avait intérêt à entretenir ces pâturages, d'une étendue souvent considérable. Pour remédier à cet inconvénient et encourager les progrès de l'agriculture, divers arrêts du Conseil du Roi, rendus en 1769, 1774, 1777 et 1779 autorisèrent dans les Trois-Evêchés, en Bourgogne, en Artois et dans les châtellenies de Lille, Douai et Orchies, la mise en valeur des marais et terres incultes au moyen de partages de jouissance entre les habitants chefs de famille, avec retour à la commune lors du décès du détenteur sans héritier direct et transmission au plus ancien ménage. C'est ce mode de partage que M. Colfavru aurait voulu voir appliquer à tous les biens de l'Etat, des départements et des communes non affectés à un service public. Pour peu que l'on y réfléchisse, on voit que si ce système a eu pour résultat, au siècle dernier, de mettre en valeur des terres incultes, c'est parce qu'il remplaçait la jouissance *commune*

en nature par la jouissance *privée* de chaque habitant, c'est-
à-dire parce qu'il se rapprochait de l'appropriation individuelle. Cela est si vrai que les édits obligeaient le nouveau
portionnaire à tenir compte, aux héritiers de l'ancien, des
ameliorations introduites par ce dernier sur son lot. Les
« portions ménagères » que l'on nous donne comme une
nouveauté, ressemblaient, à beaucoup d'égards, au régime
de la terre « arch » des Arabes qui, tout en s'opposant à
l'introduction d'éléments étrangers à la tribu, n'est pas exclusif de tout caractère privatif. Le grand inconvénient de
ce système d'amodiation, s'il était étendu à l'ensemble des
terres d'un pays, serait d'empêcher la mobilisation du sol,
de ruiner le crédit agricole et, par conséquent, de s'opposer
à toute amélioration et à tout progrès dans l'agriculture.
L'application de ce projet à tous les biens sans distinctions,
maisons, fermes, usines, manufactures, moulins, etc., serait d'ailleurs absolument impraticable.

Nous avons dit tout à l'heure que l'Etat pourrait se reconstituer un immense domaine agricole si l'on appliquait
les théories relatives à la nationalisation du sol. Il y a,
dans cet ordre d'idées, deux hypothèses qui ont été mises
en avant par l'école socialiste : 1° l'Etat pourrait racheter
le sol en masse ; 2° il pourrait en faire la reprise en absor-
bant, par l'impôt, la rente foncière.

Plusieurs systèmes de rachat par l'Etat de la totalité du
sol ont été proposés. Quand on les examine un peu sérieusement, on reconnaît qu'ils sont tous impraticables. Un
écrivain anglais, M. Fawcett, a fait voir que le rachat en
masse constituerait pour les Etats une détestable opération
financière, puisqu'ils seraient obligés d'emprunter à
3 1/2 0/0 en moyenne l'argent destiné au rachat, tandis
qu'ils ne retireraient de la terre qu'un revenu de 2 1/2 0/0.
En France, l'opération porterait sur plus de 45 millions

d'hectares. Il faudrait emprunter 75 milliards pour la propriété non bâtie et 50 milliards pour la propriété bâtie, soit 125 milliards, et exproprier 8 millions et demi de propriétaires ! Un éminent économiste, M. Leroy-Beaulieu, a prouvé que tous ces systèmes offrent des inconvénients insurmontables et qu'ils constitueraient, si la réalisation en était possible, une véritable spoliation (1). Les écrivains qui se sont occupés du rachat en masse paraissent d'ailleurs avoir renoncé à ce procédé de « nationalisation » du sol. M. Gide, qui avait proposé un expédient ingénieux consistant à acheter les terres *payables comptant et livrables dans 99 ans*, ce qui réduirait leur valeur actuelle à 800 millions environ, en la supposant de cent milliards, ne paraît pas tenir beaucoup à son projet. « Nous n'insisterions pas nous-mêmes beaucoup pour son adoption, dit-il, par cette seule raison que s'il est vrai que cent milliards à toucher dans cent ans ne valent pas grand'chose, il est vrai aussi qu'une réforme sociale ajournée à cent ans n'a pas non plus grande valeur pratique ! » (2). M. de Laveleye, dans son livre sur la *Propriété primitive*, écarte aussi le système du rachat en masse mais il propose une autre mesure. Il suffirait, d'après lui, de « limiter les successions collatérales au degré de cousin germain et d'affecter un impôt spécial sur les successions à racheter les propriétés foncières à mesure qu'elles seraient mises en vente (3) ». Ce système, tout mitigé qu'il soit, se rapproche de celui préconisé par J. Stuart-Mill et repris par Henry George, dans lequel on attribue à l'Etat toute l'augmentation de la rente qui est l'effet du progrès social.

(1) *Le Collectivisme*, examen critique du nouveau socialisme, par P. Leroy-Beaulieu, Guillaumin et Cie, 5ᵉ édit., p. 175 et suiv.
(2) *Principes d'économie politique*, par M. Gide, 11ᵉ édit., p. 537, note.
(3) *La propriété et ses formes primitives*, par M. de Laveleye, 4ᵉ édit., p. 346.

C'est un retour aux idées des physiocrates. Mais pour prélever toute la rente du sol, il faut d'abord que l'Etat soit propriétaire et la question d'indemnité se pose. Ici les opinions diffèrent : « les uns, comme M. Flurscheim, veulent indemniser les propriétaires actuels, les autres, comme Henry George, leur enlèvent sans compensation un revenu qui aurait toujours dû revenir à la nation et dont ils n'ont joui que trop longtemps (1) ».

Tous les systèmes qui aboutissent à la reprise du sol par l'Etat au moyen de l'impôt sont basés sur la loi de la rente de Ricardo et ont pour but de faire attribuer à l'Etat ce que les Anglais appellent l'*unearned increment* « la plus-value imméritée ». Cette théorie de la rente a été mal formulée, mal comprise, et c'est sans doute pourquoi elle a quelquefois été niée, comme dérangeant l'harmonie du monde économique. Il y a cependant, dans toute production agricole ou extractive, deux faits dont il faut tenir compte : 1° l'uniformité du prix d'une même denrée sur un même marché et au même moment; 2° la productivité décroissante, *toutes choses égales d'ailleurs*, d'un même capital et d'un même travail appliqué à la terre, dans un pays où la population est en voie d'augmentation. Nous disons : *toutes choses égales d'ailleurs*, c'est-à-dire que nous supposons que, pendant que la population augmente, la surface à exploiter reste la même, que l'on applique les mêmes procédés, que les débouchés n'augmentent pas, etc. Ces faits sont incontestables et il n'y a pas un agriculteur qui ne sache que l'on ne peut augmenter indéfiniment le produit en augmentant proportionnellement les frais. Cet équilibre des prix et ce rendement non proportionnel ont pour effet

____

(1) DE LAVELEYE, *Loc. cit.*, p. 353. Henry GEORGE, *Progrès et pauvreté*, traduction de M. P. L. Le Monnier, p. 340 et suivantes, Guillaumin et Cie, 1887.

de constituer une *rente* au profit de ceux qui produisent à moindres frais. Mais toute plus-value n'est pas rente et l'erreur des écrivains socialistes est précisément de les confondre. Il faut soigneusement distinguer la plus-value de création intentionnelle et récente, due à des dépenses faites pour l'amélioration du sol, de la rente proprement dite, provenant de causes naturelles ou sociales, indépendantes du propriétaire. Dans son *Essai sur la répartition des richesses*, M. Leroy-Beaulieu a fait voir que, depuis un demi-siècle, les capitaux incorporés au sol par la classe des propriétaires fonciers ont été dans une proportion plus grande que l'acccroissement de valeur vénale de leurs propriétés. Il faudrait donc se garder de toucher, par l'impôt, à la portion du revenu qui représente l'intérêt des avances du propriétaire, mais comment distinguer cette part ?

La plus-value du sol n'est d'ailleurs ni générale ni constante. En France, le prix moyen de l'hectare a passé, d'après M. de Foville (1), de 500 francs en 1789 à 2.000 francs en 1874, mais il baisse depuis cette dernière date (2). En 1884, il n'était plus que de 1.785 francs, en 1889 de 1.700 francs. En 1905, il n'est plus que de 1.264 francs. De 1880 à 1905, la baisse a été de 30,5 0/0 (3). De 1879 à 1884, la diminution des revenus cadastraux pour les propriétés non bâties a été de 63.913.257 francs (4). On constate aussi une baisse de ces revenus en Belgique

---

(1) *La France économique*, 1889.

(2) En Belgique, la valeur moyenne de l'hectare a passé de 2.153 fr. en 1830 à 4.261 fr. en 1880 (terres arables). Mais, en 1895, elle n'était plus que de 2.838 fr. (*Annuaire statistique de la Belgique pour* 1908, Bruxelles, imprimerie Vve Martens et fils).

(3) *Economiste français* du 8 août 1908. Article de M. René Saulnier, *Valeur de la propriété rurale en France depuis* 1851.

(4) Le montant de ces revenus était en 1879-1884 de 2.684 millions, mais il faudrait aujourd'hui défalquer 20 0/0 sur ce chiffre.

depuis 1880. Il résulte de ces faits que si l'Etat voulait adopter la méthode qui consiste à prélever par l'impôt la totalité du revenu de la terre et s'il voulait faire l'opération avec équité, c'est-à-dire en tenant compte de l'intérêt et de l'amortissement des capitaux incorporés au sol, il aurait souvent à payer une annuité plus forte que le revenu net lui-même, ce qui constituerait pour lui une opération désastreuse.

Au surplus, ce que les théoriciens de la nationalisation du sol oublient de nous dire, c'est que plusieurs causes agissent avec une force croissante pour faire baisser la rente, principalement l'invention et l'imitation. Quand on parle d'invention, au point de vue économique, il ne faut pas seulement avoir en vue l'emploi d'un procédé nouveau apportant une révolution dans l'agriculture, dans l'industrie ou dans l'art, mais il faut encore appliquer ce mot à tout perfectionnement, si modeste qu'il soit, ou à tout emploi spécial d'un procédé connu qui augmente l'utilité de produits anciens ou la productivité du capital. Ainsi comprise, toute invention a une double conséquence économique : premièrement, elle fait baisser les prix par une économie de frais et de travail ; en second lieu, elle crée des débouchés nouveaux en donnant un surcroît d'utilité à des produits anciens. Elle a ainsi une action doublement efficace pour faire baisser la rente. Les progrès de l'imitation et de l'échange, en favorisant l'importation de produits étrangers qui donnent une nouvelle utilité aux produits nationaux, viennent encore renforcer cette action.

Une conséquence importante se déduit de ces lois économiques. Nous avons dit tout à l'heure que les expériences coûteuses, les améliorations qui exigent une grande dépense de capital sont interdites à l'Etat, qui ne peut disposer de ses ressources qu'au fur et à mesure de leurs rentrées et dans les limites étroites fixées par le budget. L'Etat n'a donc, en matière agricole, aucune aptitude pour les fonctions de capitaliste ou d'inventeur et s'il devenait propriétaire de la totalité du sol en le faisant exploiter par des fermiers, la principale cause qui fait baisser la rente cesserait d'agir ou agirait avec une intensité bien moins grande. L'impôt-rente deviendrait excessivement lourd et le progrès agricole serait arrêté. Aujourd'hui, quoiqu'on en dise, les fonctions de capitaliste et d'inventeur sont exercées, dans une mesure plus ou moins large, par le propriétaire rural qui est directement intéressé à l'amélioration de la terre. Mais si l'Etat était l'unique propriétaire, on se demande comment il pourrait les exercer. Qu'arriverait-il en cas de désastre, comme celui qui est résulté en France de l'invasion du phylloxera? Où l'Etat aurait-il pris, dans ce cas, les capitaux considérables nécessités par la reconstitution des vignobles? Tenons pour certain que la propriété de la totalité du sol entre les mains de l'Etat serait un acheminement vers la ruine de l'agriculture et que la loi de la rente de Ricardo, étudiée dans ses manifestations réelles, produit des effets précisément contraires à ceux indiqués par les partisans de la nationalisation du sol.

Nous pouvons donc conclure, en ce qui concerne les domaines ruraux, que dans le pays où la population est dense et l'agriculture développée il n'y a, ni au point de vue économique ni au point de vue fiscal, aucune raison pour que l'Etat en conserve ou en acquiert la propriété. Le meilleur moyen de tirer parti de ceux qu'ils possèdent, dans l'intérêt de la nation, est de les vendre à des particuliers. Dans l'ancienne monarchie, l'Etat, c'est-à-dire le Roi, pour faire face à des embarras financiers, les *engageait* avec faculté de rachat. Mais il arrivait trop souvent que l'engagiste ne versait pas au Trésor royal le prix convenu ou que la faculté de rachat ne pouvait être exercée par suite de la pénurie de ce même Trésor. De là des abus sans nombre auxquels mit fin la Révolution, en révoquant les concessions antérieures et en transformant en propriété incommutable le droit incertain des détenteurs. Aujourd'hui, les aliénations de biens de l'Etat ont lieu généralement aux enchères publiques. Elles ne constituent pas d'ailleurs une ressource bien importante pour les budgets. En France, elles figurent en prévision de recettes au budget de 1910 pour 5,6 millions.

Certains Etats, dans le but de perfectionner les procédés de culture ou d'améliorer l'élevage, possèdent des fermes, des métairies, des bergeries, des vacheries, etc. Sauf les nécessités de l'enseignement agricole, il ne semble pas qu'il y ait avantage pour la nation à ce que l'Etat, qui ne doit pas se faire agriculteur, possède et exploite des propriétés de cette nature. En France, on a quelquefois pensé qu'il était utile de fonder quelques établissements modèles de ce genre dans le but de tenter des expériences au-dessus des efforts de l'initiative individuelle. C'est ainsi que Charles X se rendit, en 1826, acquéreur de la ferme de Grignon qu'il loua à une société anonyme, à la condition de l'exploiter comme ferme-modèle. Une autre ferme modèle fut aussi fondée à Grandjouan en 1830. Aujourd'hui ces établissements ont été transformés en écoles nationales d'agriculture, ainsi que la ferme-modèle de Saulsaie (Ain) qui a été remplacée, en 1872, par l'école de Montpellier.

En Prusse, il y a un grand nombre de fermes-modèles dotées de biens considérables, à Mœgelin, Hohenheim, Schleissheim, Iéna, Rogenwalde, Gœttingue. Il y a aussi une école pour la culture de la vigne et des vergers à Geisenheim, ainsi que des stations d'essai pour l'industrie laitière.

L'élevage des bestiaux a aussi préoccupé l'attention des

Etats. C'est l'ancienne monarchie qui avait eu l'idée de mettre à la disposition de éleveurs des reproducteurs des meilleures races afin d'accélérer l'amélioration des races indigènes. Louis XVI avait acheté du duc de Penthièvre, en 1785, le château et le parc de Rambouillet dans le but d'y établir une ferme-modèle et il y introduisit des mérinos achetés en Espagne. C'est l'origine du mérinos Rambouillet. Aujourd'hui, les produits de cette bergerie sont vendus tantôt à l'amiable, à une clientèle composée généralement d'étrangers, tantôt par adjudication publique. On a compté en France, jusqu'à 7 bergeries d'Etat, mais il n'en existe plus qu'une à Rambouillet, depuis la suppression de celle de Moudjebeur (Algérie). En outre, l'Etat entretient encore à l'école nationale de Grignon un troupeau de moutons de dishley-mérinos et de soutdowns dont chaque année on met en vente les élèves, mâles et femelles. Le produit de ces bergeries est inscrit au budget de 1910 pour 50.000 francs (1).

On ne voit pas que les Etats doivent conserver des exploitations qui, comme les fermes-modèles, n'ont guère donné que des pertes sans grand profit pour l'agriculture. Mais, en France du moins, comme ils ont servi à l'installation des écoles d'agriculture, ces domaines ruraux doivent être considérés comme des établissements d'enseignement d'art et c'est à ce titre que leur maintien peut se justifier. Quant aux établissements ayant pour objet d'encourager l'élevage, nous verrons, par l'exemple de la bergerie de Moudjebeur, qu'ils manquent en général leur but. Pour les raisons que nous avons déduites précédemment, nous pensons que l'Etat moderne doit être très sobre d'expériences agricoles et que, dans les civilisations avancées, le progrès, en cette matière, est surtout le fait de l'individu.

(1) Il existait aussi en France, pour l'amélioration de la race bovine, une vacherie d'Etat à Corbon (Calvados) qui a été supprimée.

CHAPITRE III

Etendue des territoires placés hors d'Europe sous l'autorité des Etats européens. — Reconstitution d'immenses domaines agricoles dans les colonies. — Les théories relatives à la nationalisation du sol reprises en ce qui concerne les terres que les Etats possèdent hors d'Europe. — Comparaison du régime des concessions adopté par les Hollandais à Java avec celui employé par les Français en Algérie. — Ces systèmes sont liés aux difficultés rencontrées dans l'organisation de la propriété musulmane. — Avantages et inconvénients respectifs du bail emphytéotique et de la concession perpétuelle. — L'Etat propriétaire foncier dans l'Inde. — Essai du système de la concession emphytéotique dans les colonies australasiennes. — Etendue des terres domaniales en Australie et dans la Nouvelle-Zélande. — Concessions pour 999 ans. — Droit d'expropriation des *squatters* dans la Nouvelle-Galles du Sud. — L'évolution économique dans les sociétés australasiennes. — La colonisation algérienne. — Etendue des terres domaniales en Algérie et divers modes d'aliénation. — Le *homestead*. — Les augmentations possibles du domaine algérien.

Chez les nations européennes, le Domaine agricole de l'Etat s'est restreint peu à peu devant les progrès de la propriété individuelle et en France, nous l'avons vu, l'Etat ne détient plus guère que des landes et autres terrains incultes, d'une origine très lointaine, qui disparaissent d'ailleurs progressivement par des repeuplements en essences forestières. Dans d'autres pays, comme en Russie, en Autriche, en Saxe, dans les deux Mecklembourg, en Hongrie, en

Roumanie, etc., cette dispersion des domaines ruraux n'est pas achevée, quoique partout on constate une tendance de plus en plus marquée à leur aliénation. Mais les nations modernes sentent la nécessité d'étendre leur domination et leur influence sur les immenses territoires occupés par de petites tribus sauvages ou par des peuples de civilisation inférieure et elles se partagent, très inégalement d'ailleurs, les domaines coloniaux. M. Levasseur, dans son œuvre magistrale sur la *Population française* (1), nous donne une statistique très intéressante des territoires placés hors d'Europe sous l'autorité des divers Etats européens. Au premier rang figure l'Angleterre ; puis viennent, dans l'ordre décroissant, la Russie, avec ses vastes possessions asiatiques, la France, l'Allemagne, la Belgique, les Pays-Bas, le Portugal, l'Espagne, l'Italie et le Danemark.

L'étendue des territoires placés sous l'autorité de la France (Algérie, colonies et pays de protectorats) s'élève à plus de 8 millions de kilomètres carrés (2).

Dans ces colonies, la plupart des Etats sont devenus propriétaires de terres cultivables d'une grande étendue et ils se sont reconstitués de vastes domaines agricoles, soit en s'emparant de terres vacantes et sans maître, soit en s'attribuant le domaine éminent du sol, soit en expropriant le peuple vaincu. Telles sont les terres domaniales des Etats anglo-saxons dans l'Inde, dans l'Amérique du Nord, en Australie, dans la Nouvelle-Zélande, en Afrique australe ; de la France en Algérie, de la Hollande à Java, etc.

(1) *La Population française*. Histoire de la population avant 1789 et démographie de la France comparée à celle des autres nations au xixe siècle. A. Rousseau, 1891, t. III, p. 445.

(2) D'après M. HAMELIN (*Des concessions coloniales*, A. Rousseau, 1899) qui rapporte le chiffre indiqué par M. Cerisier dans son livre *Impressions coloniales*, la superficie *cultivée* des colonies françaises serait de 15.000 kilomètres carrés.

La possession est ici un fait primordial dépendant de la politique coloniale suivie par les divers gouvernements, mais comment les Etats doivent-ils tirer parti de ces terres nouvelles ? Doivent-ils, comme le recommandent certaines écoles, en faire l'objet de concessions emphytéotiques à longue période, de façon à en conserver la propriété entre leurs mains ? Doivent-ils les aliéner à titre gratuit ou onéreux et, dans ce cas, quel est le meilleur mode d'aliénation ?

Il semble que les théories nouvelles sur la propriété aient eu précisément pour origine cette reconstitution hors d'Europe d'immenses domaines fonciers. Dans tous les cas, l'idée de la nationalisation du sol, considérée comme inapplicable aux terres de l'ancien continent par la plupart des économistes qui se sont occupés de cette question, a été reprise en ce qui concerne les terres que les Etats possèdent hors d'Europe et, d'après eux, au lieu de « concéder aux colons des titres de propriété perpétuelle, soit gratuitement, soit à vil prix, l'Etat pourrait très bien changer ce système et, retenant la propriété du sol, ne concéder qu'une possession temporaire mais suffisamment prolongée pour assurer le défrichement et la culture » (1).

On a beaucoup vanté, à cet égard, le système adopté par les Hollandais à Java. Dans cette colonie, l'Etat est non seulement propriétaire, mais exploitant. Comme propriétaire, l'Etat perçoit la rente des *dessas* (villages) ; comme exploitant, il fait en outre des bénéfices sur la vente de certains produits, comme le café, qu'il cultive directement. Les cultures lui ont donné autrefois de 30 à 40 millions de florins, mais, depuis 1878, l'exploitation de Java ne procure plus d'excédents de recettes à l'Etat hollandais. Sans doute,

____

(1) GIDE, *Principes d'économie politique*, 11ᵉ édit., p. 538.

la guerre d'Atchin et l'augmentation des dépenses pour les
travaux publics ont contribué beaucoup à créer cette situation, mais il n'en est pas moins vrai que la possession de
domaines fonciers et l'exploitation de domaines industriels
par l'Etat hollandais est une source de mécomptes et d'instabilité pour le budget des Indes orientales. Depuis un certain nombre d'années, ce budget a toujours présenté un
déficit variant de 10 à 14 millions de florins. En 1906, il
était de 152 millions de florins en recettes et de 161,5 millions de florins en dépenses, soit un déficit de 9,5 millions
de florins. Sur l'ensemble du budget des recettes, il y avait
une proportion de 24,2 0/0 pour les monopoles (opium et
sel), 16,4 0/0 pour les exploitations domaniales (café, quin-
quina, étain, houille) et 14 0/0 environ pour la rente
foncière (1).

Ce n'est pas en vertu d'un système préconçu que l'Etat
s'est attribué la propriété du sol à Java. Les Hollandais se
sont trouvés en présence des mêmes difficultés que les
Français en Algérie. Dans les pays où règne l'Islam, le
domaine éminent du sol est censé appartenir au souverain.
Aussi s'est-il trouvé des jurisconsultes musulmans pour
soutenir que l'impôt payé par les indigènes n'était que le
loyer perçu par l'Etat pour la location des terres qui lui
appartenaient. Mais cette opinion, adoptée par certains
gouverneurs de Java, fut, en 1849, vivement combattue
dans les Chambres hollandaises et, depuis, elle ne semble
plus avoir reparue dans les documents officiels. En Algérie,
la conception politico-religieuse des Turcs, en vertu de
laquelle l'Etat était le propriétaire théorique de toutes les
terres, comme par une sorte de *habbous* général frappant
tout le sol de l'Afrique, considérée comme terre de con-

(1) *The statesman's yearbook*, 1907, London, Macmillan et Cie, 1907.

quête, a prévalu longtemps parmi les Européens, qui n'a-
vaient pas suffisamment étudié l'organisation de la tribu
arabe et surtout les conditions dans lesquelles s'est effectuée
la prise de possession du sol par les tribus. C'est par des
invasions successives de tribus pillardes qu'elle s'est effectuée et le territoire n'a pas été conquis par un chef, par un
gouvernement qui se serait adjugé tout le sol au nom de la
communauté musulmane représentée par le Prophète.
L'établissement des Arabes de la seconde invasion, les seuls
qui se soient fixés au sol, a eu lieu par tribus ayant chacune
leur chef et s'administrant d'une façon indépendante (1).

Aussi bien pour la *dessa* que pour la terre « *arch* » la
propriété existe non au profit d'une personne, mais du
groupe social : tribu ou village. L'erreur des Européens a
été de ne pas s'en apercevoir plus tôt. Chez les peuples
musulmans comme partout, ce sont les biens vacants et
sans maître, les terres inoccupées qui appartiennent en fait
à l'Etat et celui-ci peut s'en emparer et en disposer comme
d'une propriété privée.

A Java comme en Algérie, ce qui a contribué à maintenir
la propriété dans l'indivision, c'est la nature même de la
production indigène. A Java, la culture du riz exige un
système d'irrigation qui est impossible sans une exploitation
en commun. En Algérie, le régime pastoral, l'élevage du
mouton nécessite de vastes territoires de parcours. Mais,
dans l'un comme dans l'autre pays, à côté de cette propriété
indivise, on trouve la propriété individuelle (*melk*). A Java,
elle est d'abord représentée par l'enclos sur lequel se trouve
l'habitation, puis par les terrains provenant de défrichements effectués au-delà des rizières irriguées. Chez les

____

(1) Cf. sur ce point, *Les lois de la propriété immobilière en Algérie*,
par Eugène Robe, Alger, 1864.

Arabes, la propriété individuelle se crée par la *vivification des terres mortes*, c'est-à-dire par l'occupation et le défrichement des terres incultes. Il en est de même dans l'Inde, d'après la loi de Manou (1). Dans les Indes néerlandaises, cette propriété privée, conquise sur les vastes espaces encore incultes, va grandissant et, là comme partout, son extension est la condition nécessaire du développement de la richesse et de la civilisation.

Quoi qu'il en soit, le gouvernement hollandais, croyant utile de ne pas introduire la propriété privée au sein d'une organisation à ses yeux toute différente et voulant permettre au locataire d'appliquer au défrichement tout le prix de vente qu'il aurait dû débourser, ne vend pas les terres dont il est possesseur. Il les concède en emphytéose pour 75 ans, avec exemption de l'impôt pour les sept premières années, puis de la moitié de l'impôt jusqu'à la douzième année. Ce système a été fort goûté par certains économistes, comme J. Stuart-Mill et, après lui, par de Laveleye. Il leur paraît bien supérieur à celui de l'aliénation définitive, telle qu'elle se pratique aux Etats-Unis, au Canada ou en Algérie. Le bail emphytéotique, disent ces économistes, a sur la concession perpétuelle ce grand avantage qu'à la fin du terme la terre retourne à l'Etat, qui en dispose de nouveau au profit de tous. Toute la rente du sol perçue sous forme d'impôt peut être employée à des services d'intérêt général, au lieu de satisfaire les fantaisies de quelques familles opulentes. C'est la réalisation du système préconisé par les physiocrates.

La première objection que l'on peut faire à ce régime,

_____

(1) En Chine, la propriété de la plus value donnée au sol par le détenteur appartient au groupe familial et se trouve frappée, dans une certaine mesure, d'inaliénabilité. C'est ce que l'on a appelé le champ patrimonial.

c'est de décourager l'initiative individuelle et de s'opposer à toute innovation. Quoi qu'on en dise, une emphytéose de 75 ans, même de 99 ans, n'est pas assez longue, dans tous les genres de culture, pour permettre au concessionnaire de faire, surtout vers la fin du bail, tous les travaux que ferait un propriétaire. Qu'est-ce qu'une propriété que l'on n'est pas même sûr de transmettre à ses petits-enfants ? A partir de la douzième année, la rente de 20 0/0 constitue d'ailleurs un impôt très lourd. Pour que ce système rigide du bail emphytéotique surveillé par l'Etat puisse se maintenir et que les concessionnaires puissent continuer à payer l'impôt, il faut plusieurs conditions : la première, c'est que l'on cultive toujours d'après le système tradition- nel ; ensuite, il faut que les débouchés ne diminuent pas et que les prix ne baissent pas. Mais que certaines découvertes, que certains perfectionnements relatifs à la culture viennent à se produire, que même la seule influence du défrichement des terres nouvelles viennent concurrencer les produits tirés de cet organisme ancestral et son défaut d'élasticité ne lui permettant pas de lutter, il mènera les populations javanaises à la pauvreté sinon à la ruine.

On sait, en second lieu, combien l'Etat se ferait illusion s'il comptait sur une plus-value constante. Cette plus-value dépend, à chaque instant, du progrès agricole, et l'engour- dissement résultant d'une trop grande fidélité à l'*adat* ou coutume pourrait bien donner aux concessions de Java, si les progrès de la propriété individuelle et de l'invention ne viennent corriger ce défaut, tout autre chose qu'une plus- value au bout de 75 ans.

Dans certaines parties de l'Inde, où les principes musul- mans concernant la propriété de la terre sont aussi en vi- gueur, l'Etat est resté propriétaire foncier et il perçoit, comme à Java, une rente sous forme d'impôt. Comme les

Français en Algérie et les Hollandais à Java, les Anglais se
sont trouvés, dans l'Inde, en présence de grandes difficultés
en ce qui concerne la propriété indigène. Elles ont été réso-
lues d'une façon différente suivant les provinces et aussi
suivant les théories économiques de leurs gouverneurs. On
compte plusieurs régimes principaux : dans le Bengale et
dans l'Oude, l'Etat n'est pas propriétaire ; il a abandonné
ses droits plus ou moins théoriques aux Zémindars et aux
Taloukdars (1). Dans le Pendjab, ce sont les petits cultivateurs ou les communautés de village qui sont propriétaires.
Dans les provinces du Nord-Ouest et du Centre, la propriété
a été également reconnue pour les collecteurs d'impôts. C'est
seulement dans les provinces de Madras et de Bombay que
le principe de la propriété de l'Etat a été complètement respecté. Dans ces provinces, il n'y a aucun intermédiaire entre
le fermier et l'Etat. C'est ce que l'on appelle le *Ryotwar-
system*. La location est faite pour trente années consécutives,
mais la rente perçue par l'Etat est beaucoup trop élevée et
les partisans de ce système reconnaissent eux-mêmes qu'il
laisse à peine aux cultivateurs de quoi subsister.

L'impôt foncier est, en effet, extrêmement lourd dans les
Indes britanniques. Il est établi, d'après un cadastre, sur les
terres possédées en pleine propriété et sur les tenures. Dans
la majeure partie du Bengale, dans une partie de la province de Madras et dans quelques districts des provinces
unies d'Agra et de Oude, le contingent a été fixé d'une manière permanente depuis plus d'un siècle. Dans tout le reste
de l'Inde, il est fixé périodiquement à des intervalles de 12
à 30 ans. Dans les régions où il est assis d'une manière fixe,
il correspond à environ 2/3 de roupie (1) par acre de terre

(1) Chefs indigènes collecteurs d'impôts.
(2) La roupie vaut, au pair, 2 fr. 376. Mais ses variations sont fré-

cultivée et représente une moyenne d'environ 1/5 du revenu ou à peu près 1/24 de la valeur brute de la production. Dans les régions où il est établi temporairement, son taux est en moyenne de 1 1/2 roupie par acre. Il correspond à un peu moins de la moitié du revenu effectif ou évalué et à environ 1/10 ou 1/12 de la valeur brute de la production.

L'impôt foncier constitue la plus grande source du revenu public dans les Indes britanniques. Depuis une dizaine d'années, de 1896-1897 à 1907-1908, son produit a toujours augmenté et la proportion par rapport à l'ensemble des revenus du budget a varié entre 46 0/0 et 30 0/0 (1).

Dans les colonies australasiennes, on a introduit récemment le régime de la concession emphytéotique. Les terres domaniales occupaient en Australie et dans la Nouvelle-Zélande une étendue totale de 807 millions d'hectares; sur lesquels 50 millions ont été vendus et 273 millions ont été loués, de sorte qu'en 1897, il restait encore disponible 484 millions d'hectares (2). Les États australasiens tiraient et tirent encore de la vente et de la location de cet immense domaine foncier des revenus considérables, s'élevant, pour la Nouvelle Galles du Sud, jusqu'à un cinquième de son budget. Dans les premiers temps de l'émigration, on appliquait le système dit de Wakefield, qui consistait à vendre les terres à un prix relativement élevé et à appliquer les ressources ainsi obtenues à la colonisation. Bien que ce système soit critiquable à certains égards et principalement au

quèntes. Le change en juillet 1908 était de 1 fr. 60. L'acre équivaut à 40,4671 ares.

(1) Montant de l'impôt en 1896-1897 : 239.744.890 roupies ; en 1905-1906, 282.932.546 ; en 1907-1908, 304.086.000 (*The statesman's year book* by Scott Keltie, London, 1908).

(2) *Les nouvelles sociétés anglo-saxonnes*. Australie, Nouvelle Zélande, Afrique australe, par Pierre Leroy-Beaulieu, Armand Colin et Cie, 1897, p. 105.

point de vue financier, il a cependant contribué, dans une large mesure, à la mise en valeur de ce pays. Par ce moyen, en effet, les immigrants sont obligés de gagner, comme salariés, une somme suffisante pour acheter des terres, ce qui procure d'abord la main-d'œuvre, si nécessaire dans les pays neufs ; ensuite, il offre l'avantage de fournir des colons possédant un certain capital et pouvant se livrer en grand à l'élevage du bétail. Depuis, on a trop souvent modifié la législation foncière. Dans la Nouvelle-Zélande notamment, sous l'influence des théories relatives à la nationalisation du sol (1), l'Etat, depuis 1892, applique un régime qui consiste à concéder la terre pour neuf cent quatre-vingt-dix-neuf ans, c'est-à-dire, en pratique, à perpétuité, moyennant une rente de 4 0/0 du prix de vente au comptant. Mais ces concessions sont soumises à une foule de conditions : nul ne peut occuper plus de 800 hectares ; le colon doit résider pendant 7 ou 10 ans et il est tenu de faire des améliorations dont le taux est rigoureusement réglementé : 10 0/0 du prix de vente la première année ; 10 0/0 pendant les deux années suivantes, puis encore 10 0/0 en six ans et ainsi de suite jusqu'à concurrence du prix de vente (2). La Nouvelle Galles du Sud, suivant l'exemple de la Nouvelle-Zélande, a aussi introduit, en 1895, le principe de l'emphytéose dans sa législation foncière ; elle a, en outre, assujetti l'occupant à la résidence perpétuelle. Cette immixtion constante de l'Etat dans les affaires des concessionnaires nous paraît absolument mauvaise ; elle amènera assurément des conflits entre les colons et les fonctionnaires chargés de constater les améliorations. Il faut d'ailleurs être doué d'une docilité remarquable pour supporter cette intervention perpétuelle

(1) Les théories d'Henry George ont trouvé de l'écho surtout chez les colons de race irlandaise.

(2) Pierre LEROY-BEAULIEU, *Loc. cit.*, p. 155.

et nous doutons fort que ce système puisse être appliqué aux colons algériens. Mais le plus grand inconvénient de ce régime, que l'on ne peut pas encore juger définitivement puisqu'il est tout récent, pourrait bien être de créer de graves mécomptes au point de vue financier et d'introduire l'instabilité dans les budgets des États australasiens. La vente au comptant produit des ressources immédiatement disponibles, mais pourra-t-on toujours compter sur la rente foncière ? Ajoutons qu'en Australie des lois, transitoires il est vrai, ont porté d'autres atteintes graves à la propriété. Trouvant qu'il n'avait plus assez de bonnes terres disponibles, l'État s'est fait accorder, dans la Nouvelle-Zélande, le droit d'expropriation des domaines d'un seul tenant dont l'étendue dépasse de 400 à 2.000 hectares selon la nature des cultures, et, dans la Nouvelle Galles du Sud, le droit de reprendre aux *squatters* (1) une portion de leurs domaines moyennant une diminution de la rente et une prolongation de bail.

Jusqu'ici, ces remaniements fréquents de la législation foncière n'ont guère produit de résultats heureux pour les colonies australasiennes. Il suffit, pour s'en convaincre, de lire les livres pleins d'intérêt et résultant d'observations faites sur place que plusieurs auteurs leur ont consacrés. On a cru que ces populations s'appliquaient délibérément à mettre en pratique toutes les théories socialistes. Mais comment cette poussée de socialisme d'État aurait-elle pu naître et se développer dans un pays où domine presque exclusivement la race anglo-saxonne, si profondément empreinte de l'esprit individualiste ? Sans doute, pour expliquer ce mouvement, il faut admettre que des causes sociales ont contribué à le faire naître et à le précipiter : la fièvre de l'or, qui a

(1) On sait que les *squatters* sont de grands propriétaires et locataires de terrains de parcours pour l'élevage du bétail.

amené dans ce pays des échantillons de toutes les classes de la société anglaise, peu faits pour s'entendre ; l'excès de population urbaine, auquel on a cru remédier en transformant les ouvriers disponibles des villes en colons ; le manque d'équilibre des éléments hétérogènes dont se composent les sociétés australasiennes. Mais, au point de vue économique, l'anomalie n'est qu'apparente et, si l'on y regarde de près, on voit qu'au sein de ces sociétés nouvelles se dessine nettement, quoiqu'avec une rapidité extrême due à l'accumulation actuelle d'inventions de tous genres, l'évolution économique par laquelle ont passé les vieilles sociétés européennes. Au début de ces nouvelles sociétés, créées pour ainsi dire de toutes pièces, l'Etat se trouve propriétaire d'immenses étendues de terre qu'il transforme en argent en les vendant à un prix élevé, d'après le système de Wakefield. Pendant une certaine période, l'Etat est le seul capitaliste et lui seul peut entreprendre les travaux d'utilité générale : drainage, routes, chemins de fer, etc. De là l'habitude prise par les salariés de considérer l'Etat comme l'unique dispensateur de la fortune, de même que, sous les régimes disparus, toute richesse semblait venir du souverain. Mais à mesure qu'augmente la population, que les relations s'établissent et que les villes se créent, les besoins généraux de la société se multiplient et les difficultés financières de l'Etat augmentent, en même temps que diminuent ses ressources domaniales. En outre, des capitaux privés sont apportés du dehors et permettent la formation d'associations intermédiaires entre l'Etat et les particuliers. Il devient bientôt plus difficile à l'Etat de pourvoir à tout et de se livrer, comme le ferait un particulier, à des expériences agricoles ou industrielles plus ou moins coûteuses. Les conceptions du socialisme d'Etat disparaîtront chez les Australiens lorsque le domaine foncier de l'Etat aura lui-même disparu devant

les progrès incessants de la colonisation ; lorsque la mise
en valeur du pays par les capitaux privés aura ruiné les
monopoles industriels et que l'Etat sera, au point de vue
financier, ce qu'il doit être réellement : le détenteur nécessaire, mais toujours provisoire, de la quote-part de chaque
citoyen dans les dépenses communes. On a donc tort d'avan-
cer que le mouvement social en train de se produire dans
les jeunes sociétés anglo-saxonnes est le point de départ
d'une nouvelle évolution conforme à la marche du progrès
économique. Rien dans l'observation des faits ne justifie
cette hypothèse et l'esprit des populations australasiennes
elles-mêmes ne semble pas la confirmer (1).

En Algérie, l'Etat est devenu, par la conquête et par le
séquestre, possesseur d'un domaine assez vaste mais dont
l'étendue n'a que des rapports très lointains avec celle des
domaines de l'Etat dans les colonies anglo-saxonnes. Dans
le Tell agricole, d'une superficie de 13 millions d'hectares,
les territoires livrés à la colonisation de 1830 à 1894 représentent une superficie totale de 1.307.513 hectares. Au 31
décembre 1893, les immeubles domaniaux non affectés aux
services publics restant inscrits sur les sommiers de consistance dans les trois départements de l'Algérie se composaient encore de 16.330 parcelles, d'une superficie de 845.021
hectares et d'une valeur estimative de 43.293.496 francs (2).

(1) M. Vigouroux a fait une enquête sur les causes de l'évolution
sociale en Australie et il fait remarquer que les Australiens sont
très individualistes. Les théories socialistes sont d'importation européenne et n'ont aucune prise sur le peuple, exception faite de quelques
tondeurs nomades qui circulent dans l'hinterland (*L'évolution sociale
en Australasie*, Colin et Cie, 1902, p. 420). Les attributions de l'Etat
sont bien plus étendues en France qu'en Australie, où il n'y a pas de
monopoles. Un social-démocrate allemand a observé que les législateurs australiens se proposent de créer une vaste classe moyenne et
de réaliser le rêve qu'avaient formé les puritains de la Nouvelle Angleterre (Cf. G. SOREL, *Introduction à l'économie moderne*, p. 110).

(2) Cf. *Rapport fait au nom de la Commission chargée d'examiner les*

Mais beaucoup de ces parcelles y figurent à tort parce qu'elles ont été occupées par des services publics, vendues ou échangées. En réalité, l'étendue des terres domaniales n'était pas supérieure à 260.000 hectares, sur lesquels il n'y en avait guère plus de 100.000 propres à la colonisation. Mais depuis cette époque d'autres ressources ont pu provenir soit de la délimitation, partout où elle n'a pas été faite, de ce qui appartient à l'État dans les territoires de collectivité, soit de la vente des immeubles qui sont encore entre les mains du génie militaire ou de l'administration forestière.

Divers systèmes d'aliénation ont été employés en Algérie. Depuis le commencement de la conquête jusqu'en 1860, on a pratiqué le système de la concession gratuite ; de 1860 à 1871, c'est le système de la vente à prix fixe ou aux enchères qui a dominé ; depuis 1871, on est revenu au système de la concession sous certaines conditions. Toutefois, depuis 1882, des lots de fermes et même de villages ont été vendus aux enchères. Aux termes du décret du 30 septembre 1878, qui, naguère encore, régissait la matière, le gouvernement pouvait faire des concessions gratuites de lots de fermes ne dépassant pas 100 hectares, de lots de villages et de lots industriels ne dépassant pas 40 hectares, lesquels pouvaient devenir la propriété des concessionnaires au bout de cinq ans, à condition qu'ils y résident ou qu'ils se fassent représenter par une ou plusieurs familles françaises résidentes. Le délai de cinq ans pouvait être réduit à trois ans si le concessionnaire réalisait des améliorations utiles et permanentes de 100 francs par hectare pour les lots de villages et de 150 francs pour les lots de fermes. Les inscriptions hypothécaires prises sur l'immeuble

modifications à introduire dans la législation et dans l'organisation des divers services de l'Algérie (colonisation), par E. Labiche, sénateur. Imprimerie du Sénat, 1896, p. 78 et 79.

n'avaient d'effet qu'autant que les fonds prêtés avaient servi à l'amélioration de la propriété ou à l'achat d'un cheptel et c'est le Conseil de Préfecture qui, en cas de vente par suite de déchéance ou pour toute autre cause, était juge de la question.

Cette législation compliquée et la disposition relative aux prêts hypothécaires ont eu pour effet d'anéantir le crédit des concessionnaires. On comprend très bien que l'Etat exige certaines garanties, prenne certaines précautions pour que les terres soient mises en culture et ne deviennent pas matière à spéculation; mais il ne faut pas multiplier outre mesure les restrictions apportées à la libre disposition du fonds. Outre que l'on affaiblit l'esprit d'initiative du colon, que l'on en fait une sorte de demi-fonctionnaire attendant toujours le secours de l'Etat, on empêche la constitution de tout crédit agricole et, par conséquent, on barre la route à tout progrès.

Un décret du 13 septembre 1904 a réglementé de nouveau les concessions. Ce décret a affecté au développement de la colonisation les immeubles domaniaux situés en Algérie autres que les bois et forêts et les immeubles nécessaires aux services publics, et cette disposition a été appliquée aux terrains vagues et à l'état de broussailles clairsemées situées en plaine et qui ne sont pas soumis au régime forestier. On admet à la fois l'aliénation par vente à prix fixe ou par vente aux enchères et exceptionnellement de gré à gré. Les dispositions du décret du 30 septembre 1878 sont maintenues, en ce qui concerne les obligations imposées à l'acquéreur ou au concessionnaire et on peut se demander si ces mesures ont résolu le problème du crédit au colon.

On a souvent proposé d'appliquer en Algérie le système pratiqué aux Etats-Unis et au Canada et qui consiste à donner des concessions en *homestead*. Il y a sans doute des raisons pour que dans les États de la grande république américaine, où vont souvent s'installer des hommes qu'anime l'esprit d'aventures, on prenne des précautions pour conserver la part de la femme et des enfants dans le bien commun. Avec le titre définitif de *homestead*, la terre devient, en effet, insaisissable entre les mains du colon pour toutes les dettes antérieures au moment où il est devenu propriétaire de la concession. Mais c'est là précisément le régime, considérablement aggravé, du décret de 1878 en Algérie, qui a créé une deuxième propriété provisoire à laquelle on ne veut plus accorder de crédit. L'application du *homestead* étendrait ce régime au cas où le colon deviendrait propriétaire définitif de la terre, de sorte qu'il immobiliserait à jamais cette dernière et en ferait une propriété analogue à la terre « *arch* » des Arabes. Ce serait marcher au rebours de tout progrès dans la colonisation.

Sauf peut-être le cas où il s'agit de l'installation d'un centre répondant à une nécessité économique ou stratégique et où il peut être nécessaire de recourir à la vente aux enchères ou de gré à gré, le système de la vente à prix fixe nous paraît devoir être préféré à tout autre. On lui reproche, il est vrai, de favoriser la spéculation. On achète la terre, dit-on, pour en attendre la plus-value sans la mettre en valeur et il y a toujours des capitalistes qui cherchent de ce côté un placement avantageux. C'est là, il faut le reconnaître, un inconvénient grave quand il s'agit de la création de centres de colonisation, mais l'État n'est-il pas alors en droit de prendre des mesures pour favoriser le peuplement ? Il pourrait, comme on l'a proposé, encourager les acquéreurs à la résidence personnelle par une réduction sur le prix de vente ou les obliger à prendre un fermier dans

la population européenne, au moins pendant les cinq premières années.

Quant à l'expédient financier qui consisterait à employer
le produit des ventes de terres domaniales à la colonisation
par la création d'une caisse spéciale, comme on l'a proposé
pour l'Algérie, c'est un retour aux vieux errements concernant les spécialisations de recettes et les comptes spéciaux.
Un budget bien établi ne doit pas attendre, pour doter les
dépenses, d'avoir réalisé des ressources soi-disant correspondantes (1).

Indépendamment des terres qui sont encore entre ses
mains ou qui pourraient lui provenir de l'application du
sénatus-consulte aux tribus dans lesquelles les opérations
de délimitation n'ont pas encore été faites, l'Etat possède
encore en Algérie d'autres domaines qui pourraient être
très utiles à la colonisation. Nous avons vu, en parlant des
forêts, que de simples broussailles avaient été, en 1885,
assimilées aux forêts et étaient venues grossir de près d'un
million d'hectares l'étendue du domaine soumis à la surveillance de l'autorité forestière. L'interdiction du parcours
qui en est la conséquence porte un préjudice considérable
à la transhumance et à l'élevage du mouton, alors que le
système du pâturage aménagé pourrait rendre des services
considérables aux forêts, comme cela se voit en Espagne
et en Portugal (2). On pourrait distraire de ce domaine
tout ce qui est sans intérêt au point de vue forestier proprement dit et affecter à la colonisation une plus grande

(1) Aujourd'hui, en Algérie, il n'y a plus de terres disponibles.
L'Administration, sans abandonner le système de la concession, applique aussi le système australien ; elle achète des terres dans des
endroits qu'elle choisit et les revend aux colons *à bureau ouvert* avec
bénéfices. L'autonomie financière de l'Algérie a facilité ces achats.

(2) Cf. plus haut, livre II, chap. i. *Le Domaine forestier.*

Bochard   9

étendue de broussailles complètement inutiles au régime forestier de la colonie (1).

D'autres terres faisant partie du domaine militaire ont été peu à peu affectées à la colonisation. C'est ainsi que les *smalas* de spahis (2), dont l'institution avait donné lieu depuis longtemps à de nombreuses critiques, ont été remises à l'Administration civile. Ces smalas, situées dans les départements d'Oran et de Constantine, constituaient de vastes domaines cultivés se trouvant quelquefois à la porte des villes et pouvant servir à créer ou à agrandir des centres de colonisation (3).

En 1880, on avait remis à la colonisation les territoires de cinq *smalas* représentant une superficie de 6.000 hectares. En 1896, les *smalas* étaient encore au nombre de huit et occupaient encore 15.000 hectares. Aujourd'hui, il n'en existe plus que deux dans la province d'Oran, sur la frontière du Maroc (4).

L'État possédait aussi à Moudjebeur un domaine affecté à l'entretien d'une bergerie modèle dont l'utilité était très contestable. Cette bergerie, en effet, avait été créée pour l'amélioration du mouton algérien, au point de vue de la production de la laine, par l'introduction en Algérie du mérinos de Rambouillet. Mais ces essais n'ont donné que des résultats peu satisfaisants. Il faut, en Algérie, un mouton d'une endurance exceptionnelle et le croisement pourrait faire perdre les qualités que possède déjà, à cet égard, le mouton algérien. D'ailleurs, la question de la production de la laine en Algérie a perdu de son importance depuis que

---

(1) D'autres distractions ont été faites depuis.
(2) Nous avons parlé livre I, chap. II, de l'origine des *smalas*.
(3) LABICHE, *Rapport sur la colonisation*, p. 80 et suiv.
(4) Ce sont les smalas de Sidi Medjahed et de Blad-Chaaba, dans la commune mixte de Lalla-Maghnia.

les importations de l'Australie et de la République argentine sont venues faire baisser considérablement les prix sur
les marchés de l'Europe. Aussi, c'est comme animal de
boucherie que l'on élève maintenant le mouton algérien.
Il s'agit donc d'augmenter les troupeaux plutôt que de les
améliorer et la bergerie de Moudjebeur, devenue sans objet,
a été supprimée. Ajoutons d'ailleurs que la France n'a rien
fait pour l'augmentation du troupeau algérien, décimé par
la faim et la soif et auquel le service forestier ne laisse pas
même une maigre broussaille. Aussi ce troupeau diminue-
t-il quelquefois de moitié en deux ou trois ans. Ce sont là
des pertes sèches pour la colonie qui se chiffrent par centaines de millions.

On peut déjà prévoir que, dans notre nouvelle colonie de
Madagascar, le régime des concessions ne donnera pas lieu
aux mêmes difficultés qu'en Algérie. Profitant des expériences faites en Australie, dans la Nouvelle Galles du Sud
et en Tunisie, nous y avons, en effet, appliqué le système
de l'*act Torrens*. L'immatriculation sur les registres fonciers
résout bien des difficultés en ce qui concerne le régime de
la propriété et cette immatriculation est obligatoire pour
les terres provenant de vente, location ou concession de
terrains domaniaux. De cette façon, la propriété indigène
sera mobilisable et transmissible aux Européens, en même
temps que le cadastre sera constitué peu à peu sans frais
pour la colonie ou la métropole.

En ce qui concerne les terrains domaniaux (rizières, etc),
il semble que l'on ait employé de préférence jusqu'ici le
système de la vente. On évitera ainsi les inconvénients que
présente en Algérie le régime des concessions sous condition suspensive. Les baux emphythéotiques et les grandes
concessions consenties par le gouvernement malgache, qui

n'offraient aucune sécurité aux détenteurs, ont été régula-
risés. Ces baux emphythéotiques portaient qu'aux termes
de la location, les immeubles reviendraient à la reine de
Madagascar. On a voulu donner plus de sécurité aux détenteurs et on a transformé ces baux en propriétés définitives.
Il faut approuver cette manière de procéder, qui évite toute
contestation relative au passé des immeubles.

D'après le *Rapport du Général Galliéni* (1) il y a eu,
depuis le 1er novembre 1896, 1.877 demandes d'immatriculation de terrains d'une contenance de 76.323 hectares et
d'une valeur de 16.798.338 francs. L'immatriculation semble marcher plus vite qu'en Tunisie.

(1) *Journal officiel* du 2 juin 1899.

LIVRE III

Le domaine industriel des Etats modernes.

CHAPITRE PREMIER

LES INDUSTRIES D'ÉTAT AU POINT DE VUE DU DROIT PUBLIC

I. Le rôle de l'Etat en matière industrielle. — Ce n'est pas en vertu
de son droit de souveraineté, comme l'ont cru certains auteurs,
que l'Etat se fait industriel. — Distinction nécessaire entre la réglementation et l'exploitation directe. — Exemple des monnaies et
des postes et télégraphes. — L'Etat peut intervenir de plusieurs
manières. — II. Difficultés qui se présentent lorsque l'on veut comparer les industries d'Etat avec les industries privées. — L'Etat
n'amortit pas les capitaux de premier établissement. — III. La
question de l'autonomie des services budgétaires de l'Etat. — Inconvénients de ce système. — Objections tirées de la règle de
l'universalité et de l'unité budgétaires. Il serait urgent d'établir
des comptes rendus administratifs se rapprochant des bilans industriels.

I

Avant d'entrer dans l'examen détaillé des différentes
formes sous lesquelles se présente la fortune industrielle
des Etats modernes, il nous paraît nécessaire d'examiner
quels sont, en droit public, les motifs que l'on peut invoquer en faveur de l'exploitation par l'Etat d'établissements

industriels, commerciaux ou financiers, quelle est sa manière de procéder en ce qui concerne la gestion des industries qu'il exerce et quelles garanties offre cette gestion au point de vue juridique, économique et financier.

Un certain nombre d'auteurs, encore imbus du droit régalien, notamment en Allemagne, ont prétendu que l'État intervient en cette matière en vertu de son droit de souveraineté. Il convient de faire, à cet égard, certaines distinctions nécessaires et de séparer deux notions que le droit régalien a confondues.

Prenons comme exemple des industries que l'État exerce dans tous les pays, comme la fabrication des monnaies et le transport des correspondances postales et télégraphiques. Il est évident que l'État, en vertu de son droit de souveraineté, a le droit de régler, par voie législative, le régime monétaire. Ce droit ne consiste pas tant à fixer le diamètre, le poids et l'effigie des monnaies d'or et d'argent qu'à donner un pouvoir libératoire à telle ou telle quantité d'une marchandise déterminée que le créancier est tenu d'accepter en paiement d'une dette. Bien entendu, le législateur est impuissant à en fixer la valeur économique, qui dépend de circonstances sur lesquelles la loi n'a aucune prise. Mais on ne conçoit pas qu'un État puisse se passer de législation monétaire : la vie économique de la nation, le recouvrement des créances, les finances de l'État, tout indique la nécessité d'un régime monétaire, lequel se créerait pour ainsi dire de toutes pièces par des emprunts à une circulation étrangère, dans le cas où l'État négligerait de l'établir.

Mais, en revanche, la fabrication des monnaies n'est pas du tout un attribut de la souveraineté ; elle n'est pas, comme l'établissement d'un régime monétaire, la manifestation d'un droit supérieur de l'État : c'est une entreprise purement industrielle, plus ou moins productive de bénéfices, comparable à l'exploitation d'une industrie métallurgique. Il est loisible à l'Etat de se faire fabricant de monnaies, comme il peut se faire entrepreneur de transports ou banquier. C'est justement ce second point de vue qui a toujours primé historiquement le premier ; c'est en raison des bénéfices que leur procurait la fabrication des monnaies que les rois s'attribuaient le monopole de la fabrication et de l'émission des monnaies d'or et d'argent et il en résultait que la règlementation du système monétaire n'était, pour ainsi dire, que la conséquence de ce droit régalien.

Ainsi, l'Etat pourrait, sans manquer à ses obligations essentielles, abandonner la fabrication des monnaies à l'industrie privée, se borner à estampiller les pièces et à exercer son contrôle sur les ateliers de frappe. Il pourrait se borner à déclarer légales des pièces de monnaies étrangères, comme cela s'est vu dans certains pays, notamment en Allemagne, ou commander ses monnaies à des ateliers étrangers. L'empire allemand règle, par des dispositions législatives, le système monétaire de l'Allemagne, mais ce sont les Etats particuliers qui ont le privilège de la frappe des monnaies de l'Empire (1).

On doit envisager de la même façon le transport des correspondances postales et télégraphiques. Ce n'est pas comme souverain que l'Etat exerce cette industrie et il pourrait renoncer à cette exploitation sans renoncer en cette matière à ses droits de souveraineté. C'est par souci de l'intérêt public que l'Etat intervient dans l'industrie du transport des correspondances et il est certain qu'à l'époque

_____

(1) Paul LABAND, *Das Staatsrecht des Deutschen Reiches* (*Le droit public de l'Empire allemand*), trad. G. Gandilhon et A. Vulliod, t. III, p. 261, Giard et Brière, 1902.

où nous sommes parvenus, il ne pourrait se désintéresser
de veiller au bon fonctionnement du service des postes et
télégraphes, qui est devenu un besoin impérieux, une nécessité inéluctable presque au même titre que la défense du
territoire. Mais s'ensuit-il qu'il soit forcé d'exploiter cette
industrie lui-même ? Nullement. Il pourrait sauvegarder
l'intérêt public en cette matière au moyen de la législation
et de son contrôle. Il existe des pays où certains services
effectués par l'administration des postes sont entre les
mains de l'industrie privée. En Allemagne, jusqu'en 1866,
le prince de Thurn et Taxis possédait le monopole des
postes pour une grande partie du territoire et on peut
concevoir des entreprises privées effectuant des services
de ce genre comme il y en a pour les bateaux à vapeur et
les chemins de fer. (1)

Le monopole exercé par l'Etat n'est donc que l'un des
régimes au moyen desquels on peut, en cette matière, satisfaire l'intérêt public. Mais les fonctions de l'Etat ne sont pas
non plus incompatibles avec l'exercice d'une industrie et il
peut y avoir telles raisons puissantes d'ordre politique,
économique, militaire ou financier pour que l'Etat exploite
lui-même. C'est ce qui est arrivé dans tous les pays pour
les postes et télégraphes, mais, dans l'exercice de ce monopole, l'Etat agit non comme souverain mais comme ser-
viteur du public.

Il faut ajouter que l'ancienne conception de l'Etat et les
traditions du droit régalien ont contribué, dans beaucoup
de cas, à établir ou à maintenir les exploitations de l'Etat.
C'est presque toujours dans des raisons historiques qu'il
faut chercher l'origine de ces établissements et si, plus
tard, les transformations du droit public ont pu servir à

(1) Paul LABAND, *Loc. cit.*, t. III, p. 77. Nous indiquons plus loin,
page 153, les pays où le monopole n'existe pas.

expliquer et à corriger le mode d'intervention directe de
l'Etat dans ces industries, il faut avouer que les survivances
économiques et juridiques se rencontrent ici à chaque pas.
C'est ainsi, par exemple, qu'en matière postale et télégraphique, se présente la question de savoir si l'Etat doit
administrer les postes comme une institution d'utilité publique, comme il le ferait pour l'enseignement, la police
ou l'armée ou si, au contraire, il doit en faire une industrie
fiscale, productive de bénéfices. Avec le droit régalien,
aucun doute n'était possible : la fiscalité était le but pour-
suivi mais, avec le droit public moderne, il n'en est plus
ainsi. La réalisation la plus parfaite de la conception moderne, telle qu'elle tend de plus en plus à s'établir, serait
la gratuité absolue du service postal, tous les frais que nécessite ce service étant couverts au moyen d'impôts payés
par l'ensemble des contribuables. Nous verrons, dans le
cours de ce travail, qu'un certain nombre d'auteurs de
traités de finances appliquent la même conception au service
des chemins de fer.

Il est incontestable que, dans certaines circonstances,
l'Etat est appelé à intervenir dans les faits de l'ordre économique, en vertu de son droit de souveraineté. Il en est
ainsi notamment quand la sécurité nationale est en jeu ou
quand il est nécessaire de procéder à une expropriation.
Dans plusieurs industries aboutissant à un monopole de
fait, son intervention peut aussi être nécessaire quand la
concurrence ne suffit pas à sauvegarder l'intérêt général.
Mais cette intervention n'implique pas nécessairement administration ou exploitation par l'Etat. En supposant même
que l'Etat veuille en retirer des avantages pécuniaires,
soit parce qu'il prête le concours de ses capitaux, soit pour
tout autre motif, les formes de cette intervention peuvent

varier à l'infini. L'Etat peut intervenir par voie de concession en imposant simplement un cahier des charges dans l'intérêt public, comme dans un grand nombre d'entreprises industrielles concernant l'électricité, le gaz, etc. ; par voie de participation dans les bénéfices, comme dans les Banques d'émission ; ou en stipulant le retour à son profit d'installations fixes, comme en matière de chemins de fer, etc. Ces divers modes de procéder présentent même certains avantages : les intérêts du Trésor, du consommateur, du capitaliste, comme ceux du personnel de l'entreprise, sont ici librement débattus entre l'Etat et les concessionnaires, ce qui constitue une garantie pour l'intérêt général. En outre, cette matière de faire offre un avantage précieux dont nous apprécierons toute la valeur en étudiant les industries d'Etat : l'entreprise conserve son autonomie financière, elle a une valeur définie, cotée sur les marchés financiers ; elle peut pratiquer des amortissements réguliers et sa gestion est surveillée par l'ensemble des actionnaires qui contrôlent son bilan.

II

Examinons maintenant ce qui se passe lorsque l'Etat exploite lui-même. Remarquons, d'abord, que les conditions économiques dans lesquelles s'exercent les industries sont ici complètement changées. Les entreprises privées se trouvent en présence d'une clientèle avec laquelle elles sont obligées de compter et de discuter. Il n'en est plus de même pour l'Etat. Il arrive le plus souvent qu'il ne s'adresse à aucune clientèle et quand il offre ses services au public, il jouit en général d'un monopole légal. En ce qui concerne le prix des services, on se trouve en présence des faits les plus contradictoires. Dans certains cas, l'Etat ne demande aucune rétribution pour le service qu'il rend ou se borne à en réclamer une systématiquement inférieure au prix de revient. Dans d'autres circonstances, il exige, au contraire, une rémunération démesurément élevée en faisant jouer à l'industrie qu'il exerce le rôle d'instrument fiscal.

Comment, dans ces conditions, établir des comparaisons entre les industries exercées par l'Etat et les industries privées? Dans le cas le plus fréquent, c'est-à-dire sous le régime du monopole, on ne peut juger de la qualité du service rendu par l'Etat par l'étendue de sa clientèle, puisque cette clientèle ne peut s'adresser qu'à lui ; en outre, on ne peut faire aucune comparaison avec les industries similaires dans le pays même, puisqu'il n'en existe pas. Quant à celles établies à l'étranger, il est à craindre que les comparaisons que l'on peut faire avec elles ne soient pas suffisamment probantes puisque, malgré tout le soin que l'on peut apporter dans l'examen des faits, ces industries se trouvent placées dans des conditions juridiques et économiques et dans un milieu social différent de celui que l'on considère.

On rencontre, dans l'examen des exploitations domaniales, une autre difficulté encore plus grave, s'il est possible. C'est celle qui concerne la gestion de l'Etat. Elle est liée à la question budgétaire et à celle de l'autonomie des services industriels de l'Etat.

Il est actuellement très difficile de se rendre compte, en consultant les budgets de la plupart des pays européens, de ce que coûtent au contribuable les industries d'Etat. Les recettes et surtout les dépenses de chaque entreprise sont presque toujours confondues en un seul article avec d'autres recettes et d'autres dépenses dans le budget général et il est impossible d'en faire la discrimination. C'est ce qui arrive notamment pour les postes et télégraphes, pour les téléphones, pour les chemins de fer, pour les mines, pour les arsenaux, etc. En outre, l'Etat n'a pas la même manière de compter que l'industrie privée et il en résulte souvent des obscurités. Les comptes que fournissent la plupart des directeurs des industries d'Etat sont généralement de simples comptes d'exploitation et on y fait presque toujours abstraction des intérêts et de l'amortissement des capitaux de premier établissement et de ceux dépensés chaque année pour les améliorations et travaux complémentaires. Il en résulte qu'à ne considérer que la différence entre les recettes et les dépenses, ces comptes paraissent présenter des bénéfices, alors qu'en réalité, si l'on tenait compte de ces divers éléments, ils présenteraient quelquefois un déficit. On peut citer comme exemple, en France, l'ancien réseau de chemins de fer de l'Etat, mais les choses ne se passent pas autrement dans d'autres pays, notamment en Prusse et en Russie.

Est-ce à dire que l'Etat, en ce qui concerne sa gestion, doive procéder comme l'industrie privée? On ne saurait l'affirmer. Il y a plusieurs manières d'amortir. Pour les entreprises privées, l'amortissement résulte du remboursement progressif du montant des titres émis : c'est ainsi que procèdent non seulement les compagnies, mais encore les départements et les villes. Mais l'Etat peut aussi amortir, en prélevant sur les ressources annuelles du budget, le montant des travaux neufs. C'est ainsi que procède souvent l'Etat prussien pour ses chemins de fer, ses mines, salines et usines métallurgiques. Les Compagnies américaines de chemins de fer emploient également le même procédé. En France, l'Etat a imputé les dépenses pour travaux neufs, tantôt sur des emprunts, tantôt sur les ressources annuelles du budget général. Ces derniers prélèvements auraient constitué un amortissement réel si les budgets sur lesquels ils ont été effectués s'étaient toujours soldés avec des recettes ordinaires, ce qui, malheureusement, n'a pas été souvent le cas.

Il faut aussi tenir compte de la situation spéciale que, dans beaucoup de pays, le temps a créée au profit de l'Etat industriel. Pour un certain nombre d'industries de date très ancienne, une grande partie des capitaux de premier établissement peuvent être considérés comme amortis. Il en est ainsi, notamment, en France, pour les tabacs, les postes et télégraphes, etc.

III

Pour parer aux inconvénients résultant, au point de vue politique, économique et budgétaire, de l'exploitation directe de certaines industries par l'Etat, on a souvent proposé de faire de ces entreprises des services autonomes ayant un budget distinct, avec la faculté d'emprunter et d'amortir. On croit pouvoir ainsi éviter certains inconvénients : 1° un service autonome profiterait des économies réalisées, ce qui constituerait pour ce service un encouragement à faire des réformes et des économies ; 2° on se flatte de pouvoir obtenir par ce moyen une certaine garantie contre l'ingérence parlementaire ; 3° enfin, le système de l'emprunt aurait pour effet de ne faire supporter qu'à ceux qui en profitent ou qui en usent et non à tous les contribuables, les frais du service ou de l'entreprise.

Bien que cette dernière raison soit à considérer sérieusement, puisqu'aujourd'hui l'Etat fait payer à tous les contribuables les frais d'entreprises dont tous sont loin de profiter, les expérience faites à ce sujet dans certains pays ne semblent pas concluantes. Il est toujours fort difficile à l'État, qui n'a pas le ressort de l'industrie privée, d'abandonner les procédés routiniers : l'État par essence n'est pas novateur. Et on conçoit aisément que l'esprit d'invention soit découragé si l'on songe que l'inférieur est toujours obligé de s'effacer devant le supérieur et que c'est toujours le plus élevé en grade qui profite d'une initiative et la donne comme étant la sienne. Combien de fois ne voyons-nous pas attribuer à des Ministres des idées, des procédés nouveaux, des initiatives heureuses dus souvent à des fonctionnaires ignorés ! Les administrations publiques ont, en outre, une tendance soit à grossir, à enfler artificiellement les bénéfices, soit à faire des emprunts hors de mesure avec les proportions de l'entreprise, soit à relever dans de trop fortes proportions les traitements et salaires. Dans certains pays, comme l'Australie, notamment dans l'État de Victoria, cette élévation de salaire, contre laquelle l'État ne pouvait guère lutter, a eu des conséquences désastreuses sur les résultats financiers de l'exploitation des chemins de fer (1).

Mais l'objection qui semble être la plus forte contre l'autonomie des services industriels de l'État est celle tirée de la règle de l'universalité et de l'unité budgétaires. On sait qu'il est un principe de droit public qui tend de plus en plus à s'établir dans les pays où les droits du Parlement sont le mieux reconnus : c'est celui qui consiste à inscrire au budget d'un côté toutes les recettes, de l'autre toutes les dépenses, sans rien faire disparaître par compensation ou par « contraction », contrairement à ce que l'on faisait anciennement où l'on inscrivait seulement le « produit

<hr>

(1) Sir John LUBBOCK lord AVEBURY, *Les villes et l'État contre l'industrie privée*, traduction française. Arthur Rousseau, 1908, p. 48.

net ». Cette dernière méthode n'existe plus guère qu'en Allemagne pour les recettes des impôts indirects et s'explique d'ailleurs pour ce pays par des raisons spéciales. En France, dans le but d'arriver à établir ce principe, on a pris successivement, depuis un siècle, un certain nombre de mesures pour empêcher l'administration de masquer les dépenses derrière les recettes et les recettes derrière les dépenses. Il en résulte que tous les produits, de quelque nature qu'ils soient, ainsi que toutes les dépenses devraient être inscrits au budget.

Remarquons toutefois qu'il s'en faut de beaucoup que ce principe ait toujours été appliqué sans restriction ou même qu'il le soit dans toute sa rigueur à l'époque actuelle. Il existe des infractions provenant soit des fautes des administrateurs, soit de la pratique budgétaire elle-même qui, pour certaines recettes, n'inscrit quelquefois qu'un solde, soit de l'autonomie budgétaire de certains services qui constituent des personnes administratives, comme la caisse des Dépôts et Consignations, les universités, les lycées, l'École des mines, etc.

L'autre principe de droit public, celui de l'unité budgétaire, consiste à grouper dans un budget unique toutes les prévisions de recettes et de dépenses au lieu de les répartir dans plusieurs budgets séparés dont l'ensemble constitue le budget de l'État. Ce principe n'est pas appliqué uniformément comme celui de l'universalité et l'on peut tout au plus le considérer comme un idéal à atteindre. On sait que, dans ces dernières années et dans un but de clarté, de simplicité et de sincérité, les ministres des finances ont fait, en France, tous leurs efforts pour réintégrer dans le budget général de l'État les divers budgets spéciaux et les services hors budgets.

On déduit de la combinaison de ces deux principes cette

conséquence que tout budget annexe, toute mise à part des recettes et des dépenses, qu'il s'agisse ou non d'opérations industrielles, doit être écarté (1).

Cette objection mérite d'être examinée sérieusement. Notre système budgétaire présente ici une incohérence absolue : on y rencontre un budget séparé pour l'Imprimerie nationale, un autre pour l'Ecole centrale, tandis que les Postes et télégraphes, par exemple, sont englobés dans le budget général. Ces distinctions ne s'expliquent guère et il semblerait rationnel de faire rentrer à leur place, dans le budget général, les services qui en sont détachés. Pour certains services qui ne rentrent pas dans les attributions essentielles de l'Etat, comme les services industriels, les chiffres de recettes et de dépenses portés aux divers chapitres du budget ne fournissent que de vagues éléments d'appréciation. Ces chiffres se fondent en quelque sorte dans le budget et les rapports qui existent entre eux passent complètement inaperçus. Aucune discrimination n'est possible et le Parlement ne peut apprécier si les exploitations auxquelles ces chiffres se rapportent sont productives ou onéreuses, ce qui est le véritable élément d'information en matière d'industrie d'Etat.

Dès lors, comment peut s'exercer le contrôle du Parlement et du contribuable ? Il semble qu'ici le système aille précisément à l'encontre des principes qui ont motivé les deux règles de l'unité et de l'universalité. Pourquoi, en effet, ces deux règles sont-elles édicté, sinon pour permettre au Parlement d'apprécier, au moyen d'une méthode descriptive et détaillée, le bien fondé de toutes les recettes

(1) C'est la conclusion qu'en tire M. SROUBM (*Séance de la Société d'économie politique du 8 avril 1907*). Toutefois, il admet, pour les exploitations industrielles de l'Etat, un rapport annuel des chefs de service dans la forme d'un bilan.

et dépenses budgétaires ? Or, dans l'état actuel des choses, on se trouve souvent dans l'impossibilité de faire cette appréciation en matière d'industries d'Etat. Ajoutons toutefois que cette manière de procéder n'est pas particulière à la France et qu'on la rencontre dans la plupart des autres pays (1).

L'autonomie financière des industries d'Etat présenterait sans doute certains dangers, mais sans avoir recours à ce moyen extrême, il serait très utile d'astreindre les directeurs de ces industries à établir annuellement des comptes-rendus explicatifs et détaillés se rapprochant le plus possible des bilans industriels. D'ailleurs, ils ne s'établiraient pas toujours de la même manière que pour l'industrie privée. Dans certains cas, le capital de premier établissement se trouverait amorti et il n'y aurait à tenir compte que des capitaux consacrés ultérieurement aux travaux d'extension et d'amélioration, mais ces documents présenteraient au moins l'avantage de rapprocher les recettes et les dépenses relatives à une même entreprise, lesquelles sont souvent disséminées dans divers chapitres ou confondues avec d'autres dans le budget général. Il est entendu que ces comptes-rendus ou bilans ne comporteraient pas de sanctions rigoureuses comme dans l'industrie privée, mais ils permettraient d'apprécier moralement les résultats d'une entreprise et d'y apporter, au besoin, les modifications nécessaires. C'est

____

(1) Dans son *Exposé des motifs du projet de loi portant fixation du budget de* 1910, M. Caillaux, ministre des Finances, dit, à propos des chemins de fer de l'Etat : « Nous pensions et nous pensons encore qu'empêcher l'Etat, sous le prétexte d'unité budgétaire, d'exploiter dans les mêmes conditions que l'industrie privée, les voies ferrées qui lui ont été attribuées, c'est donner une extension démesurée à une règle tutélaire pour les finances de l'Etat-pouvoir, mais qui ne peut être appliquée qu'avec des modalités à l'Etat industriel » (p. 13).

la seule sanction que comporte, dans l'état actuel de nos lois, la gestion des services industriels de l'Etat (1).

(1) Cf. ALIX, *Traité élémentaire de science des finances*, Paris, Arthur Rousseau, 1907, p. 77, COLSON, *Cours d'économie politique*, t. III, p. 21 et 22.

CHAPITRE II

LES MONOPOLES D'INTÉRÊT COMMUN

Les deux formes d'intervention directe de l'Etat dans l'ordre industriel. — Origines du monopole des monnaies. — Son caractère
fiscal primitif. — Il doit s'exercer, non sur l'émission, mais sur la
fabrication. — La régie directe et la régie intéressée. — Le caractère fiscal du monopole doit diminuer peu à peu. — La frappe des
médailles.

Le monopole des postes. — Arguments pour ou contre l'exploitation
par l'Etat. — La taxe sur les correspondances ne doit pas être pour
l'Etat une source de profits. — Les frais d'exploitation. — Les monopoles des télégraphes et des téléphones.

Le monopole des poudres et salpêtres. — Origines de ce monopole.
— Raisons de sécurité données en sa faveur. — Réfutation. — Situation qu'il crée à l'industrie privée. — Les frais d'exploitation.
— Difficulté d'établir les coefficients d'exploitation en ce qui concerne les industries d'Etat. — Projet de loi pour supprimer ce monopole.

L'intervention directe de l'Etat dans l'ordre industriel
peut s'exercer sous deux formes bien distinctes : le régime
du monopole et celui de la libre concurrence.

La constitution des monopoles industriels de l'Etat s'est
effectuée historiquement sous l'influence de diverses causes.
En général, c'est la raison fiscale qui a prévalu à l'origine,
mais il existe certaines industries, comme la fabrication
des monnaies ou le transport des correspondances, auxquelles on a fini par reconnaître, à peu près partout, un
caractère d'intérêt commun et que l'on a classées dans les

attributions nécessaires de l'État. A côté de ces monopoles, il en existe d'autres — et c'est le plus grand nombre — que l'État continue à exercer dans un intérêt purement fiscal. Mais, en dehors des industries qui rentrent dans les attributions nécessaires de l'État ou qui constituent de véritables impôts, il en est d'autres dans lesquelles certains États ont cru devoir s'immiscer et alors on peut se demander s'ils doivent le faire et comment ils doivent le faire. Doivent-ils s'attribuer le monopole et l'exploiter ? Doivent-ils accorder un privilège à des particuliers, soit par concession, soit par adjudication, soit par subvention ? Doivent-ils enfin, tout en respectant la liberté de l'industrie privée, faire eux-mêmes concurrence à cette industrie ? Ces questions se posent surtout, de nos jours, à propos des chemins de fer et des mines. Nous les examinerons dans les chapitres qui vont suivre en commençant d'abord par les industries que l'État a monopolisées pour des raisons d'intérêt commun ou de sécurité publique. Tels sont les monopoles de la fabrication des monnaies, du transport des correspondances postales, télégraphiques et téléphoniques, de la fabrication et de la vente des poudres et salpêtres.

Le monopole des monnaies avait, à l'origine, un caractère surtout fiscal et d'une fiscalité de mauvais aloi. Nos anciens rois *fabriquaient* réellement les monnaies, au sens étroit du mot, car ils en changeaient, aussi souvent qu'ils le voulaient, le poids et le titre. C'est à peine si nous pouvons aujourd'hui nous faire une idée des désordres et des misères engendrés par cette mauvaise administration des monnaies. Les efforts tentés par certains rois pour y rétablir un peu d'ordre furent presque toujours impuissants et les abus persistèrent jusque dans les derniers temps de la monarchie, puisque nous voyons le contrôleur général Desmarets y avoir encore recours en 1709.

Ce que rapportaient ces altérations si fréquentes de monnaies, les rois faux-monnayeurs pourraient seuls nous le dire. C'était leur ressource ordinaire dans les moments de gêne et ils multipliaient de mille manières les moyens d'en augmenter le produit. Ils payaient leurs créanciers en *monnaie faible*, c'est-à-dire en monnaie altérée et exigeaient qu'on les payât en monnaie forte. Toute nouvelle monnaie était soumise au *droit de seigneuriage*, de sorte qu'ils avaient intérêt à la renouveler fréquemment. Les seigneurs et barons étaient peut-être moins hypocrites en exigeant franchement un droit de *monnéage* pour ne pas altérer les monnaies. Ce fut évidemment un grand malheur pour la nation que le droit de battre monnaie fût considéré comme un droit régalien à une époque où l'Etat, c'est-à-dire le roi, avait si peu conscience de sa dignité en matière financière. Le droit de battre monnaie accordé à quelque banque particulière aurait au moins créé une responsabilité que l'Etat rejetait. Mais on ne refait pas l'histoire. Il fallait non seulement que la notion de l'Etat s'épurât pour obtenir quelque amélioration à cet état de choses, mais encore et surtout que les progrès de la chimie et une série d'inventions s'appliquant au monnayage vinssent rendre très difficile toute falsification nouvelle, par la facilité de la reconnaître.

De nos jours, l'Etat se borne à estampiller, ou, si l'on veut, à contresigner la monnaie. C'est un droit que l'on ne discute plus, du moins en ce qui concerne l'émission de la monnaie métallique, mais si les peuples y regardaient de près, ils apercevraient quelquefois, dans les actes des Etats modernes, certaines survivances en ce qui concerne l'émission de la monnaie de papier. Il est d'ailleurs évident que chacun ne peut avoir sa monnaie et il est indispensable à la sécurité des transactions que le titre et le poids des pièces qui servent aux échanges soient sévèrement contrôlés.

Mais il faut bien distinguer, en cette matière, *l'émission*
de ce que l'on est convenu d'appeler la *fabrication*. L'émission est libre ou plutôt devrait être libre, sauf en ce qui
concerne la monnaie de billon, car c'est, au premier chef,
un droit naturel. Tout débiteur porteur de lingots devrait
pouvoir se libérer en portant ses lingots à la Monnaie.
Malheureusement, le législateur de l'an XI, en fixant, en
France, un rapport légal entre la valeur de l'or et celle de
l'argent et en donnant cours légal aux deux métaux précieux, a fait un non-sens. C'est comme s'il avait voulu
faire marcher ensemble et du même pas deux voyageurs
ayant des allures absolument différentes. De là des déran-
gements dans l'équilibre monétaire, des crises, comme la
pléthore d'argent qui a amené, en 1876, la suppression de
la frappe de la pièce de 5 francs en argent. Il est évident
que la suspension du monnayage de l'argent n'est qu'un
palliatif et qu'il faudra tôt ou tard employer un remède
plus radical.

Ainsi, le monopole doit s'exercer non sur l'émission,
mais sur la fabrication et, ainsi comprise, la frappe de la
monnaie est essentiellement une industrie d'Etat. Mais de
quelle manière l'Etat doit-il exercer cette industrie ? Deux
systèmes peuvent se présenter : ou bien l'Etat peut donner
cette fabrication à l'entreprise en la surveillant, ou bien il
fabrique en régie avec ses agents. A l'origine, les rois pra-
tiquaient le système de l'affermage, qui fut longtemps en
vigueur. Puis, après diverses expériences un édit de
juin 1696 créa, en France, le régime de l'entreprise exercée
par délégation et sous la surveillance de l'Etat. Malgré certaines modifications survenues après 1789, ce régime est
resté en vigueur jusqu'en 1880. La loi du 31 juillet 1879 a
supprimé l'entreprise et organisé la régie directe. Le nombre
des hôtels des monnaies, qui était de 30 avant la Révolu-

tion, fut réduit successivement à 18 sous l'Empire, à 13 en 1814, à 7 en 1837, à 3 en 1865, à 2 en 1871, après la cession de Strasbourg, et il n'y en a plus aujourd'hui qu'un seul, celui de Paris, l'hôtel des monnaies de Bordeaux ayant été supprimé en 1880. Le système de la régie directe prévaut maintenant à peu près partout, sauf en Belgique et en Hollande, et, pratiquement, il semble préférable. Sous le régime de l'entreprise, en effet, les directeurs entrepreneurs étaient nommés par l'Etat et fournissaient un cautionnement, mais, malgré le contrôle exercé par les commissaires du gouvernement, les contrôleurs au change et la surveillance de l'administration supérieure des monnaies, des malversations étaient encore possibles et, dans une matière aussi délicate, ce sont surtout les détournements qu'il s'agit d'éviter. Les agents directs de l'Etat ne sont, il est vrai, ni impeccables ni infaillibles, mais avec la régie directe, le contrôle de ces agents est incessant et, par conséquent, beaucoup plus efficace. On ne peut nier d'ailleurs que la régie ait toujours les inconvénients inhérents à toute exploitation d'industrie par l'Etat. Toutefois, entre la régie directe et la régie intéressée, il n'y a pas un abîme et, du moment que l'Etat doit contresigner la monnaie il est tout naturel qu'il cherche à le faire dans les meilleures conditions possibles.

Le caractère fiscal de ce monopole a diminué peu à peu, mais il nous semble encore, en France surtout, trop prononcé. Il ne serait peut-être pas tout-à-fait exact d'assimiler, comme l'ont fait quelques économistes, les droits de fabrication actuels dits de *brassage*, qui représentent la rémunération d'un certain travail, avec les droits de *seigneuriage* de l'ancien régime. Ces droits sont très minimes et s'élèvent, pour l'or, à 6 fr. 70, et pour l'argent, à 1 fr. 50 par kilogramme au titre monétaire, mais, pour avoir une monnaie aussi parfaite que possible, c'est-à-dire ayant une valeur légale identique à sa valeur marchande, ces droits eux-mêmes devraient être supprimés. En France, les frais de fabrication, qui sont de 2 pour 1000 environ, font qu'il y a toujours une légère différence entre la valeur de la pièce et celle du lingot. En Allemagne, il n'existe qu'un droit d'essai de 3 marks par lingot. Aux Etats-Unis, on ne perçoit que la somme nécessaire pour couvrir les frais d'alliage. En Angleterre, l'Etat ne prélève aucun droit de monnayage, mais il ne faut pas oublier que la Banque, intermédiaire obligé, prélève une commission qui s'élève à 7 fr. 65 par kilogramme d'or et qu'en outre, il y a une perte d'intérêt résultant de ce que la livraison des espèces peut être faite à une échéance assez éloignée. L'excédent des recettes sur les dépenses de la fabrication des monnaies et le produit net de l'émission des monnaies de bronze et de nickel en France a passé, d'après les évaluations budgétaires, de 507.600 francs en 1897 à 1.848.000 en 1907 (1). En 1910, cet excédent est tombé à 53.580 francs par suite de l'arrêt de la frappe des monnaies de bronze. En Prusse, les recettes nettes de l'administration monétaire sont assez variables, mais elles ont augmenté depuis une dizaine d'années. De 1902 à 1907, elles ont oscillé entre 2 et 3.000.000 de marks (2). Puisque l'émission des monnaies de bronze, qui sont des monnaies de billon, procure nécessairement un bénéfice, il serait logique d'appliquer cet excédent, ainsi que l'a proposé M. Leroy-Beaulieu, à l'entretien de nos monnaies d'argent.

L'intervention de l'Etat dans la frappe des médailles ne

---

(1) Cet excédent provient, à titre exceptionnel, de l'émission de 2 millions de monnaie de nickel autorisée par l'article 46 de la loi de finances de 1907.

(2) *Bulletin de statistique et de législation comparée du ministère des Finances*, février 1907.

s'explique guère que par son origine historique. La Monnaie de Paris a, en effet, conservé longtemps le monopole de la frappe des médailles et jetons de plaisir et elle jouit encore maintenant d'une sorte de monopole de fait. Il nous semble cependant qu'une industrie de ce genre n'est pas au-dessus des forces de l'initiative privée et que les progrès de l'art sont du ressort essentiellement individuel (1).

Presque toutes les nations civilisées ont fait du transport des correspondances postales un monopole de l'Etat. Seuls, la Serbie, le Siam, la Républicaine dominicaine, le Turquie l'Uruguay, le Honduras britannique et les colonies anglaises de Lagos et de Sainte-Lucie font encore exception à la règle (2). Nous sommes donc, ici encore, en présence du fait accompli pour répondre à cette première question : est-il bon que le service des correspondances soit un monopole de l'Etat ? Bon nombre d'économistes croient d'ailleurs le fait conforme à la vérité économique. En matière postale, comme dans presque toutes les entreprises de transport, disent-ils, le monopole se constitue généralement en fait. La concurrence entraînerait ici une déperdition de forces considérable ; les intérêts du public en souffriraient et le contrôle de l'Etat sur un pareil service serait illusoire ou même impossible. Mais dans ce cas — pourrait-on leur répondre — on peut concéder l'exploitation de ce monopole de fait à des particuliers. Dans certains pays, ce système a prévalu longtemps et on sait qu'en Allemagne, les derniers

____

(1) Il est évident d'ailleurs qu'il y a un intérêt scientifique de premier ordre à la conservation de toutes les pièces de monnaies frappées depuis les temps les plus reculés. Aussi, doit-on approuver pleinement l'institution du *musée monétaire*, rattaché à l'hôtel des monnaies.

(2) Ces renseignements résultent de recherches faites récemment par la Direction de l'exploitation postale au Ministère des Travaux Publics et des Postes, Télégraphes et Téléphones.

vestiges de l'office des postes féodales de Thurn et Taxis, fondé sous le régne de Frédéric III, n'ont disparu qu'en 1866. — Nous croyons cependant qu'il y a de sérieuses raisons pour que le service du transport des correspondances soit fait par l'Etat. Il y a d'abord une raison supérieure de sécurité. Elle a trait soit au secret des lettres, soit à la régularité du service, soit à certains intérèts supérieurs, comme la défense du territoire, la police intérieure, les relations extérieures. Il est facile de comprendre aussi qu'en cas de guerre, les postes ne peuvent fonctionner dans les pays envahis que par l'intermédiaire de l'Etat. Sans doute, le service par l'Etat n'est pas irréprochable et on a eu à constater quelquefois une ingérence abusive des gouvernements dans le secret des correspondances, mais ces gouvernements peu soucieux de leur dignité se seraient sans doute tout aussi bien rendus coupables de ces abus avec l'industrie privée. La deuxième raison principale, c'est la presque impossibilité, pour l'industrie privée, de desservir convenablement les campagnes où les relations postales sont peu considérables et où l'exploitation ne serait pas suffisamment rémunératrice. Or, il importe au plus haut point, dans l'intérêt de la civilisation générale, que toutes les parties du pays soient mises en communication et le rôle de l'Etat semble ici justifié (1).

Une autre question se présente à propos des postes : la taxe sur les correspondances doit-elle être pour l'Etat une source de profits? Il est certain que l'origine du monopole est fiscale. Depuis Louis XI, véritable fondateur des postes en France, jusqu'en 1791, le bénéfice net de ce service a toujours été en augmentant. En 1791, dernière année de la

____

(1) L'exploitation par l'Etat présente toutefois un inconvénient majeur : c'est celui qui résulte de l'irresponsabilité de l'Etat en cas de retards ou d'erreurs dans la remise des correspondances.

ferme, il était de 70 0/0 de la recette brute. En 1817, il était tombé à 57 0/0. En 1890, il n'était plus que de 27 0/0 ; en 1897, de 17 0/0 ; en 1907, de 13 0/0. La décroissance, dans ces dernières années, est rapide. Le bénéfice n'est plus que de 6 0/0 en 1910 d'après les chiffres du budget pour l'ensemble du service (1). Ce bénéfice, quoique considérablement réduit, nous paraît encore trop élevé et, si l'on peut abaisser la taxe, l'Etat devrait le faire. Il n'y a aucune bonne raison pour faire jouer à cette taxe le rôle d'impôt (1).

Certains économistes prétendent que les évaluations budgétaires ne nous donnent pas le chiffre réel des dépenses du service des postes, en ce sens qu'elles ne font pas ressortir tous les frais qu'aurait à supporter une entreprise privée : l'amortissement des capitaux de premier établissement, les pensions de retraites, les transports par voie ferrée de l'Etat. Il est certain que l'Etat, quand il exerce une industrie, n'a pas la même manière de compter que les particuliers et nous aurons souvent, dans le cours de cette étude, l'occasion de constater cet inconvénient (2). Toute-

(1) Toutefois, ce bénéfice est toujours de 13 0/0 si l'on ne tient pas compte des subventions aux compagnies maritimes, mais les frais d'exploitation des postes, télégraphes et téléphones augmentent de plus en plus et il serait bon de s'arrêter sur cette pente. Le budget du service s'établit comme suit en 1910 (en y ajoutant les pensions) : Produit des postes (en millions) 253 ; télégraphes : 50 ; téléphones : 29 ; fonds de concours : 13. Total : 345. Dépenses : frais d'exploitation : 281 ; subventions aux compagnies maritimes 26 ; remboursements aux offices étrangers : 9 ; pensions (moins les retenues sur traitements) : 7. Total : 323. Excédent : 22 millions. Sur le principe de la taxe en matière postale, cf. WAGNER, *Finanzwissenchaft*, traduction française, p. 458 et suiv. et CAUWÈS, *Loc. cit.*, t. IV, p. 32.

(2) Nous ne voulons pas dire que l'Etat industriel doive amortir ses capitaux de premier établissement exactement de la même façon que le ferait un particulier, car il y a plusieurs manières d'amortir. Nous signalons seulement la difficulté d'établir des comparaisons.

fois, en ce qui concerne les postes, l'argument perd de sa valeur si l'on envisage tous les côtés de la question. En général, les dépenses d'établissement de ce service sont confondues avec les frais d'exploitation, mais il en existe cependant quelques-unes qui n'y sont pas comprises : ce sont celles concernant les lignes télégraphiques souterraines, la construction de l'Hôtel des Postes et du poste central des télégraphes à Paris. On peut évaluer ces dépenses à 60 millions environ (1). En totalisant l'annuité qu'exigerait l'intérêt et l'amortissement de ce capital (2 millions et demi) avec les pensions des agents des postes (retenues déduites) (7 millions) et la valeur du service gratuit rendu à la poste par les chemins de fer (60 millions environ) on obtient un chiffre de 69 ou 70 millions environ de dépenses supplémentaires qu'aurait à supporter annuellement une entreprise privée. Mais il ne faut pas perdre de vue, d'autre part, que le budget des postes et télégraphes est grevé d'une subvention de 26 millions pour les services maritimes postaux, qu'il s'agit là d'une charge plutôt commerciale que postale et qu'en outre la poste transporte gratuitement la correspondance officielle qui, aujourd'hui, rapporterait sans doute 40 ou 45 millions. Le bénéfice net indiqué semble donc bien réel (2).

Le monopole télégraphique se justifie par les mêmes raisons que le monopole postal, auquel il est presque partout rattaché. Peut-on en dire autant des téléphones ? Il est

____

(1) Cf. le *Dictionnaire des finances*, de Léon SAY, t. II, p. 964.

(2) Sans doute, si l'on tenait compte de l'intérêt du capital employé pour la construction des lignes télégraphiques, des hôtels des postes, des bureaux ambulants, etc., le bénéfice serait réduit. Mais ce capital, qu'on a évalué à plusieurs centaines de millions, peut être considéré comme amorti sur les ressources annuelles antérieures. (Cf. COLSON, *Cours d'économie politique*, t. III, p. 51, et *Transports et tarifs*, 3e édit., p. 795).

certain qu'en cette matière l'existence simultanée de plusieurs concessionnaires offre des inconvénients. En France,
les téléphones ont été construits par l'Etat pour le compte
et aux frais de l'industrie privée, qui était d'abord chargée
de l'exploitation. Puis, sous l'influence de diverses circonstances, l'Etat a cru devoir effectuer le rachat des réseaux
concédés. Au point de vue financier, il n'y a guère lieu de
s'en féliciter, car depuis que l'Etat s'est emparé, *manu mi-
litari*, du réseau exploité par la Société générale des téléphones, c'est-à-dire depuis le 1er septembre 1889, cette
exploitation a été onéreuse pour lui. La moins-value se
chiffrait en 1894 par 2.406.177 francs. En 1897, elle était
de 2.829.479 francs y compris l'Algérie (1). Mais il faut
tenir compte que, dans le chiffre des dépenses portées au
budget, l'annuité due à la Caisse des Dépôts et Consignations et représentant les intérêts et l'amortissement du prix
de rachat à la Société des téléphones figure pour un
million environ. Cette annuité a disparu en 1901. Aux
Etats-Unis, le service des téléphones est, comme le service
télégraphique, exploité par des compagnies privées et a pris
un développement plus grand que partout ailleurs. Les recettes brutes s'élevaient, en 1890, à 82 millions et les dépenses à 56 millions pour un capital engagé de 362 millions.
Dans d'autres pays, le service téléphonique est exploité,
soit par l'Etat seul, comme en Allemagne, dans le duché
de Luxembourg, etc., soit à la fois par l'Etat et par l'industrie privée, comme en Belgique, en Espagne, en Suède,
en Autriche, etc. Il semble résulter des statistiques assez
incomplètes concernant ce service qu'en général l'exploi-

(1) Les dépenses des téléphones, aussi bien que celles des télégraphes, étant aujourd'hui en partie confondues avec les dépenses
similaires du service des postes, il n'est plus possible de se rendre
compte exactement des frais d'exploitation.

tation par l'Etat coûte plus cher que celle par l'industrie privée.

Parmi les monopoles industriels d'intérêt commun et qui, en conséquence, doivent être exploités par l'Etat, quelques nations, entre autres la France, ont placé celui de la fabrication et de la vente des poudres et salpêtres. Mais l'existence actuelle de ce monopole est un véritable anachronisme. Sous l'ancienne monarchie, des souverains tels que François 1er et Henri II, suivant en cela certaines pratiques antérieures, autorisèrent, en 1540 et 1547, les « agents salpêtriers » munis d'une commission du « grand-maître des arbalétriers » à s'emparer, sans indemnité, de tout le salpêtre qu'ils pourraient trouver dans les caves. Ils imposèrent aussi aux villes une contribution en nature. C'était, comme on le voit, un moyen commode de se procurer des revenus. Charles IX proclama, en matière de poudres et salpêtres, le droit régalien. Les rois exploitèrent ce monopole, d'abord sous le système des fermes, puis en régie. La Révolution le maintient par la loi du 13 fructidor an V, base du régime actuel qui y déroge cependant, depuis 1817, en ce qui concerne les salpêtres, tout en soumettant les salpêtriers à un ancien droit de licence de 25 francs qui, aux termes de la loi de 1819, doit les dispenser de la patente et les place ainsi en dehors des industriels ordinaires.

Pour justifier le maintien du monopole des poudres, on invoque des raisons de sécurité publique. On confond ici deux choses tout à fait différentes. Sans doute la fabrication, la circulation, la vente et l'emploi des poudres doivent être soumis à toutes les prescriptions que comportent la sécurité des personnes et des propriétés, mais il est évident qu'il s'agit, dans ce cas, de mesures de police indépendantes du régime adopté pour leur fabrication. En ce qui concerne les intérêts de la défense nationale, l'Etat pourrait continuer à fabriquer les poudres de guerre et laisser les poudres « de vente » à l'industrie privée. L'Etat aurait ainsi la faculté de se débarrasser d'un certain nombre d'établissements industriels dont la vente procurerait au Trésor des ressources importantes. Il y a, en effet, en France, 13 poudreries et raffineries occupant une superficie de 600 hectares environ et valant, dit-on, une vingtaine de millions, bien qu'elles ne soient portées sur le *Tableau des propriétés de l'Etat* de 1879 que pour 1.732.610 francs.

Le monopole des poudres rapporte, en France, une moyenne de 10 à 11 millions (1). Pour ce mince résultat, on paralyse non seulement l'industrie des poudres, dont les exportations diminuent de plus en plus, mais encore l'industrie des mines et carrières, puisque la poudre est, par excellence, « l'outil » du mineur. Cette considération a fait que, dans presque tous les pays, en Prusse, en Italie, en Angleterre, en Espagne, etc., l'Etat a laissé libre la fabrication des poudres. Ajoutons d'ailleurs que, par une étrange anomalie, ce monopole est, en France, en contradiction avec la liberté de fabrication accordée à la dynamite par la loi du 8 mars 1875. On a reconnu, en effet, que le renchérissement d'une substance absolument nécessaire au travail d'extraction des roches dans les mines, à la construction des routes et des chemins de fer, serait éminemment préjudiciable à l'industrie en général.

En supprimant le monopole, l'Etat pourrait, du reste, remplacer les ressources qu'il tire de la vente des poudres par un impôt sur cette matière qui rapporterait, à coup sûr, un revenu bien supérieur à celui du monopole lui-même. On peut prévoir, en effet, que la consommation augmenterait dans des proportions considérables, car ce qui empêche

(1) Produit brut de la vente des poudres, d'après le budget de 1910 : 18,3 millions ; frais d'exploitation (personnel et matériel) : 7,5 millions.

actuellement les négociants et les armateurs français de se livrer à l'exportation de cette marchandise, ce sont précisément les tarifs d'exportation, encore trop élevés, du gouvernement français, si on les compare aux prix des poudres de fabrication étrangère. Il y a, dans ce fait, une forte présomption sinon une preuve absolue que l'État, en cette matière, produit plus chèrement que l'industrie privée.

Il est d'ailleurs assez difficile d'établir le prix de revient des poudres fabriquées par l'État. Celui-ci ne fait pas suffisamment ressortir, dans ses comptes, l'intérêt et l'amortissement des capitaux de premier établissement ni l'intérêt de la valeur des produits en magasin. Certaines dépenses d'établissement sont payées sur différents budgets ou se trouvent confondues avec d'autres. Les impôts payés par les particuliers et que l'État n'a pas à acquitter viennent encore compliquer la question. Il en résulte qu'en général, lorsqu'on procède sur l'ensemble des produits pour établir des points de comparaison, on ne peut se faire qu'une idée tout à fait approximative d'une industrie d'État. En ce qui concerne le monopole des poudres, pour se faire une opinion absolument précise, il faudrait, pour chaque genre de produit, faire le calcul du prix de revient en tenant compte des éléments suivants : 1° le loyer ; 2° les ustensiles ; 3° le prix de la main-d'œuvre ; 4° le prix d'achat des matières premières ; 5° les frais d'outillage ; 6° les frais généraux comprenant : *a*) l'intérêt de la valeur des produits en magasin ; *b*) l'intérêt et l'amortissement du capital immobilier ; *c*) le traitement du personnel ; *d*) les frais d'administration. Il faudrait ensuite pouvoir comparer les prix de revient ainsi établis avec eux d'une industrie placée, autant que possible, dans des conditions semblables en tenant compte, bien entendu, des impôts qui peuvent frapper cette industrie. Ce rapprochement est impossible en France puisque le monopole existe et il faut prendre des points de comparaison à l'étranger. Comme on le voit, il est très difficile de réunir les éléments nécessaires à une pareille enquête et on comprend que certaines grandes commissions qui ont été nommées, en France, pour y procéder, comme celle de 1875, y aient renoncé.

Toutefois, on peut se faire une idée de la marche générale du monopole en se servant des chiffres figurant au *Bulletin de statistique et de législation comparée* du Ministère des Finances et en opérant sur de longues périodes. On voit ainsi que le rapport des bénéfices au produit brut était de 56 0/0 en 1865, de 69 0/0 en 1875 et qu'il a augmenté jusque vers 1885, où il était de 69,8 0/0. Depuis cette date ce rapport tend à baisser. De 1897 à 1910, d'après les chiffres portés au budget, il est tombé de 64 0/0 à 58,8 0/0. Par conséquent, si on a pu constater, pendant la période 1865-1885, une diminution dans les frais d'exploitation par rapport au produit brut, due soit à des perfectionnements dans l'outillage, soit à des réductions de dépenses, il semble qu'il n'en est plus de même depuis 1885.

La diminution dans la vente des poudres et particulièrement de la poudre de mine provient, en réalité, du haut prix de cette poudre relativement aux prix des poudres étrangères, principalement de celles fabriquées dans les établissements privés de la Belgique et de l'Allemagne, qui vendent des poudres de mine et de chasse à des prix même inférieurs à ceux de nos tarifs d'exportation. On comprend combien de pareilles différences encouragent la fraude et la fabrication clandestine. En 1887, dans un projet de loi ayant pour objet la liberté dans la fabrication et la vente des poudres présenté à la Chambre des députés par le ministre de la Guerre, celui-ci constatait que, même au point de vue militaire, l'industrie des armes et engins de guerre ne pouvait que gagner à cette transformation, parce qu'aujourd'hui les études de poudre sont intimement liées aux études de matériel et que l'obligation imposée à cette industrie d'approprier le matériel qu'elle construit aux types de poudres dont elle peut disposer constitue pour elle une très grande difficulté.

Il n'existe donc plus aucun motif sérieux pour maintenir un monopole que rien ne justifie et qui peut même devenir pour le budget une source de graves mécomptes, car c'est surtout en cette matière que se multiplient les inventions et les découvertes et nul ne sait si demain toutes les poudres et tous les explosifs actuels ne seront pas remplacés par quelque gaz comprimé ou quelque mélange détonant qu'il sera impossible à l'État de monopoliser.

CHAPITRE III

LES MONOPOLES FISCAUX

Ingéniosité déployée par les Etats dans l'établissement de ces monopoles. — Il faut surtout les examiner au point de vue des avantages et des inconvénients qu'ils présentent comme impôts.
Le monopole des tabacs. — Son produit en France. — Examen des
systèmes d'imposition adoptés dans les divers pays. — Les frais
d'exploitation. — Manque de comparaison avec l'industrie privée.
Le monopole des allumettes. — L'impôt sur les allumettes est un
mauvais impôt. — Son produit en France. — Frais d'exploitation
et prix de revient comparés à ceux de l'industrie privée.
Le monopole de la fabrication du papier filigrané pour les cartes à
jouer. — Législation des divers pays. — Système ingénieux pratiqué en Italie et en Autriche pour percevoir cet impôt.
Le monopole de l'alcool. — Les différentes formes sous lesquelles il
se présente. — Raisons données en sa faveur. — Réfutation. —
Exemples de la Russie et de la Suisse.
Le monopole des assurances contre l'incendie. — Difficultés d'application. — Inconvénients qui en résulteraient pour les finances publiques.

En ce qui concerne les monopoles industriels ayant pour
objet la fiscalité pure, on peut dire que l'ingéniosité des
Etats a été sans bornes, mais il faut reconnaître que, parmi
ces monopoles, il en est, en somme, assez peu qui soient
exploités directement. On rencontre d'abord, chez beaucoup
de nations européennes, le monopole de la fabrication et de
la vente du tabac; en France et en Grèce, on trouve celui de
la fabrication et de la vente des allumettes ; en Suisse et en
Russie, celui de la vente de l'alcool. Dans certaines colo-

nies, comme la Cochinchine et Java, on trouve le monopole de la fabrication et de la vente de l'opium, et, en outre, dans la première de ces colonies, celui de l'alcool. Signe caractéristique, c'est l'Egypte, la Tunisie et la Grèce qui ont le plus souvent recours à ces moyens financiers. En Tunisie, le gouvernement beylical avait monopolisé la tannerie, mais ce monopole a pris fin en 1888 ; il a encore celui de la fabrication et de la vente du plâtre, des poudres, du tabac, etc. L'Etat tunisien se fait aussi marchand d'huiles, de charbon, de chaux et de briques. En Grèce, l'Etat vend du pétrole, de l'émeri de Naxos, du plâtre, des pierres meulières, etc. Ce qui est certain, c'est que ce ne sont pas les Etats les plus riches qui accaparent ainsi toute l'industrie.

Nous ne pouvons avoir la prétention de faire une étude particulière de chacun de ces monopoles. Nous nous bornerons à l'examen de ceux qui existent ou que l'on propose d'établir en France et qui sont d'ailleurs les plus importants. Il nous reste, en France, trois monopoles exclusivement fiscaux, tous les trois exercés directement par l'Etat et qui s'appliquent au tabac, aux allumettes et aux cartes à jouer. Ces industries doivent être surtout examinées au point de vue des avantages et des inconvénients qu'elles présentent comme impôts, puisque c'est à ce titre qu'elles sont établies.

On reconnaît généralement que le tabac est une excellente matière imposable. Un impôt de ce genre, en effet, n'a pas l'inconvénient de gêner une industrie quelconque et, par conséquent, ne nuit pas au développement économique de la nation. Mais comment faut-il percevoir cet impôt ? L'Etat doit-il laisser toute liberté à la fabrication, sauf à percevoir des taxes tant sur les matières premières

que sur les produits fabriqués ? Doit-il, tout en laissant libre
la fabrication, la soumettre à en droit de patente ou de
licence ? Est-il préférable d'en faire l'objet d'un monopole
et, dans ce cas, l'Etat doit-il l'exercer lui-même ou le concéder à une Compagnie fermière ? Tous ces systèmes ont
des partisans et des adversaires et on les rencontre appli-
qués dans les pays étrangers. En Angleterre, la fabrication
est libre, mais la culture est prohibée. Aux Etats-Unis, il y
a liberté absolue de culture mais les fabricants sont assu-
jettis à un cautionnement très élevé. En Allemagne, la fabrication et la vente sont libres et la culture indigène frappée
d'un impôt assez lourd. Dans certains pays, comme la
Suisse, le Danemark, la Suède, la Norwège, la Hollande,
il y a liberté complète de culture, de fabrication et de vente,
mais l'importation est soumise à des droits de douane. En
France, le monopole de la fabrication et de la vente des
tabacs a été établi en 1674. L'exercice en fut confié, pour
dix ans, à la ferme générale. Supprimé en 1719, rétabli
en 1721, puis de nouveau supprimé en 1790, surtout à
cause de la sévérité des mesures qu'il était nécessaire de
prendre pour le maintenir, il fut de nouveau rétabli pour
cinq ans par la loi du 29 décembre 1810, qui a été successivement prorogée par une série d'autres lois. Le rétablis-
sement du monopole en 1810 a été très coûteux pour l'Etat,
qui a dû commencer par débourser 69 millions d'indemnités de dépossession, somme très forte eu égard à la valeur
de l'argent à cette époque, sans compter les nombreuses
indemnités qui ont été payées sous forme de débits de
tabac.

Si, au point de vue économique, on peut approuver
l'impôt sur le tabac, il est difficile d'être aussi affirmatif en
ce qui concerne le monopole de fabrication et de vente
dont il peut être l'objet. L'Etat se fait alors industriel et

commerçant et il faut qu'il ait, pour cela, une raison supérieure à invoquer. Or, cette raison supérieure — car il n'appartient guère à l'impôt de nous donner des leçons d'hygiène ou de morale — c'est ici le chiffre élevé que le monopole procure au Trésor. Ce chiffre est en progression constante. Il a passé de 311 millions en 1895 à 386 millions en 1907 (1). Toutefois, en tenant compte de l'intérêt à 3 0/0 de la valeur des tabacs en magasin qui s'élevait au 31 décembre 1907 à 100 millions environ et de l'intérêt à 6 0/0 (amortissement compris) des immeubles, machines, ustensiles, fournitures, etc., servant à l'exploitation, lesquels représentent un capital de 51 millions, il y aurait une somme de 6 millions environ à ajouter aux frais généraux et qui viendrait en déduction des bénéfices. Il semble, en effet, que l'Etat, en ce qui concerne le monopole des tabacs, qui peut être aboli par une loi, doive toujours se placer au point de vue d'une liquidation possible (2). Il n'en est pas moins vrai que le rendement de cet impôt est de plus de 380 millions et on comprend très bien qu'avec la situation financière actuelle, pour que l'Etat cessât d'exploiter son monopole, il faudrait lui substituer un régime donnant un produit au moins égal au bénéfice que lui procure cette exploitation. Ce résultat peut-il être atteint ? Il est difficile de l'affirmer. Des trois systèmes qui pourraient remplacer celui en vigueur, nous croyons qu'il faut d'abord écarter celui de la fabrication monopolisée et remise aux mains d'une com-

(1) Bénéfices en 1907 : 386.306.913 fr. ; valeur des tabacs en magasin : 100.326.257 fr. ; valeur des bâtiments, etc. : 51.580.034 (*Comptes en matière et en deniers de l'exploitation du monopole des tabacs pour 1907*, Imprimerie nationale, 1908.)

(2) On peut dire, il est vrai, que les frais de premier établissement et de transformation des usines, ainsi que les approvisionnements, ont été payés depuis longtemps sur les recettes annuelles du budget, de sorte que l'on peut les considérer comme amortis.

pagnie fermière. **L'affermage** du monopole des allumettes, que **nous** allons examiner, semble concluant en ce qui concerne la France. L'Italie a pratiqué jusqu'en 1883 le système de la régie co-intéressée : **elle a dû en** revenir à celui du **monopole exploité** directement. Les compagnies fermières, étant toujours sous le coup d'une menace de rachat par l'Etat, sont évidemment peu soucieuses de faire des dépenses qu'elles n'auront peut-être pas le temps d'amortir et, comme elles ne sont pas stimulées par la concurrence, elles ne recourent pas aux installations mécaniques qui, dans l'avenir, leur procureraient des réductions de salaires, mais, dans le présent, pèseraient lourdement sur leurs frais généraux. Il en résulte que l'industrie y perd au point de vue des progrès techniques. Le système de la fabrication libre moyennant le paiement d'un droit de patente ou de licence, comme en Belgique, doit aussi être écarté, en raison du faible produit qu'il rapporterait au Trésor. Doit-on en dire autant du régime de la fabrication libre avec des droits de douane sur les matières premières et un droit de licence sur la fabrication, combiné avec l'interdiction de la culture ? Ce système assez complexe rapporte en Angleterre 280 millions. Il faut remarquer que l'Angleterre, qui n'a que des frontières maritimes, est placée dans de meilleures conditions que la France pour éviter la fraude, mais le monopole n'a pas non plus pour vertu spéciale de la supprimer. Quant à la prohibition de la culture, qui semble une mesure arbitraire, elle n'offrirait peut-être pas en France des inconvénients aussi grands qu'on pourrait le supposer. La faculté de cultiver, avec des prix fixés par la Régie et tous les inconvénients de l'ingérence administrative, est un privilège greffé sur un monopole. Bien que l'autorisation de cultiver le tabac ait été étendue successivement de 6 à 22 départements, cette culture semble péricliter de plus en plus et l'ingérence de l'Etat a amené le découragement chez les planteurs. En Algérie, on prétend que les exigences de la Régie ont été la cause de l'abandon de la culture du tabac, bien que les planteurs ne soient pas obligés de vendre leur récolte à l'Etat. Certains économistes ont donc quelque raison de soutenir que la prohibition complète serait préférable, en permettant de livrer la fabrication à l'industrie privée. Les droits de douane, disent-ils, constituent un mode de perception de l'impôt plus simple et plus facile et il n'est pas du tout prouvé qu'ils ne puissent pas donner un produit au moins équivalent à celui actuel, tout en faisant bénéficier les fumeurs d'une réduction de prix et des avantages résultant de la libre concurrence. Ces raisons sont certainement d'un grand poids au point de vue économique, mais ne paraissent pas absolument concluantes au point de vue fiscal. Les expériences faites en France de 1790 à 1810, quoique ne pouvant pas être considérées comme décisives, parce qu'elles ont été faites dans des circonstances peu favorables, ont cependant fait voir que le régime de la liberté de la fabrication pouvait donner de graves mécomptes au point de vue budgétaire.

Les grandes enquêtes faites en France en 1835 et en 1875 sur le monopole des tabacs se sont préoccupées du prix de revient des tabacs manufacturés par l'Etat, mais faute sans doute d'éléments d'information suffisants, elles n'ont pu mettre en regard les prix de revient de l'industrie privée pour les pays voisins de la France. Il faudrait pouvoir procéder sur des produits de qualité équivalente, ce qui rend les comparaisons extrêmement difficiles. De 1835 à 1875, par suite de l'introduction des machines dans la fabrication, les prix de revient des tabacs fabriqués par la Régie ont baissé considérablement. Le scaferlati ordinaire, par exemple, dont le prix de revient était, en 1835, de 209 fr. 60

les cent kilogrammes, ne coûtait plus, en 1875, que
164 fr. 33 (1). D'après le compte de l'administration des
tabacs (1907), la valeur moyenne du kilogramme dans les
entrepôts est de 2 fr. 14 et le bénéfice moyen réalisé par
kilogramme a passé de 8 fr. 58 en 1895 à 9 fr. 64 en 1907.

Si l'on juge la fabrication de l'Etat par l'importance des
ventes pour l'exportation, on ne voit pas que cette fabrication fasse beaucoup de progrès. L'Etat allègue, il est vrai,
qu'il prélève, dans ce cas, un bénéfice supérieur à celui de
l'industrie privée pour ne pas courir le danger de la réintégra-
tion frauduleuse. Mais n'est-il pas de l'intérêt du Trésor que
la fraude soit faite avec ses propres produits plutôt qu'avec
ceux de fabrication étrangère? Dans tous les cas, en Algérie et en Corse, où le prix de vente moyen est de 6 fr. 17
et de 8 fr. 81 le kilogramme en 1906, la vente des tabacs
français n'a jamais pris d'extension. Et si l'on parle de la
qualité des produits de l'Etat, nous répondrons qu'en ce
qui concerne le tabac, le goût. du consommateur résulte
surtout de l'habitude et que les fumeurs qui ont habité les
pays de fabrication libre ont cessé de croire, à cet égard, à
l'infaillibilité de l'Etat.

L'impôt sur les allumettes (2) constitue un mauvais impôt, non seulement parce qu'il s'agit d'une matière de première nécessité, mais parce qu'il est très difficile d'en assurer la perception. En 1871, lorsqu'on songea en France à
imposer les allumettes, on comptait sur un rendement su-

<hr>

(1) *Enquête parlementaire sur l'exploitation du monopole des tabacs
et des poudres.* Paris, Imprimerie nationale, 1876, p. 127.

(2) La fabrication des allumettes est libre dans beaucoup de pays
et constitue même une industrie importante fournissant ses produits
à l'étranger. Les pays qui exportent le plus d'allumettes sont la Belgique, la Suède, l'Allemagne et l'Angleterre (Cf. *Economiste français*
du 25 septembre 1909. *La fabrication des allumettes à l'étranger*, par
M. Edouard Payen).

perbe. Les enquêtes antérieures avaient, en effet, montré que la **production** était de plus de 50 milliards d'allumettes par **an, représentant une valeur** de 26 millions, sur lesquels 17 à 18 millions restaient, comme **profits, entre** les mains des fabricants et des intermédiaires. C'était un bénéfice de 180 0/0 sur le prix de vente. Mais les choses ont changé depuis que l'Etat s'est emparé de cette industrie. On sait que, de 1872 à 1890, le monopole a été adjugé à une compagnie fermière. Pendant cette période, le produit de l'impôt, déduction faite des dépenses, s'est élevé à 227,3 millions auxquels il faut ajouter la valeur du capital de la régie au 1er janvier 1890, évalué à 13,6 millions, soit au total 241,05 millions. Tel serait le bénéfice acquis d'après les comptes (1), mais si l'on tient compte de ce fait que les dépenses de premier établissement, soit 34 millions environ (indemnités d'expropriation et de dépossession, prix d'achat des approvisionnements existants dans les fabriques, frais d'expertise, etc.), ont été déboursés par l'Etat en 1874, 1875 et 1876, il y a lieu de déduire de l'excédent de recettes l'intérêt et l'amortissement de cette somme à raison de 6 0/0 pendant 15 ans, soit 30,6 millions, ce qui porterait le bénéfice réel à 210,45 millions pour la période de 1871 à 1889. C'est à peu près un bénéfice annuel moyen de 12 millions (2).

Depuis 1890, l'Etat exerce lui-même le monopole dans six manufactures situées à Aix, Bègles, Marseille, Pantin, Saintines et Trélazé. De 1890 à 1907, la différence entre les recettes et les dépenses s'est élevée à 397 millions, soit 22 millions par an (3). Mais si l'on déduit l'intérêt et l'amortis-

(1) *Compte en matières et en deniers de l'exploitation du monopole des allumettes pour l'année* 1907, Imprimerie nationale, 1908, p. 87.

(2) *Rapport sur le budget général de l'exercice* 1897, par M. H. Morel, p. 255, Sénat.

(3) Bénéfices totaux : 397.974.432 (*Compte en matières,* etc., p. 90).

sement à 6 0/0 par an, pendant ce laps de temps, des dépenses primitivement faites et des sommes payées ultérieurement à l'ancienne compagnie concessionnaire, soit 46,5 millions, il resterait comme bénéfice net pour les 18 années 347 millions, soit plus de 19 millions par an (1).

La conclusion qui se dégage de ces chiffres, c'est qu'à tout prendre, lorsque l'Etat veut, dans un but fiscal, mettre une industrie comme celle de la fabrication des allumettes sous le régime du monopole, il est préférable qu'il exerce ce monopole plutôt que de le concéder à une compagnie fermière.

La comparaison des prix de revient des allumettes fabriquées par l'Etat avec ceux de l'industrie privée ne peut se faire qu'avec les produits de fabrication étrangère. Le prix de revient du million d'allumettes fabriquées par l'Etat, qui était de 270 francs en 1895, a baissé et n'est plus que de 246 fr. 87 en 1907 et le coefficient d'exploitation de 27 fr. 68 (2). Or, le prix de revient du million d'allumettes achetées à l'étranger étant notablement inférieur, on en a conclu que l'Etat ferait un bénéfice considérable en achetant ses allumettes à l'étranger et en se dispensant de les fabriquer lui-même (3). Mais, comme nous venons de le voir, le prix de revient a baissé par suite des améliorations effectuées dans l'outillage et, en outre, le prix d'achat des allumettes provenant de l'étranger a haussé : le million d'allumettes qui coûtait 95 fr. 38 en 1893 figure maintenant dans les comptes pour 128 fr. 62 et 145 fr. 29 (4).

(1) Le bénéfice net en 1907, d'après les comptes, est de 28 millions (p. 4).

(2) *Compte en matières*, etc., p. 17.

(3) On a dit aussi que les grèves, en obligeant l'Etat à s'approvisionner à l'étranger, ont été pour lui une cause d'économies.

(4) Cf. le *Compte en matières et en deniers pour* 1907.

La plupart des nations européennes ont fait des cartes à jouer l'objet d'un impôt, mais la manière de percevoir cet impôt diffère.

En Russie, le monopole de l'Etat est absolu et les cartes sortent de l'imprimerie impériale. En Angleterre, la fabrication est libre, mais soumise à un droit de licence de 1 livre sterling. En Italie, l'impôt est perçu d'une manière fort simple, par l'application d'une empreinte sur une carte désignée par le ministre des finances. En Autriche-Hongrie, c'est le fabricant qui choisit lui-même la carte qui doit recevoir l'empreinte et qui doit être la première du jeu.

En Allemagne, l'impôt sur les cartes à jouer est un impôt d'Empire. Il consiste en un droit de timbre de 30 pfennig pour chaque jeu de 36 cartes et au-dessous; de 50 pfennig pour les autres jeux. Cet impôt est acquitté au moyen d'une estampille apposée sur les cartes.

Toutefois, cet impôt, par son aspect juridique, offre une analogie complète avec les impôts de consommation et il en résulte que les cartes à jouer exportées à l'étranger ne sont pas soumises à l'impôt.

L'établissement de fabriques de cartes à jouer est soumis aux mêmes restrictions que celles établies pour la production d'objets de consommation soumis à un impôt. Les fabricants établis sont obligés de se soumettre à des visites fiscales en ce qui concerne les locaux et l'outillage (1).

En France, le monopole de l'Etat consiste en ce que c'est lui seul qui fabrique le papier filigrané sur lequel les cartes dites au portrait français sont imprimées, qui fournit les moules servant à leur fabrication, qui frappe les as de trèfle et imprime les figures. Depuis 1890, on a imité le mode de contrôle des administrations étrangères en frappant l'as de

(1) LABAND. *loc. cit.* Tom. VI p. 205 et suivantes.

trèfle d'un timbre spécial. L'impôt est perçu à la sortie de
la fabrique et, depuis la loi de finances du 29 décembre 1895,
il est de 0 fr. 75 ou de 1 fr. 25 par jeu, suivant le nombre
des cartes et suivant qu'il s'agit de cartes au portrait français ou étranger. Pour les cartes destinées aux cercles, l'impôt est doublé.

L'impôt sur les cartes à jouer, qui rapporte en France
3 millions environ (1), trouve sa justification, au point de
vue économique, en ce qu'il s'applique à un objet de luxe ;
mais le monopole est un reste du système financier de l'ancien régime, maintenu par la Révolution. Les entraves
apportées en cette matière à l'industrie privée ne se comprennent plus guère aujourd'hui et la seule application d'un
timbre spécial sur une carte désignée dans chaque jeu suffirait, avec une surveillance suffisante, pour assurer la perception de l'impôt.

On a fait grand bruit, dans ces derniers temps, autour du
monopole de l'alcool. Ce monopole existe en Suisse depuis
1887. En Russie, il a fait son apparition au milieu du
xviiº siècle et il a subsisté jusqu'en 1862. A cette date, il a
été remplacé par un impôt dont on a garanti le recouvrement par l'exercice chez les distillateurs. Depuis le 1ᵉʳ janvier 1895, il a été remis à l'essai dans 4 gouvernements ;
puis, à partir du 1ᵉʳ janvier 1896, dans 25 autres, et peu à
peu étendu à tout l'Empire (2). Mais il faut remarquer que,

(1) Le produit de cet impôt est inscrit au budget de 1910 pour
2.759.700 fr.

(2) Au milieu de l'année 1900, le monopole embrassait un rayon de
35 gouvernements. A partir du 1ᵉʳ juin 1900, la vente monopolisée
des boissons a été organisée dans les 3 gouvernements des bords de
la Baltique ainsi que dans ceux de Voroniège, Koursk, Stavropol, de
la mer Noire et dans les provinces des troupes du Don. Actuellement, il fonctionne dans tout l'Empire, sauf les exceptions indiquées
ci-après.

dans ces deux pays, le monopole constitue seulement, en réalité, un monopole de vente. On peut concevoir, en effet, le monopole de l'alcool sous trois formes : 1° l'Etat seul fabricant ; 2° l'Etat seul rectificateur ; 3° l'Etat laissant, dans une certaine mesure, la liberté à la fabrication, mais monopolisant la vente.

Pour défendre leur système, les partisans du monopole, sous quelque forme qu'il se présente, invoquent deux raisons primordiales : l'intérêt de l'hygiène publique et celui du Trésor. Nous croyons que l'impôt sort de son rôle, comme nous l'avons déjà dit, lorsqu'il se mêle de vouloir nous donner des leçons d'hygiène ou de morale, mais, même en se plaçant à ce point de vue, est-il nécessaire de recourir au monopole pour atteindre le résultat cherché ? Nous ne le croyons pas. Il suffit, pour cela, que l'Etat intervienne par voie de réglementation, qu'il prescrive qu'aucun alcool insuffisamment rectifié ne pourra sortir des distilleries ou établissements de rectification pour être livré à la consommation. Il suffirait de procéder comme on le fait pour les sucres et d'approprier en conséquence l'outillage de l'administration des contributions indirectes, car il paraît scientifiquement établi que l'on peut déterminer par les méthodes actuelles, si un alcool contient une quantité d'impuretés le rendant impropre à la consommation. En Suisse, la raison hygiénique a été, en apparence, celle qui a déterminé le vote de la loi fédérale du 23 décembre 1886 établissant le monopole. Mais il ne s'agit ici que d'une apparence. En réalité, le monopole a laissé de côté non seulement les alcools qui sont achetés tout rectifiés à l'étranger, mais encore les bouilleurs de cru, et l'Etat, pour satisfaire les consommateurs, s'est vu obligé de livrer lui-même de l'alcool brut de pommes de terre non rectifié.

La raison fiscale est peut-être meilleure que la raison hygiénique. Des trois systèmes proposés, le premier, qui consisterait dans le monopole de la fabrication, ne rencontre guère de partisans et semble même absolument impraticable. En France, le montant des indemnités d'expropriation qu'il faudrait payer aux 750.000 bouilleurs de cru, aux 7.000 bouilleurs de profession, aux 160 distillateurs agricoles, aux 285 distillateurs industriels et aux 24 rectificateurs serait, à coup sûr, extrêmement élevé. Est-ce 800 millions, 1 milliard ou 1 milliard et demi que coûterait cette expropriation gigantesque ? Personne ne le sait exactement, car en cette matière, les prévisions sont toujours dépassées, comme on l'a vu par l'exemple du tabac et des allumettes.

Quant aux deux autres systèmes, le monopole de rectification et celui de vente, qui se trouvent généralement juxtaposés dans les divers projets mis en avant, ils ne sont peut-être pas plus acceptables, bien qu'ils se présentent sous des dehors plus séduisants. Les auteurs de ces projets ont fait miroiter aux yeux des contribuables des rendements fantastiques qui ont passablement varié : 500 millions, 750 millions, 1 milliard, etc. C'est sans doute là une illusion. Il ne faut pas raisonner sur l'alcool comme sur le tabac, dont la fabrication exige des procédés industriels perfectionnés et il est plutôt à craindre que le monopole de l'alcool n'ait le sort de celui des allumettes qui donne lieu à une fabrication clandestine considérable. Il paraît certain qu'après son établissement, par suite de l'énorme élévation des tarifs, la fraude s'exercerait dans des proportions assez vastes. Il s'agit, en effet, d'un produit dont la fabrication est presque à la portée de chacun, que chaque ménagère peut, pour ainsi dire, fabriquer elle-même, chez elle, au moyen d'instruments fort simples. Il est donc vraisemblable que l'Etat retirerait de l'exploitation de son monopole un produit bien inférieur à celui que l'on indique. La Suisse nous offre d'ailleurs à cet égard un exemple probant. On comptait, lors de l'établissement du monopole, sur un rendement de 8.820.000 francs. Or, d'après le *Rapport annuel du Conseil fédéral, concernant la gestion et le compte de la Régie pour 1906*, le rendement net s'est toujours tenu entre 5 et 7 millions depuis 1887. Après avoir été en décroissant pendant un certain temps, il s'est un peu relevé dans ces dernières années. Il était en 1906 de 6,36 millions.

Examinons maintenant l'expérience faite dans ces derniers temps en Russie.

On pourrait se borner à dire que le monopole de l'alcool constitue en Russie une survivance financière, un reste de la fiscalité domaniale qui caractérise ce pays naguère encore attardé dans la civilisation. Mais il convient d'examiner de plus près le nouveau régime inauguré en 1895 parce que le retour au monopole d'Etat a eu lieu après 30 ans d'expérience du régime de l'*accise* et qu'il est donné comme un progrès sur l'état des choses antérieur. On réclame d'ailleurs de toutes parts, aussi bien en France que dans les autres pays d'Europe, des mesures contre les progrès de l'alcoolisme et la vente de l'alcool par l'Etat est une des principales mesures préconisées quotidiennement dans la presse européenne.

L'interdiction faite aux particuliers d'exercer le commerce de l'eau-de-vie de grains remonte très haut en Russie. La vente des spiritueux semble avoir été considérée de tout temps comme un droit appartenant à l'Etat et la population russe n'a jamais pu se faire à l'idée que le commerce de l'alcool puisse être exercé par les particuliers et non par

(1) *Bulletin de statistique et de législation comparée du Ministère des finances*, n° de décembre 1907.

l'Etat (1). L'histoire de l'alcool en Russie est une longue série de mesures dans lesquelles il est difficile de démêler si c'est l'idée fiscale ou le point de vue hygiénique et moral qui a guidé le gouvernement dans l'établissement et le maintien du monopole.

Au xvie siècle, le Tsar Ivan le Terrible, puis le Tsar Boris Godounoff, firent ouvrir des débits appelés « cabarets du Tsar », mais le véritable monopole des spiritueux, constitué en tant que droit régalien, résulte d'un statut du Tsar Alexis Michailowitch, en 1648. D'après ce statut, l'eau-de-vie, la bière et l'hydromel étaient vendus exclusivement par l'Etat. En 1663, on afferma partout des cabarets en fixant le prix de vente. Aboli en 1677, puis rétabli en 1705 par Pierre le Grand, ce système fut de nouveau confirmé en 1765 par Catherine II, sauf les privilèges laissés à la Petite Russie et aux provinces baltiques. De 1765 à 1819, c'est le règne des fermiers, qui sont considérés comme fonctionnaires et portent l'épée. Mais les exactions de ces derniers firent abandonner ce système à partir de 1819. D'après une nouvelle réglementation qui ressemblait assez au monopole qui existe de nos jours en Suisse, le commerce en gros des spiritueux était remis exclusivement entre les mains de l'Etat, l'alcool était fourni par les distilleries de l'Etat ou des particuliers et mis en vente dans les dépôts de la régie. Le commerce de détail laissé aux particuliers était réglementé et le nombre des débits limité. Ce régime dura peu, les revenus fiscaux diminuant considérablement. Le système de la ferme fut de nouveau rétabli en 1827 et maintenu, sauf quelques variantes, jusqu'en 1862.

____

(1) Cf. *L'alcool et son histoire en Russie.* Etude économique et sociale par **Louis Skarzynski, Arthur Rousseau, 1902.**

Dans le but d'obvier aux abus des fermiers, on adopta, à partir de 1863, le régime de *l'accise* qui a subsisté jusqu'en 1895. Une loi de 1885 avait déjà supprimé les débits de boissons et les avait remplacés par deux sortes d'établissements : les restaurants en ce qui concerne la consommation sur place et les débits qui ne peuvent vendre l'eau-de-vie qu'en récipients cachetés à emporter. Ce système n'ayant pas répondu à ce qu'on en attendait, une loi du 6 juin 1894 a définitivement rétabli le monopole à partir du 1er janvier 1895. Les débits pour la consommation sur place sont entièrement supprimés dans les villages où il ne reste que les seuls débits de l'Etat à emporter. Le monopole a été successivement appliqué à un certain nombre de provinces. Actuellement, il fonctionne dans tout l'Empire, à l'exception de la Transcaucasie, du Turkestan, de l'Amour, du Littoral (Extrème Orient), de la Transcaspie et de la Semiretchie (1).

Le système adopté en Russie n'est pas celui de M. Alglave. L'Etat russe, en effet, a monopolisé le commerce de gros et de détail, tandis que M. Alglave ne s'occupe que du commerce de gros et laisse subsister le commerce de détail. Le gouvernement russe achète, à un prix qu'il fixe tous les ans lui-même, les 2/3 des flegmes ou alcools bruts nécessaires au besoin de la région où est appliqué le monopole, en les répartissant suivant la production des distilleries (2). Il achète le dernier tiers par soumission, en

---

(1) *Mémoire explicatif joint par le Ministre des finances de Russie au projet de budget pour* 1908, reproduit dans le *Bulletin de statistique et de législation comparée du Ministère des finances français*, année 1908, p. 699.

(2) Les achats sont faits aux *brandevineries agricoles* ou distilleries de grains et de pommes de terre, à l'exclusion des distilleries de mélasse ou produisant des levures, qui ont seulement la faculté de soumissionner. La production des « brandevineries » est limitée par la

laissant aux distillateurs la faculté d'écouler la partie non
vendue dans les provinces non soumises au régime du
monopole. Il fait ensuite rectifier à forfait par les distillateurs et ne rectifie lui-même, dans des usines qu'il
crée, qu'en cas d'absence d'établissement pour opérer cette
rectification.

Quelles sont les raisons qui ont motivé la réforme actuelle ? L'Etat s'est donné comme tâche principale d'améliorer la moralité et la santé publiques en rejetant au
second plan les intérêts du fisc. Tels sont du moins les
motifs indiqués dans les circulaires officielles. Dans ce but,
le ministère des finances surveille sévèrement la fabrication
des eaux-de-vie, de façon à éviter qu'elles ne contiennent
des substances nuisibles aux consommateurs. Il a, en
outre, créé des comités officiels de tempérance en faisant
appel au concours des administrations de *zemstvos*. Ces
comités ont pour but de surveiller la vente des alcools en
vue de la santé des populations, de propager la connais-
sance du danger que présente l'abus des spiritueux, de
fournir au peuple le moyen de passer son temps loin des
cabarets, d'établir des maisons de santé pour les alcoo-
liques, etc. Chaque comité reçoit de la part de l'Etat
une subvention annuelle d'au moins 50.000 roubles
(133.000 francs). Il y a actuellement 45 comités départe-
mentaux et 7 comités de grandes villes.

Ce qui a surtout contribué à faire adopter cette réforme,
c'est, semble-t-il, la différence qui existe dans le mode de
consommation de l'alcool entre la Russie et les autres pays
d'Europe. En Russie, l'ivrognerie est très développée, mais
d'une certaine façon : la consommation moyenne par habitant n'est pas supérieure à celles des autres nations euro-

loi, mais elles jouissent de droits spéciaux et d'une prime de
11 millions de roubles.

péennes, mais on remarque que la population s'y livre à une consommation excessive de spiritueux par intervalles, tandis que, dans les autres pays, la consommation est constante, mais plus modérée. C'est surtout aux époques des fêtes ou aux jours de foire que le paysan russe s'enivre et on assiste alors à des scènes d'ivresse désordonnée. En présence de cette constatation, on a voulu en quelque sorte *régulariser* la consommation de l'alcool par les mesures que nous venons d'indiquer.

Quel a été jusqu'ici le résultat obtenu? Et d'abord, au point de vue hygiénique et moral, peut-on dire que l'on ait réussi à empêcher, dans les provinces où le monopole est appliqué, les accès d'intempérance du paysan russe? Il est permis d'en douter. On ne réforme pas d'un trait de plume les mœurs populaires. Le premier résultat de l'interdiction de la vente de l'alcool par verre a été de transporter l'ivresse de l'intérieur du cabaret sur la voie publique. Ce fait est reconnu par tous les rapports, officiels ou non, qui se sont occupés de la question. Il en résulte qu'après l'interdiction de boire dans les cabarets, on en arrive maintenant à l'interdiction de boire sur la voie publique. Il est évident que de pareilles mesures sont difficilement applicables.

On a reproché à la loi sur le monopole des spiritueux d'être en contradiction avec son principe fondamental, en autorisant la vente au verre dans certains restaurants ou buffets, soit dans les villes, soit hors des villes, avec l'autorisation préalable de l'administration de l'accise. Des lois subséquentes ont autorisé la vente de l'eau-de-vie, en commission, par certains établissements : les dépôts de bière, d'hydromel et de vins russes, les brasseries, les boutiques de marchands de vins russes, les débits de bière, etc. (1). En outre, un des premiers effets de la loi a

(1) Ce genre de débits est appelé en Russie « Caves du Rhin » parce

été de créer la fraude et de faire ouvrir un grand nombre de cabarets clandestins.

Au point de vue économique et financier, on a fait au nouveau régime un certain nombre de reproches comme, par exemple, celui de priver les communes rurales, dans plusieurs provinces, des revenus qu'elles tiraient des licences sur les débits de boissons et dont une partie, assez faible il est vrai, était consacrée à l'instruction publique. Il est vrai que l'Etat y a suppléé, en attendant que l'on ait trouvé un autre moyen, en prélevant au profit des provinces et des communes, sur les produits du monopole, une somme égale à la moyenne de leurs recouvrements pendant les trois dernières années. On a même été jusqu'à accuser le gouvernement russe de dissimuler le but de la réforme, lequel serait fiscal et non moral, et on a prétendu que si la question du monopole des spiritueux a été soulevée en Russie, c'est que le système de l'accise avait donné tout ce qu'il était susceptible de produire (1).

que ces magasins étaient tenus autrefois par des marchands allemands qui y vendaient du vin du Rhin, du temps où le vin russe n'existait pas, et où le vin français était chose inconnue en Russie (*L'alcool et son histoire en Russie*, par L. Skarzynski, p. 122).

(1) Un des rapporteurs de la Société russe d'hygiène publique pour étudier la question de l'alcoolisme, M. Borodine, s'exprime ainsi à propos de l'accise : « On avait constaté qu'il était impossible d'en tirer un revenu supérieur à celui qu'il donnait, qu'on ne pouvait pas relever l'accise sans que les frais de perception augmentassent parallèlement dans la même mesure et cependant il fallait augmenter le revenu. Il n'y avait pas moyen de rendre le système plus productif. Le relèvement de l'accise à 9 copecs avait montré qu'un nouveau relèvement eut été inutile. Les frais de perception absorbaient en grande partie le revenu. Les excédents de fabrication non soumis au droit constituaient un mal irrémédiable pour les directions de chef-lieu de l'accise. On se propose d'obvier à cet inconvénient par le monopole ». (*Principaux rapports sur le monopole des spiritueux présentés à la Commission instituée par la Société russe d'hygiène publique pour étudier la question de l'alcoolisme*, p. 57, Saint-Pétersbourg, 1899, Trenke et Frisnot.

Jetons maintenant un coup d'œil sur les résultats financiers du monopole.

L'application de ce monopole avait donné pour la période des quatre premières années une recette de 193 millions de roubles en regard de laquelle il faut placer une dépense de 214 millions de roubles.

Il est juste de dire toutefois que, dans cette dernière somme, se trouvait comprise celle de 66 millions de roubles pour dépenses d'établissements nécessitées par les travaux préparatoires, la construction des dépôts, l'aménagement des débits, etc. (1).

D'après le rapport précité du ministre des Finances russe, les recettes fiscales ont passé de 484,5 millions de roubles en 1902 à 696,2 millions de roubles en 1908. Le produit net ressort pour cette année à 481,7 millions de roubles. Les dépenses, s'élevant à 214,6 millions de roubles, se décomposeraient ainsi (en milliers de roubles) : dépenses d'exploitation : 186.772 ; subventions aux comités de tempérance : 2.841 ; primes à bonifier aux bouilleurs : 16.400 ; indemnités aux zemstvos, aux municipalités, à l'armée du Don, que le monopole a privée de la presque totalité de ses revenus : 7.971 ; subvention à la Caisse de retraites du personnel de la régie : 672. D'après ce rapport, étant donné le taux actuel des droits dans les provinces où le monopole ne fonctionne pas (2), la plus-value résultant du changement de régime serait de 1 rouble 24 par védro, soit en tout 106 millions de roubles (3).

L'histoire du monopole de vente de l'alcool en Russie semble confirmer ce que nous avons déjà eu l'occasion de constater : c'est que pour la perception de certains impôts

<hr>

(1) DE KOVALEWSKY, *Loc. cit.*, p. 778.
(2) 4 roubles 40 copecs par védro à 40 degrés.
(3) *Bulletin de statistique et de législation comparée*, année 1908, p. 699.

très élevés par rapport à la valeur des produits, il peut y avoir intérêt pour l'Etat à avoir recours au monopole, mais il ne faut pas oublier que ce procédé nécessite le payement de nombreuses indemnités qu'il faut amortir.

On a voulu aussi monopoliser une autre branche de l'activité industrielle : celle des assurances contre l'incendie. En France, cette idée était fort en faveur sous la seconde République et avait été propagée principalement par Louis Blanc et Emile de Girardin. Le gouvernement provisoire de 1848, par l'intermédiaire de Garnier-Pagès, avait annoncé le projet de racheter les assurances pour le compte de l'Etat, mais ce projet n'eut pas de suite. L'idée fut reprise en 1851, à l'Assemblée nationale, dans une proposition de loi qui fut rejetée. Dans le but de venir en aide à l'agriculture, on a émis, dans ces derniers temps, l'idée de rendre l'assurance obligatoire pour les propriétaires agricoles et de l'appliquer, non seulement au risque d'incendie, mais à celui de la grêle et de la perte des bestiaux. L'assurance deviendrait un impôt dont le recouvrement serait opéré par les percepteurs, comme en matière de contributions directes. L'idée du monopole a reparu de nouveau dans un projet de loi déposé en 1894 et tendant à conférer à l'Etat le monopole des assurances contre l'incendie.

En Suisse, il existe des établissements cantonaux d'assurances contre l'incendie, mais pour les risques peu importants et sans monopole. Ces cantons ont, en outre, recours à la réassurance par l'industrie privée. Les Compagnies sont admises à assurer ce que l'Etat ne veut pas assurer lui-même. Il faut dire, d'ailleurs, que certains cantons, comme celui de Genève, ont essayé sans succès le système de l'assurance obligatoire par l'Etat.

L'hypothèse du monopole de l'Etat en cette matière soulève de très graves objections au point de vue économique et financier. S'il rentre, en effet, dans la mission de l'Etat de protéger la personne et les biens des citoyens contre les agressions intérieures ou extérieures, s'il a pour devoir de prévenir même certains sinistres par des mesures de réglementation, son rôle ne va pas jusqu'à prendre à sa charge la réparation de préjudices causés par des événements fortuits pouvant résulter de l'imprévoyance et à se substituer, en quelque sorte, au libre arbitre individuel en supprimant l'initiative privée. Il outrepasse ses droits toutes les fois qu'il entre dans cette voie.

Monopoliser l'assurance, ce serait, en outre, une mesure très coûteuse pour l'Etat au point de vue des indemnités d'expropriation à payer aux compagnies existantes ; ce serait rendre l'Etat responsable de préjudices considérables et le vouer à la ruine, en faisant entrer dans les budgets un élément par trop aléatoire. On ne peut à cet égard comparer l'Etat aux particuliers et on peut supposer que les risques seraient pour lui bien plus grands que pour les Compagnies. D'ailleurs, si l'on veut rendre l'Etat responsable des risques d'incendie, de grêle ou d'accidents agricoles, moyennant le paiement d'une prime obligatoire, pourquoi n'en serait-il pas de même en ce qui concerne les incendies résultant des invasions ou des révolutions ? Il semble qu'ici sa responsabilité se présente plus clairement et on se demande alors avec anxiété comment l'Etat pourrait éviter d'être ruiné par ses ennemis du dedans ou du dehors. Les difficultés d'application seraient, en outre, très grandes, surtout en ce qui concerne la détermination des capitaux d'après lesquels est calculée la prime. Les documents des contributions directes sont basés sur le revenu et il serait impossible d'asseoir la taxe comme en matière de contributions directes.

Quant au résultat financier, quel serait-il ? Il est impossible de le savoir. Tous les calculs que l'on peut faire à ce sujet sont plus ou moins fantaisistes, car on ne sait pas, même approximativement, quel est aujourd'hui le montant des risques non assurés. Le taux des sinistres à la charge des compagnies est actuellement d'environ 56 0/0 avec des risques choisis, mais, pour l'Etat, qui n'aurait pas, comme les compagnies, la faculté de se faire réassurer et qui serait obligé de supporter tous les risques, bons ou mauvais, et quel qu'en soit le montant, on peut supposer que ce taux serait plus élevé. Quant aux frais d'administration, seraient-ils inférieurs à ceux des compagnies, qui s'élèvent à 33 0/0 ? Ces deux taux forment déjà 89 0/0 du montant des primes. Le bénéfice de 100 millions que l'on fait miroiter, serait à coup sûr considérablement réduit. Dans tous les cas, comme les primes constitueraient un impôt et seraient absorbées annuellement par les dépenses publiques, on se demande ce que deviendraient les finances publiques dans les années mauvaises où toutes les compagnies sont éprouvées à la fois.

En résumé, les monopoles déjà établis et ceux que l'on propose d'établir, en matière industrielle, dans un but de fiscalité pure, présentent de très graves inconvénients en face de bien peu d'avantages. Au point de vue économique, ils jettent le trouble dans les échanges en maintenant la confusion entre le prix des objets manufacturés et l'impôt ; ils constituent une perte pour la richesse nationale, parce que l'Etat produit toujours plus chèrement que l'industrie privée ; enfin, en détruisant les effets de la concurrence, ils ont, comme tous les monopoles, une influence funeste sur la répartition des richesses et contribuent à l'inégalité sociale. Au point de vue financier, ils ne se justifient que

comme moyen de perception d'impôts très élevés par rapport à la valeur des choses imposées et, même dans ce
cas, il n'est nullement démontré que la liberté de fabrication, combinée avec des impôts et une réglementation
appropriés, ne donnerait pas des produits au moins égaux
à ceux que l'Etat retire de certains monopoles. Quant au
système qui consiste à soutenir que les monopoles sont engendrés par le développement même de la concurrence,
nous verrons plus loin (1) que cette hypothèse n'est justifiée
par les faits que dans des cas tout à fait spéciaux.

(1) Livre V, ch. iii, p. 304.

CHAPITRE IV

LE DOMAINE DES MINES, SALINES ET USINES MÉTALLURGIQUES

Les industries exercées par l'Etat sous le régime de la libre concurrence. — La propriété des mines dans l'antiquité et chez les nations modernes. — Avantages et inconvénients de la possession
des mines par l'Etat. — Nature spéciale de la propriété du sous-sol.
— Droit de l'Etat de séparer cette propriété de celle de la surface.
— Arguments tirés de la loi de la rente de Ricardo. — Réfutation
par des exemples empruntés : 1º à la France ; 2º à un pays en
pleine exploitation : la Belgique ; 3º et à un pays neuf : l'Algérie.
— Les différents systèmes d'adjudication.
De l'exploitation des mines par l'Etat. — Exemples empruntés à la
Prusse. — Les houillères fiscales du bassin de la Sarre, de la Haute
Silésie, du district de Clausthal, du bassin westphalien. — Produits et frais d'exploitation dans ces houillères. — Rapport des
bénéfices à la recette totale pour l'ensemble des mines exploitées
par l'Etat prussien d'après les documents officiels. — Salaires des
ouvriers employés dans les mines. — Réfutation des arguments
officiels relatifs au chômage.
Des salines domaniales. — Faible produit en Prusse. — La perception de l'impôt du sel peut s'effectuer sans avoir recours au monopole. — Des établissements d'eaux minérales et thermales. — Des
usines métallurgiques. — Inconvénients de la possession et de
l'exploitation par l'Etat d'établissements de ce genre. — Exemple
de la Prusse.

En dehors des industries dont l'Etat se réserve l'exploitation sous la forme de monopoles, il en est d'autres qu'il
croit devoir exercer pour diverses raisons d'intérêt public
ou fiscal, mais tout en respectant, en général, la liberté de
l'industrie privée. C'est ainsi que, dans certains pays, l'Etat

a conservé des mines, des salines, des carrières, des usines métallurgiques qu'il exploite directement. C'est principalement en Allemagne et en Russie que nous rencontrons ce genre d'industries d'Etat. L'Etat espagnol a aliéné presque toutes ses mines. L'Etat hollandais a concédé celles qu'il possédait dans les colonies à des compagnies privées pour de longues périodes (1). En Angleterre, dans les colonies anglaises, au Canada, aux Etats-Unis, les mines appartiennent aux particuliers.

En cette matière, il importe surtout, pour la clarté du sujet, de séparer la question de la possession de celle de l'exploitation et de les étudier séparément. La possession par l'Etat peut revêtir différentes formes et n'implique pas nécessairement l'exploitation. Pour nous rendre compte des avantages et des inconvénients qu'elle peut offrir, examinons d'abord le régime de la propriété des mines chez les différents peuples.

Dans la Grèce antique, l'Etat possédait des mines importantes, mais il ne les exploitait pas lui-même. Il concédait le droit de les exploiter par un bail à perpétuité qui pouvait se transmettre par héritage, vente ou tout autre mode de transfert légal. Cette concession avait lieu moyennant un prix fixe, plus une redevance perpétuelle s'élevant au 24e du produit (2). L'exploitation de la mine d'argent du Laurium à laquelle les citoyens, les métèques et les affranchis avaient le droit de prendre part, rapportait à l'Etat athénien des sommes considérables. Cette exploitation, comme toute l'industrie antique, était basée sur l'esclavage. A l'époque de Périclès, 20.000 esclaves travaillaient dans ces mines et on a calculé que la part de

(1) Comme la mine d'étain de Billeton (Indes hollandaises).
(2) BŒCK, *Loc. cit.*, t. II, p. 20.

l'Etat dans le produit de ce gisement était d'environ 33 talents par année (1). Le travail exécuté par les esclaves était moins coûteux, mais aucun progrès n'était possible dans l'art d'exploiter.

Il ne semble pas qu'à Rome, sous la République, l'Etat ait revendiqué la propriété exclusive des mines. Il possédait cependant de nombreux gisements miniers, surtout dans les provinces. Ces mines étaient affermées par les censeurs aux publicains. On les vendait même aux particuliers moyennant une redevance qui rapportait plus que l'affermage aux publicains.

L'établissement de l'Empire produisit une transformation complète dans le domaine public et la plupart des mines, salines et carrières devinrent la propriété du fisc impérial ou du domaine privé du prince. Toutes les mines, aussi bien celles des provinces impériales que celles faisant partie des provinces du Sénat, étaient exploitées pour le compte de l'Empereur. Chaque mine ou ensemble de mines étaient régies par une administration particulière ayant à sa tête un *procurator*. Les travailleurs étaient le plus souvent des esclaves, quelquefois des ouvriers libres embauchés par des entrepreneurs, ou bien des soldats ou des condamnés (2).

Au Moyen Age, la propriété des mines passa aux seigneurs féodaux. En France, ce n'est qu'assez tard, en 1413, sous Charles VI, que fut proclamé, en cette matière, le droit régalien et que le dixième du produit de toutes les

<hr>

(1) Du Mesnil-Marigny, *Histoire de l'économie politique des anciens peuples de l'Inde, de la Judée et de la Grèce*, Paris, 1872, t. II, p. 249.

(2) Marquardt, *Loc. cit.*, La *Table de bronze d'Aljustrel*, découverte au sud du Portugal en 1876, et qui est la plus importante inscription que nous possédions sur l'exploitation des mines sous l'empire romain, date du 1er siècle de l'ère chrétienne. Elle contient des renseignements sur les mines de Vipasca, exploitées en partie par l'Etat, en partie par les particuliers, sous l'autorité d'un *procurator Cæsaris*.

mines fut attribué au fisc. Dans les pays où l'individualisme reste enveloppé dans le respect des coutumes séculaires, comme en Prusse, le droit seigneurial et régalien a subsisté très longtemps et persiste même encore, à certains égards, non seulement parce que l'Etat y possède de nombreuses mines, qu'il exploite lui-même, mais encore parce qu'il prélève une redevance de 2 0/0 sur le prix de vente des produits des mines particulières, ce qui constitue un impôt assez lourd rapportant de 6 à 7 millions de marks au budget prussien.

Par la loi du 28 juillet 1791, la Révolution plaça les mines à la disposition de la nation, en ce sens qu'elles ne pouvaient être exploitées que du consentement et sous l'autorisation du gouvernement et à charge d'indemniser le propriétaire de la surface. Sous ce régime, les concessions étaient temporaires, mais la loi donnait au propriétaire le droit absolu d'exploiter sur son fonds jusqu'à cent pieds de profondeur. La limitation dans la durée de la concession n'ayant pas donné aux exploitations l'impulsion que réclamait l'intérêt public, on comprit qu'il fallait en affermir la possession dans les mains des concessionnaires. C'est ce que fit la loi de 1810, dont les dispositions sont reproduites, avec quelques variantes, dans la législation de presque tous les pays de l'Europe continentale.(1) Cette loi fit

----

(1) C'est notamment la législation de la Belgique et de la Hollande. Toutefois, dans ce dernier pays, à la suite de la découverte, en 1899, de nouveaux gisements dans le Limbourg, l'Etat est devenu possesseur d'un domaine minier de 14.500 hectares qu'il exploite lui-même, mais l'expérience est encore trop récente pour qu'il soit possible d'en apprécier les résultats. Une loi du 27 avril 1901 a, en outre, modifié celle de 1810. En Belgique, on étudie un projet de loi modifiant le régime actuel. En France, depuis un demi-siècle, un grand nombre de projets de loi tendant à modifier la loi de 1810 ont été élaborés. Le dernier en date, présenté par le Gouvernement, y apporte des

de la mine une propriété perpétuelle et transmissible, distincte de la propriété de la surface. Elle reconnait, en principe, le droit du propriétaire du sol, mais l'Etat reste maitre d'octroyer les concessions à qui bon lui semble, sauf l'attribution d'une part du produit au propriétaire du sol et moyennant uue redevance qui, bien que classée en France dans les taxes assimilées aux contributions directes, a tous les caractères d'une redevance domaniale. Dans ce système, l'Etat ne fait, en somme, comme l'a dit Michel Chevalier, que « tirer un coup de chapeau » au propriétaire du sol. En Angleterre, et dans les colonies anglaises de l'Amérique du Nord, le principe qui a prévalu est celui du droit romain, par lequel « la propriété du dessus entraîne celle du dessous » et qui se trouve encore inscrit dans le paragraphe 1er de notre Code civil. Enfin, dans certains pays, comme en Prusse, en Autriche, en Espagne, on a écarté la domanialité pure, aussi bien que le principe absolu du droit romain, et la propriété de la mine est acquise à l'inventeur, sous la réserve de l'occupation et de certaines autres conditions. En Prusse, les recherches peuvent être faites avec la permission du propriétaire du sol et l'Etat n'intervient qu'en cas de refus. L'explorateur dont les recherches ont abouti à un droit de préférence. La priorité de sa découverte lui est acquise, quand même elle n'aurait été obtenue que par un simple trou de sonde, et elle lui permet de revendiquer un champ de 2.189.000 mètres carrés autour du point de découverte (1).

modifications importantes. Il prévoit le rachat des concessions et modifie la nature des redevances dues à l'Etat : la redevance par hectare devient progressive suivant la superficie ; la redevance sur le produit net de la mine devient une participation aux bénéfices pour certaines mines.

(1) Une loi du 18 juin 1907 a modifié, en Prusse, pour les mines de sel et de houille, le régime du droit commun, de la *Bergbaufreiheit.*

Pour prendre parti dans la question de possession, il faut d'abord se dire que la propriété du sous-sol diffère totalement de celle du sol. Une veine métallifère qui s'étend sur des espaces plus ou moins considérables, inconnus *a priori*, est quelque chose de tout à fait différent d'une étendue superficielle de terrain dont on peut prendre possession par l'occupation. En attribuant la mine au propriétaire de la surface, on s'expose donc, soit à la disséminer dans un grand nombre de mains, ce qui est toujours un inconvénient grave, pouvant créer un empêchement absolu à l'exploitation, soit à en gaspiller les produits par une mauvaise exploitation. Or, l'exploitation régulière des mines, selon les principes de la science, présente pour la nation un intérêt de premier ordre. Il semblerait plus juste d'attribuer la mine à l'inventeur, qui l'a pour ainsi dire tirée du néant, et de la considérer comme n'étant ni une propriété domaniale ni une dépendance de la surface, mais comme *res nullius*. Ce système est assurément très favorable à la découverte, mais il ne peut être appliqué aux mines anciennement connues et il offre les mêmes inconvénients que le précédent au point de vue de l'exploitation, car si l'inventeur n'est pas doublé d'un capitaliste, la mine peut toujours rester inexploitée. Il faut d'ailleurs savoir ce que l'on entend par inventeur. Le véritable inventeur n'est pas celui qui indique seulement l'endroit où se trouvent les couches ou filons de substance minérale, mais bien celui qui démontre la possibilité de leur exploitation. C'est dans cette pensée que la nouvelle législation roumaine sur les

On a voulu s'opposer à l'accaparement des terrains miniers par les sociétés de sondage. Une autre loi du 5 juillet 1905, la loi Gamp, avait déjà suspendu le régime du droit commun. (Voir à ce sujet les *Annales des mines* 10ᵉ série, 9ᵉ *livraison de* 1907. Art. de M. Louis Aguillon).

mines fait la part de l'explorateur, c'est-à-dire de celui qui, par ses recherches et ses sondages, a fait la preuve de l'exploitabilité du gîte (1).

Il semble donc qu'ici l'Etat ait le droit d'intervenir dans l'intérêt commun et qu'il soit logique et naturel de séparer la propriété de la surface de celle du tréfonds, en lui laissant le soin de décider à qui sera confiée le plus utilement l'exploitation. Est-ce à dire que l'Etat doive être considéré lui-même comme propriétaire à titre privé ? Nullement. Contrairement à ce qui se passe pour le sol, dont la valeur dépend, en grande partie, de l'accroissement de la population, le sous-sol et les richesses qu'il renferme ne peuvent acquérir de valeur que par l'exploitation. Lorsque le travail de l'homme, c'est-à-dire l'invention et l'exploration, ont révélé l'existence d'une mine et la possibilité de son exploitation, l'Etat ne doit pas la placer dans son domaine particulier, parce qu'il n'a pas à en tirer directement de revenus. C'est dans le domaine général de la nation, dans le domaine public, qu'elle doit être placée, jusqu'à ce que soient déterminées les parts respectives de ceux qui ont véritablement créé cette richesse nouvelle, ainsi que l'indemnité due au propriétaire pour le préjudice qui peut lui être causé et que l'Etat ait décidé, dans l'intérêt commun, à qui sera confiée le plus utilement l'exploitation (2). Il ne

(1) Voir *Revue d'économie politique*, année 1896. — *Une nouvelle loi sur les mines en Roumanie*, par Maurice Lambert, p. 619.

(2) Cf. en ce sens, BLOCK, *Petit Dictionnaire d'économie politique et social*, art. Mines, p. 475. — DALLOZ et GOUIFFIÈS, *De la propriété des mines*, t. I, p. 13. — Paul BOITEAU, *Fortune publique et finances de la France*, p. 21. — Au point de vue de la possession des mines, les Allemands font également la distinction entre le *Bergregal* et la *Bergbaufreiheit*. Ce n'est qu'à partir du commencement du XIXᵉ siècle que s'établit chez eux le régime de la liberté d'exploitation (*Bergbaufreiheit*).

s'agit plus ici, remarquons-le, de droit régalien et les redevances que les Etats perçoivent sur les produits ou les bénéfices des mines constituent un reste de domanialité seigneuriale qui devrait disparaître, car si l'Etat veut imposer l'industrie des mines, pourquoi ne procéderait-il pas comme pour les autres industries, par l'application d'une patente (1) ?

Le grand argument invoqué par ceux qui veulent placer la propriété des mines dans le domaine particulier de l'Etat, est celui tiré de la théorie de la rente de Ricardo. Nous avons déjà vu, à propos du domaine agricole, que l'on avait déduit de cette théorie des conséquences complètement erronées. La mine, dit-on, crée une rente qui est le résultat de sa puissance propre, en dehors de toute intervention du capital, et cette rente, étant l'œuvre de la nature, revient de droit à la collectivité sociale. Jusqu'ici elle a été grossir les bénéfices du capital, mais l'Etat, qui est le représentant de cette collectivité, peut s'en emparer sans faire tort aux particuliers. C'est pourquoi il doit rester propriétaire des mines à titre privatif, sauf à en concéder l'exploitation pour une durée limitée, de façon à bénéficier de la plus-value.

On ne peut nier le phénomène de la rente dans toutes les

____

(1) On sait qu'en vertu de la loi de 1810, l'exploitation des mines proprement dite n'est pas soumise à la patente. En France, un projet de loi nouveau dont on a extrait des dispositions à introduire dans la loi de finances de 1910 augmente, au contraire, la redevance. Dans l'évaluation du produit net sur lequel est basée la partie proportionnelle de cette redevance, on comprendra, en effet, les bénéfices provenant de toutes les opérations commerciales et industrielles consécutives ou accessoires à l'exploitation et ces opérations cesseront d'être soumises à la contribution des patentes (Cf. *Exposé des motifs précité*). En outre, le projet stipule que si le produit net d'une concession dépasse le dixième du capital de premier établissement, la redevance sur l'excédent sera portée à 20 0/0.

industries extractives, mais il faut remarquer que cet argument, qui peut être vrai pour certaines mines en particulier,
ne l'est plus pour les mines prises en général et que l'on
raisonnerait fort mal si l'on se basait sur lui pour rendre
l'Etat propriétaire de toutes les mines d'un pays (1). Il faut
d'abord tenir compte de ce fait que, parmi les mines concédées, il y en a toujours un assez grand nombre qui sont
abandonnées après avoir été l'objet de travaux de recherches plus ou moins coûteux mais stériles. Voilà d'abord
une moins-value que l'Etat propriétaire serait obligé de subir. Ensuite, parmi les mines exploitées, toutes ne font pas
des bénéfices. Le nombre des concessions en perte est presque toujours supérieur à celui des concessions en gain.
L'Etat, possesseur de toutes les mines d'un pays, devrait
naturellement tenir compte, dans le calcul du rendement,
du montant des pertes qu'il aurait à subir. Il est intéressant, à cet égard, de consulter les statistiques.

Pour avoir une idée suffisamment exacte de l'industrie
des mines, soumise à des fluctuations considérables, il est
nécessaire de prendre les chiffres correspondant à un certain nombre d'années. En ce qui concerne la France, si
nous considérons l'ensemble des mines exploitées pendant
la période décennale 1898-1907 et si nous tenons compte
des pertes, nous trouvons que le rapport des bénéfices à la

(1) On sait qu'en France il a été présenté un certain nombre de
propositions de loi tendant à la nationalisation des mines. La dernière en date est celle de M. Zévaes (Annexe au procès-verbal de la
séance de la Chambre du 1er août 1909). Toutes ces propositions de
loi ont en vue le retour à la nation des mines déjà existantes, exploitées ou non, ou de celles qui pourraient être découvertes. Mais la
nation, c'est le domaine public et une fois les mines placées dans le
domaine public, il reste toujours à déterminer les droits de ceux qui
ont créé cette richesse nouvelle, ainsi que la meilleure manière de
l'exploiter.

valeur des produits est de 10.4 0/0 (1). On voit qu'ici le taux du profit n'a rien d'exagéré et que si on le compare à celui des industries similaires, il ne laisse aucune place à la rente.

Prenons maintenant un exemple dans l'industrie houillère et dans un pays en pleine exploitation, la Belgique. D'après M. de Greef, qui a établi ses calculs sur la période de 1845 à 1885, le rapport des bénéfices à la valeur des produits serait de 9,26 (2). Pour le même pays et pour la période 1885-1890, ce coefficient, d'après M. Leroy-Beaulieu, serait un peu plus élevé et monterait à 10,73 0/0 (3). Le rapport des bénéfices aux salaires s'élèverait à 20,15 0/0. Nous avons établi la même statistique pour la période septennale 1900-1906, qui donne le chiffre de 12,89 0/0 (4) pour le rapport des bénéfices à la valeur des produits et 24,51 0/0 pour celui des bénéfices aux salaires. Mais il faut tenir compte de ce fait que, pendant cette période, il y a eu une année exceptionnelle, l'année 1900, qui a donné à elle seule 100 millions de bénéfices.

Si l'on considère maintenant l'ensemble des mines exploitées dans un des pays neufs où les partisans de l'exploitation par l'État ont quelquefois proposé de faire l'expérience, l'Algérie, par exemple, on trouve que pour la période décennale 1896-1905, ce coefficient n'atteint pas tout à fait 9 0/0 (5).

(1) Valeur des produits pendant cette période (en millions) : 5.233 ; revenu net imposé : 758 ; pertes 213. Ces chiffres sont extraits de la *Statistique de l'industrie minérale* pour les années 1898-1907.

(2) *Le Rachat des charbonnages*, par G. de Greef. Bruxelles, 1888, p. 27.

(3) *Traité théorique et pratique d'économie politique*, 4ᵉ édit., t. II, p. 62.

(4) Valeur des produits pendant cette période (en millions) : 2.273 ; bénéfices : 325 ; pertes : 3 ; salaires : 1195. Ces chiffres sont extraits de l'*Annuaire statistique de la Belgique*, années 1900-1906.

(5) Valeur des produits pendant cette période (en millions) : 77 ; revenu net imposé : 12 ; pertes : 5. Ces chiffres sont extraits de la *Statistique de l'industrie minérale* pour les années 1896-1905,

Il résulte de ces chiffres que si l'on calcule le bénéfice net moyen d'une industrie minière sur l'ensemble d'un pays et pour une longue période, on ne voit pas que ce bénéfice soit plus élevé que dans les autres industries. En s'attribuant la propriété de toutes les mines et en les concédant temporairement dans le but de prélever la totalité de la rente, l'Etat ne ferait donc pas une opération aussi brillante qu'on veut bien le dire. Sans doute, sous l'influence de circonstances favorables, la valeur de certaines mines, comme les mines du Pas-de-Calais, par exemple, a pu suivre, à de certaines époques, un mouvement ascensionnel très rapide et c'est ce qui a frappé quelques observateurs superficiels. Mais ce mouvement n'est ni constant ni général. Dans les pays neufs surtout et lorsque les recherches à faire exigent des travaux considérables, l'Etat, dans beaucoup de cas, pourrait même faire une opération désastreuse. C'est à ce point de vue qu'il faut se placer pour juger la question de la possession des mines par l'Etat, car il n'est pas admissible que celui-ci confisque à son profit toutes les bonnes chances en laissant les mauvaises à la charge exclusive des particuliers (1).

Le système de la concession temporaire pourrait d'ailleurs avoir pour effet de décourager l'exploitation : l'expérience en avait déjà été faite en France antérieurement à la loi de 1810. Elle a été renouvelée en Algérie pendant la période antérieure au décret du 5 janvier 1er mars 1855. Sous ce régime, la durée des concessions avait été limitée à 99 ans et il avait été stipulé que la propriété ne pourrait

(1) On a quelquefois émis cette idée que, dans l'avenir, lorsque les gisements houilliers commenceront à s'épuiser par l'augmentation de la consommation, l'Etat serait peut-être obligé de pourvoir à l'approvisionnement de la nation en combustible et d'assurer cet approvisionnement au moyen d'un monopole, comme il le fait pour d'autres services publics.

en être cédée, vendue ou transmise d'une manière quelconque par les concessionnaires sans l'autorisation du gouvernement. Ce système ayant donné de mauvais résultats, on a été obligé d'en revenir au régime de la concession perpétuelle et de la propriété incommutable comme en France.

On ne peut raisonner sur les mines comme sur les autres grands travaux publics, les chemins de fer, par exemple. La concession temporaire, pour ces derniers, repose sur un calcul d'amortissement, parce que l'on peut évaluer approximativement la durée et la dépense probable des travaux ainsi que le bénéfice possible. Il n'en est pas de même pour les mines : ici, le compte de premier établissement n'est jamais clos. Il y a toujours des dépenses imprévues et des capitaux à fournir, sans qu'on puisse en évaluer d'avance le montant, de sorte que l'évaluation de la durée de la concession ne pourrait être qu'arbitraire.

Ajoutons que l'attribution de la concession par voie d'enquête administrative présente de grands inconvénients : elle laisse place à l'arbitraire administratif et peut avoir pour résultat de confier l'exploitation de la mine à des concessionnaires n'offrant pas toutes les garanties suffisantes, surtout au point de vue pécuniaire. L'adjudication aux enchères paraît de nature à éviter ces inconvénients. C'est le système adopté par la nouvelle loi roumaine sur les mines (1) et il figurait également dans un projet de loi concernant les concessions de phosphates de chaux en Algérie qui avait été déposé par le gouvernement en 1896 (2).

---

(1) Cf. *Revue d'économie politique*, loc. cit.

(2) Ce projet de loi n'est pas venu en discussion. Il a été remplacé par le décret du 25 mars 1898, qui réglemente la recherche et l'exploitation des phosphates de chaux. Ce décret a maintenu l'adjudication comme forme de l'amodiation (Cf. *Les phosphates de chaux d'Algérie*, thèse par M. Gastu, A. Rousseau, 1901).

En Annam et au Tonkin, les mines connues sont également mises en adjudication.

Il convient maintenant d'examiner une autre question : celle de savoir si l'Etat doit se livrer à l'exploitation des mines.

Certains Etats antiques, nous venons de le voir, exploitaient directement leurs mines. Mais jadis, ainsi que l'ont fait remarquer des économistes allemands, l'absence de capitaux faisait qu'à cet égard l'Etat pouvait avoir une certaine supériorité sur les particuliers.

Peut-on dire qu'il en est de même aujourd'hui? Pour répondre à cette question, il convient d'examiner ce qui se passe chez les nations où, comme en Prusse, l'Etat a conservé de nombreuses mines domaniales.

Un rapport distribué chaque année au Langtag sur le précédent exercice financier clos (1er avril-31 mars) nous fait connaitre qu'en 1907, l'Etat prussien exploitait 21 houillères, 5 mines de lignite, 2 mines métalliques de fer, 5 mines métalliques de plomb, zinc, cuivre et argent, et 5 mines de sel gemme. Il exploitait en outre 5 usines sidérurgiques, 7 usines de plomb, argent et autres, 5 salines, 4 établissements de bains publics, 3 carrières de pierre, etc. (1).

Examinons d'abord le rendement des houillères fiscales qui sont disséminées dans différentes parties du pays : 2 sont situées dans le district de Breslau, 11 dans le bassin de la Sarre, 3 dans le district de Clausthal, dont une de moitié avec le prince de Schaumbourg-Lippe, et les

____

(1) Abgeorneten Haus, 1909, Drucksachen, n° 144, *Nachrichten von dem Betriebe der unter der preussichen Berg, Hütten und Salinenverwaltung stehenden Staatwerke während des Statsjahres*, 1907. Cf. aussi *Annales de la Société de législation comparée*, années 1896-1906 (Comptes-rendus des travaux du Landtag)..

autres dans le bassin westphalien. Une loi de 1902 avait mis à la disposition du gouvernement une somme de 58 millions de marks pour acheter des mines dans le ressort minier de Dortmund en Westphalie. Depuis, on a voulu sans doute opposer encore plus fortement l'influence de l'Etat au syndicat rhénan-westphalien, des difficultés techniques s'opposant à l'augmentation de la production des mines fiscales. L'Etat a fait d'autres acquisitions, notamment dans le bassin de la Ruhr. Il a acheté de la banque de Dresde la moitié des actions des mines Hibernia, mais la société aurait, dit-on, pris des mesures pour sauvegarder son indépendance.

Il va de soi que le coefficient d'exploitation n'est pas le même pour toutes ces mines. Il varie suivant la richesse des gisements houillers. Il y a même des mines, comme celles d'Osterwald, dans le district de Clausthal, et celle d'Ibbenbüren, dans le district d'Osnabrük, pour lesquelles l'Etat s'est trouvé quelquefois en perte, soit parceque les gisements sont défavorables, soit par suite d'inondations de puits. En outre, l'Etat gérant ses mines comme un simple particulier, son exploitation est soumise à toutes les fluctuations de la prospérité industrielle, qui varie suivant les années. Il faut aussi remarquer qu'au point de vue financier, les exploitations de l'Etat sont placées dans des conditions moins favorables que celles des particuliers, car elles doivent compter sur les nécessités du budget et certaines dépenses indispensables de premier établissement sont quelquefois ajournées pour ne pas troubler l'équilibre budgétaire. Pour remédier à cet inconvénient, il faudrait faire de ces exploitations des entreprises autonomes leur permettant de créer des réserves, d'emprunter et d'amortir.

Les plus importantes des houillères domaniales prussiennes sont sans contredit celles de la Sarre. Les excédents

de recettes procurés au budget prussien par ces houillères
ont augmenté d'une façon constante depuis le commencement du xix⁰ siècle jusqu'en 1873. De 175,000 marks en 1816,
nous passons à 5 millions de marks en 1858 pour arriver
à 20 millions et demi en 1872 et à 38 millions et demi en
1873. Depuis lors, les excédents ont baissé, pour remonter
il y quelques années. De 1884 à 1900, la moyenne annuelle
est de 8,9 millions de marks. En ce qui concerne les dépenses
d'exploitation, il est assez difficile d'en faire la comparaison
avec celles de l'industrie privie. Cette comparaison a pour-
tant été tentée. Par rapport à une petite mine de ce même
bassin de la Sarre, ces dépenses seraient, pour l'Etat, de
7,2 marks par tonne et, pour la société privée, de 10,1 marks.
Mais si l'on met l'Etat en parallèle avec les grandes
exploitations de Westphalie, comme les mines de Harpen,
la comparaison tourne en faveur de l'industrie privée, dont
la dépense n'est plus que de 5,56 marks par tonne (1).

Il faut d'ailleurs tenir compte de ce fait qu'une certaine
partie des frais d'exploitation portée par l'Etat dans les dépenses courantes serait imputée par l'industrie privée dans
les dépenses de premier établissement et que les mines de
la Sarre constituent des gisements exceptionnellement
riches et bien situés. Enfin, il ne faut pas perdre de vue que
l'Etat n'a pas à supporter la redevance sur les mines qui est,
en Prusse, de 2 0/0 du prix de vente.

Pour se faire une idée du produit de l'ensemble des mines
de tous genres qu'exploite l'Etat prussien et du coefficient
d'exploitation de cette industrie, il est nécessaire de se re-
porter aux documents officiels fournis au Langtag.

(1) *L'exploitation des mines par l'Etat*, par Paul Weiss, ingénieur
des mines, Arthur Rousseau, 1904. Les chiffres que nous donnons
sont tirés de la comparaison qu'il a établie pour l'exercice 1896-1897.

Le *Bulletin de statistique et de législation comparée* publié en France par le ministère des Finances, où l'on trouve chaque année les chiffres du budget prussien, ne peut nous fournir sur ce point que des renseignements très approximatifs, car non seulement les prévisions budgétaires peuvent présenter un certain désaccord avec les résultats définitifs, mais les prévisions de dépenses relatives aux mines, usines et salines figurent au *Bulletin* dans un chiffre global.

Si l'on se reporte au document officiel déjà cité et qui concerne l'exercice clos le 31 mars 1908, on voit que les mines y figurent, en recette, pour 211,07 millions de marks, les dépenses pour 203,01, ce qui procure un excédent de recettes de 8,05 millions de marks. Mais cette année 1907-1908 a été particulièrement mauvaise pour les mines prussiennes et on ne saurait se baser sur les résultats qu'elle a donnés. Certaines années ont produit jusqu'à 40 millions de marks d'excédent, comme les années 1900-1901. En se servant des chiffres fournis par le document précité et en remontant à un certain nombre d'années, on trouve que le rapport des bénéfices totaux à la recette totale est de 16 0/0 environ (1).

Pour avoir une idée exacte des frais d'exploitation dans les mines domaniales prussiennes, il ne suffit pas de calculer ce coefficient au moyen d'une statistique établie sur un grand nombre d'années, mais il faudrait encore pouvoir s'assurer que l'on a compris dans les dépenses toutes les charges qui incombent aux mines particulières, notamment l'intérêt et l'amortissement des capitaux d'achat des mines nouvelles, des frais d'établissement et d'entretien des voies

____

(1) Ce rapport est calculé sur une période de 9 années et pour les mines seulement. Les bénéfices pour les usines, les salines et les bains sont bien moins importants et le rapport moins élevé.

de communication reliant les différents centres d'exploitation, des puits, galeries, ouvrages d'art, etc. On sait qu'à cet égard, l'Etat, dans tous les pays, se borne, en général, à porter dans ses comptes les dépenses en capital au fur et à mesure qu'elles sont autorisées.

Les ouvriers occupés dans les mines domaniales prussiennes étaient au nombre de 87.742 en 1907 (1). Le salaire annuel moyen varie suivant les mines et suivant la nature du travail effectué. Il subit d'ailleurs les mêmes variations que celui des ouvriers des mines appartenant à l'industrie privée. Depuis une vingtaine d'années, les salaires ont passé par une période de dépression en 1886, puis se sont relevés en 1890 pour retomber en 1894. Depuis ce temps, ils ont une tendance continue à hausser. Dans les mines de la Haute-Silésie, le salaire annuel des ouvriers du fond proprement dits, employés à l'abattage, était, en 1907, de 1.130 marks. En 1887, ces mêmes salaires n'étaient que de 542 marks. Ils ont donc doublé. Les ouvriers employés aux autres travaux du fond avaient un salaire annuel de 1.109 marks contre 537 marks en 1887.

Pour les ouvriers du jour (à l'exception des femmes et des garçons) le salaire était de 894 marks. Quant aux femmes et aux garçons au-dessous de 16 ans, leur salaire annuel était respectivement de 356 marks et de 327 marks (2).

Dans les mines de Saarbruck, où les salaires sont plus élevés, les ouvriers du fond touchaient respectivement, en 1907, selon la nature de leurs travaux, 1.330 marks et

____

(1) *Abgeorneten Haus. Drucksachen*, n° 144 (année 1909) *Nachrichten*, etc , *loc. cit.*

(2) *Abgeorneten Haus — Nachrichten*, etc. — *Nachweisung der Arbeitslöhne steinkohlenbergbau in Oberschlesien.*

1.018 marks par an et ceux du jour 1.094 marks. Ces salaires ne sont pas inférieur à ceux des mines privées de Westphalie (1).

Ajoutons encore que l'Etat s'est préoccupé des œuvres de prévoyance sociale : primes de construction pour les logements ouvriers, caisses de secours et d'assurance contre les accidents, écoles professionnelles, crèches, etc. Des sommes importantes sont consacrées chaque année à ces diverses œuvres.

Certains rapports officiels prussiens ont fait ressortir que, pendant les périodes de crises, les mines de l'Etat ont été, au point de vue du chômage, moins éprouvées que celles de l'industrie privée, parce que l'administration domaniale a été à même de concentrer l'exploitation sur un petit nombre d'établissements sans sacrifier le personnel ouvrier. L'absence de chômage a souvent été donnée comme un argument en faveur des industries d'Etat (2). Sans vouloir examiner ici les causes multiples du chômage, au premier rang desquelles figurent l'excès de population et les abus du protectionnisme, ainsi que cela a été démontré pour les Etats-Unis par le colonel Wright, il importe de réduire cet argument à sa juste valeur. Les industries d'Etat n'ont pas la vertu de supprimer les arrêts momentanés de travail résultant de crises dans la production, d'engorgements ou

____

(1) En France, pour l'ensemble des bassins houillers, le salaire annuel moyen des ouvriers du fonds, en 1907, était de 1.530 fr. et celui des ouvriers du jour de 1.094 fr. (*Statistique de l'industrie minérale pour 1907*, p. 13). Cf. aussi *Le salaire des ouvriers des mines de charbon en France*, par F. Simiand, Paris, Société nouvelle de librairie et d'édition 1907.

(2) Toutefois, les mineurs allemands ne croient pas que leur situation serait améliorée si l'Etat exploitait toutes les mines. La *Berg und Hüttenarbeiter Zeitung*, journal du syndicat des mineurs allemands, s'est souvent élevé contre l'idée de rachat, en affirmant qu'avec l'Etat pour patron la situation des ouvriers ne serait pas meilleure.

de disettes de marchandises ou de capitaux. L'Etat, pas plus que les particuliers, ne peut rien changer aux lois économiques qui gouvernent le marché et les débouchés, les besoins et les inventions. Avec les développements actuels de l'échange international, il ne dépend ni d'un Etat en particulier ni de plusieurs Etats de pouvoir maintenir la production dans de certaines limites. Bien plus, si l'Etat monopolisait les industries, les désordres résultant des crises seraient bien autrement graves et les pertes pour la nation deviendraient irréparables. Ce qu'il y a de vrai dans cet argument, c'est que la concentration des renseignements économiques relatifs aux industries en général et principalement aux industries extractives, facilite les prévisions de ces industries en ce qui concerne les besoins et, par suite, peut maintenir, dans la mesure du possible, l'équilibre entre la production et la consommation. Mais c'est là un avantage que l'industrie privée peut obtenir par l'association en formant des syndicats comme celui des mines de Westphalie, dont l'organisation est imitée par l'Etat prussien lui-même dans ses mines du bassin de la Sarre, qui constituent une sorte de vaste syndicat de vente.

En ce qui concerne l'industrie du sel, il faut distinguer entre les mines de sel gemme et les sources salées, d'une part, et, d'autre part, les marais salants, qui constituent une industrie agricole d'un genre spécial. Les mines de sel gemme sont, en réalité, des dépôts de matières minérales et on comprend, d'après les raisons que nous venons de donner en ce qui concerne les mines en général, qu'elles ne puissent être exploitées que du consentement et sous la surveillance de l'Etat. Celui-ci doit intervenir, non pour s'attribuer la propriété de ces gisements, mais pour régler les droits du propriétaire, de l'inventeur, des explorateurs et des concessionnaires. C'est donc au domaine public que les concessions de mines de sel doivent être rattachées et on ne voit pas de raisons valables pour que les États les conservent dans leur domaine particulier. L'exemple de la Prusse, qui possède encore 5 salines domaniales occupant 831 ouvriers, ne semble pas de nature à infirmer cette règle. Le produit net de ces salines s'élevait, en 1907, à 3,2 millions de marks (1). On ne comprend guère que, pour un aussi mince résultat, l'État continue à faire concurrence à l'industrie privée.

En France, avant la découverte de la mine de Vic, immense banc de sel gemme de 30 lieues carrées, on n'exploitait que les marais salants de l'Océan et de la Méditerranée et les sources salées de l'Est et des Pyrénées. Cette découverte fit naître des inquiétude sur le sort des salines domaniales et l'État crut devoir se rendre acquéreur du banc de sel gemme, qu'il concéda pour 99 ans à une compagnie fermière. L'État prétendait aussi à la propriété exclusive des sources salées, mais cette ingérence peu justifiée avait créé de grandes difficultés à l'industrie salicole. C'est alors qu'intervint la loi de 1840, qui rendit la liberté à cette industrie, tout en la soumettant à la réglementation nécessaire pour assurer la perception de l'impôt. Mais l'État se pressa un peu trop peut-être pour aliéner les salines domaniales, car il vendit pour 7 millions une propriété qui rapportait 1.600.000 francs et qui valait en réalité 40 millions (2).

(1) Recettes en 1907 (*Salzwerke*) (en milliers de marks) : 15.542 ; dépenses : 12.331 ; bénéfices : 3.210, soit 20 0/0 du produit brut (*Rapport officiel précité. Nachweisung der uberschusse der Berg, Hutten und Salinenverwaltung im Etatjahre, 1907*).

(2) Voir Paul BOITEAU, *Fortune publique et finances de la France*, t. I, p. 364, note.

L'expérience qui s'est poursuivie en France depuis cette époque prouve que la perception de l'impôt sur le sel peut parfaitement s'effectuer sans avoir recours au monopole et que la liberté de l'industrie, en cette matière, n'est nullement préjudiciable aux intérêts du fisc. Il n'y a d'ailleurs aucun motif pour soumettre l'exploitation des eaux salées au régime des mines, puisque cette exploitation n'exige ni galeries, ni travaux souterrains et ne peut nullement compromettre la vie des travailleurs ni les richesses du pays.

A l'industrie des mines, il faut aussi rattacher les sources d'eaux minérales et thermales. On ne voit pas non plus de raisons économiques pour les placer dans le Domaine privé de l'Etat et la propriété doit en être laissée aux particuliers ou aux établissement publics, mais elles sont toujours, dans une certaine mesure, subordonnées au domaine public, en ce sens que l'administration doit en autoriser la vente et qu'en outre, lorsqu'elles sont déclarées d'utilité publique, l'Etat doit les entourer d'un périmètre de protection pour empêcher que des travaux souterrains n'en diminuent l'abondance. En France, l'Etat a conservé dans son domaine particulier un certain nombre de sources et d'établissements thermaux qui y sont attachés, mais ils ont été mis en régie ou affermés. Les établissements affermés sont ceux de Vichy, Plombières, Néris et Bourbon-l'Archambault et sources Saint-Pardoux et la Trollière. Les établissements d'Aix (Savoie) de Luxeuil et de Bourbonne sont exploités en régie. Ces divers établissements rapportent à l'Etat environ 1.800.000 francs par an, déduction faite des dépenses.

Quant aux usines métallurgiques de fer, de plomb, d'argent, etc., il est assez extraordinaire que certains Etats persistent à en conserver quelques-unes. La métallurgie n'est pas une industrie que l'Etat puisse exercer avec succès. Les conditions d'exploitation auxquelles il est soumis, soit au point de vue budgétaire, soit au point de vue technique, n'offrent pas la mobilité nécessaire pour les transformations incessantes des industries de ce genre, transformations sans lesquelles elles languissent et meurent. Si la métallurgie a fait, depuis une vingtaine d'années, des progrès considérables qui ont porté à la fois sur son outillage et sur ses procédés de fabrication, c'est précisément parce que l'industrie privée a dû s'ingénier à fabriquer des produits destinés à des usages militaires, dans des cas où l'État n'était pas suffisamment préparé à y pourvoir. La conservation d'usines de ce genre est onéreuse pour l'État, qui y retrouve à peine ses frais, ét la Prusse, qui est la dernière nation à en posséder, l'a compris elle-même, car elle se dessaisit peu à peu de ses hauts fourneaux. Elle ne possédait plus en 1907 que 5 usines sidérurgiques et 7 usines métallurgiques, de plomb, argent, cuivre, etc. (1).

L'ensemble des diverses industries que nous venons de passer en revue, mines, salines et usines métallurgiques, fournit un chapitre spécial de recettes au budget prussien. Pour se rendre compte des résultats généraux de ces diverses exploitations, il faut prendre les chiffres des comptes, révélés par les rapports officiels, et opérer sur une longue période. On trouve ainsi que le rapport moyen des béné-

---

(1) Recettes constatées en 1907 pour les usines (hütten) (en milliers de marks) : 29.170 ; dépenses : 27.188 : bénéfices 1.982, soit 6,70 0/0 du produit brut (*Nachrichten von dem Betriebe*, etc.).

Wagner fait remarquer avec raison que l'exploitation d'usines métallurgiques par l'État ne se justifie qu'à un stade économique inférieur. A l'époque moderne, avec le développement des écoles techniques, les usines privées ont souvent appris à surpasser les usines de l'État (*Traité de la science des finances*, traduction française, t. I, p. 417).

fices à la recette totale de 1897 à 1907 est de 15 0/0 environ (1).

C'est pour atteindre ce résultat que l'on expose le budget prussien à une instabilité constante. Ces industries sont pour les finances de ce pays une source d'embarras sérieux et elles donnent lieu à des plaintes dont on trouve l'écho jusque dans le discours du Trône, prononcé chaque année à l'ouverture de Landtag.

(1) Bien entendu, ne sont pas comprises dans les recettes et les dépenses sur lesquelles est calculé ce coefficient, celles relatives à l'administration centrale des mines, à l'administration supérieure des mines, aux écoles techniques, aux établissements géologiques et académies de mines, etc. Ces opérations sont récapitulées à part dans les documents précités et donnent lieu à une dépense d'environ 10 millions de marks.

CHAPITRE V

LE DOMAINE DES CHEMINS DE FER

Double aspect que présentent les travaux de viabilité. — Des divers systèmes de concessions en France et dans les pays étrangers. — Des différents modes de possession. — Avantages de la domanialité publique. — Distinction entre la propriété de la voie et celle du matériel roulant. — L'Etat ne doit pas placer les chemins de fer dans son Domaine privé.

De l'exploitation des chemins de fer par l'Etat. — Avantages et inconvénients. — Les tarifs. — La comparaison des coefficients d'exploitation est en faveur de l'industrie privée. — Le rachat serait une mesure financière dangereuse. — Limites de l'utilité des chemins de fer. — Les compagnies doivent s'engager résolument dans la voie des économies. — Quelques résultats de l'exploitation par l'Etat dans les pays étrangers.

Les chemins de fer sont actuellement les plus puissants instruments de la civilisation. Ils ont contribué, bien plus que tous les autres moyens de transport, à l'extension des relations entre les hommes, au rayonnement de l'imitation et au développement de l'échange et, par conséquent, aux progrès de la richesse générale. Mais, pour grandir et se propager, cette invention n'a pas partout suivi les mêmes procédés et le régime qui a présidé à la création des voies ferrées s'est trouvé, chez les diverses nations, subordonné aux conditions économiques et politiques de leur évolution sociale. Nous ne retracerons pas ici l'histoire des chemins de fer qui a été faite avec toute la compétence né-

cessaire, soit au point de vue technique, soit au point de
vue économique et financier, par un grand nombre d'écrivains. Leur établissement étant intimement lié au mode
adopté dans chaque pays pour l'exécution des travaux de
viabilité en général, il importe surtout de mettre en relief
le caractère des concessions de travaux publics en ce qui
concerne les voies de communication. Il nous semble que
c'est faute d'avoir envisagé le problème des chemins de fer
sous cet aspect que beaucoup d'économistes ont cru qu'en
cette matière, la question d'exploitation dominait nécessairement celle de la possession. Sans doute, il en est ainsi
lorsque l'Etat est à la fois propriétaire et exploitant et qu'il
possède non seulement la voie mais le matériel roulant.
Dans ce cas, on ne comprendrait guère qu'il exploitât la
propriété d'autrui, quoiqu'il y ait cependant quelques
exemples de ce système. Mais la première de ces propriétés
n'entraîne pas nécessairement l'autre et il faut soigneusement les distinguer pour la clarté d'un sujet qui a donné
lieu à tant de controverses.

Chez les peuples de race anglo-saxonne, où domine l'esprit de *self-government*, comme l'Angleterre et les Etats-
Unis, les travaux publics sont presque toujours exécutés
par les particuliers sans le concours de l'Etat, des départements ou des communes, comme cela a lieu dans les pays
à forte centralisation comme la France. Mais il est essentiel
de remarquer que l'exécution des voies de communication
ne peut nulle part se passer, au moins originairement, du
concours de l'Etat, puisque lui seul possède le droit d'expropriation. Nous n'ignorons pas que des économistes éminents (1) ont été jusqu'à contester ce droit à l'Etat, mais il
ne paraît pas que dans les conditions de développement des

(1) Comme M. de Molinari, par exemple.

sociétés actuelles, on puisse aller jusqu'à cette conséquence extrême de la thèse individualiste. Même dans les pays où domine exclusivement l'esprit individualiste, l'Etat est armé de ce droit qui constitue, il est vrai, une dérogation à l'inviolabilité de la propriété privée, mais sans lequel ne pourraient être édifiés les ouvrages répondant à l'utilité commune. D'ailleurs, par l'expropriation, l'Etat ne se substitue pas purement et simplement à la personne dépossédée en s'enrichissant à ses dépens ; la propriété n'est pas supprimée : elle subit seulement un changement de forme. D'un autre côté, parmi les ouvrages réclamés par l'utilité commune, les travaux de viabilité sont ceux qui permettent le plus facilement la perception des péages pour couvrir leurs frais d'établissement et d'entretien, de sorte que leur exploitation devient une opération commerciale qui consiste à vendre un service à ceux qui en ont besoin moyennant le payement d'une redevance. De là, le double point de vue auquel il faut se placer pour bien saisir le caractère économique des voies ferrées.

Pour établir les chemins de fer, surtout à l'origine, les Etats ont presque partout délégué leurs pouvoirs à des concessionnaires, soit en totalité soit en partie, chaque fois du moins qu'ils ont pu traiter avec des compagnies offrant des garanties suffisantes. Les concessions déterminent respectivement le rôle de l'Etat et celui des compagnies dans l'établissement des lignes. Ces attributions respectives ont varié suivant les pays, et dans chaque pays, suivant les époques. En ce qui concerne le régime français, il y a eu trois phases distinctes : l'Etat s'est d'abord chargé de l'acquisition des terrains, des terrassements et ouvrages d'art, en laissant à l'industrie privée le soin d'achever la ligne et de l'exploiter. Dans le second système, la concession pouvait être faite pour l'ensemble des travaux, sauf à l'Etat à donner, s'il était nécessaire, un concours financier sous diverses formes. Enfin, dans un troisième système, inauguré après 1870, on laisse à l'Etat seul l'exécution de la totalité des travaux, sans distinction entre l'infrastructure et la superstructure et on l'autorise même, à titre provisoire, à acquérir le matériel roulant et à exploiter lui-même. Dans tous les cas, la concession implique le droit de percevoir, soit à perpétuité, soit pendant une période déterminée, une taxe d'usage à titre de rémunération et, dans certains cas, le droit de se substituer à l'Etat pour le payement de l'indemnité d'expropriation. En Angleterre, et chez les peuples de race anglo-saxonne, les concessions ayant été consenties, dès l'origine, pour une durée perpétuelle et l'Etat s'étant, au point de vue financier, complètement désintéressé de la question, les concessionaires ont cru pouvoir user de leurs concessions comme d'une propriété incommutable. Il faut ajouter que l'expérience n'a pas tardé à démontrer que les entreprises de ce genre ne sont pas de celles que l'on peut abandonner entièrement à l'initiative privée et qu'il se présente, en cette matière, des questions d'intérêt public de premier ordre. Le régime anglo-saxon a, en effet, donné lieu à de tels abus dans le mode des tracés, dans l'établissement des tarifs, dans la direction des lignes ; il a fait naître de telles crises financières et accumulé de telles ruines que, chez les nations qui l'ont adopté, l'Etat, contrairement à ses tendances séculaires, a été obligé d'intervenir par voie de réglementation (1). Il y a dans ce retour à la réglementation, basé sur l'expérience, une reconnais-

(1) Pour les voies de communication à péages, la concurrence a des effets désastreux. Elle peut les tuer entièrement et voilà pourquoi l'entente est la règle générale. Il en résulte que l'exploitation de ces voies constitue nécessairement un monopole de fait.

sance virtuelle, sinon expresse, de l'utilité publique des chemins de fer.

Chez les peuples de race latine et slave, au contraire, les concessions ont été consenties pour une période déterminée, en général 99 ans, et les droits de l'Etat, ou plutôt du domaine public, spécialement réservés. En France, notamment, l'Etat n'a concédé que le droit d'exploitation et les compagnies, lors même qu'elles auraient payé de leurs deniers les terrains nécessaires à l'établissement des voies ferrées, n'en sont pas pour cela propriétaires ; elles n'ont même pas sur elles un droit d'usufruit, comme on l'a répété souvent. Le droit de percevoir les produits de l'exploitation est en effet, d'après une jurisprudence constante, un droit purement mobilier. La domanialité publique s'étend d'ailleurs à tous les objets attenant à la voie et, peu à peu, la jurisprudence en a fixé les limites. Elle comprend non seulement le sol sur lequel est établie la voie ferrée, mais le ballast, les rails et leurs moyens d'attache ; les traverses, heurtoirs et plaques tournantes, les ouvrages d'art ; les quais et trottoirs ; les barrières et maisons de garde ; les appareils de manœuvre ; les appareils hydrauliques ; les gares et stations ; les buffets ; les ateliers de construction et les places ménagées devant les gares (1). Comme on le voit, les Compagnies ne sont propriétaires que du matériel roulant, des matériaux, combustibles et approvisionnements de tous genres, du mobilier des stations et de l'outillage des ateliers et des gares.

En dehors du système des concessions, avec ou sans le concours de l'Etat, certaines nations européennes, comme

____

(1) V. R. DE RÉGY, *Traité du Domaine public*, Paris, Paul Dupont, 1873, t. I, p. 275. Les hôtels terminus ne font pas partie du Domaine public (Voir DUCROCQ, *Cours de droit administratif*, 7ᵉ édit., t. IV).

la Belgique et la Hollande, ont construit une partie de leurs voies ferrées sans avoir recours à l'initiative individuelle et ont placé ces réseaux dans le Domaine particulier de l'Etat. Ce sont des raisons politiques et financières qui, en général, ont guidé ces nations. La Belgique a craint de voir ces chemins de fer passer entre les mains de compagnies où aurait pu dominer une influence étrangère, française ou allemande. La Hollande n'a pas toujours trouvé, à l'origine, des concessionnaires offrant les garanties suffisantes. En Allemagne, c'est un système mixte, combinant le concours de l'Etat et de l'initiative privée, qui a présidé à l'établissement des réseaux, mais, plus tard, pour des raisons politiques, les chemins de fer sont devenus la propriété des Etats. Ceux-ci, par suite de leurs tendances particularistes, ont, en effet, racheté leurs voies ferrées pour empêcher qu'elles ne passent entre les mains de l'Empire.

Nous nous trouvons donc en présence de trois systèmes différents en ce qui concerne la propriété de la partie immobilière des chemins de fer. Celle-ci peut : 1° appartenir aux particuliers ; 2° faire partie du Domaine public ; 3° être placée dans le Domaine particulier de l'Etat. Quel est, entre ces trois modes de possession, celui qu'il convient d'approuver au point de vue économique et juridique ?

Nous venons de voir que, même en Angleterre et aux Etats-Unis, on n'a pu se passer du concours de l'Etat pour construire les chemins de fer. Il a fallu avoir recours à lui au moins pour l'expropriation, puisque lui seul possède ce droit souverain. Ce n'est donc que parce que l'Etat a consenti à céder ce droit aux compagnies que celles-ci ont pu, dans certains pays, devenir propriétaires des terrains expropriés. L'Etat, dans ces pays, a-t-il eu raison de ne

pas affirmer et réserver les droits du Domaine public ?
Pour répondre à cette question, il faut se demander si
l'établissement des voies ferrées présente réellement un
caractère d'intérêt commun. Adam Smith a pu soutenir
avec raison, à une certaine époque, que « lorsque les
grandes routes, les ponts, les canaux, etc., sont construits
et entretenus par le commerce même qui se fait par leur
moyen, alors ils ne peuvent être établis que dans les endroits où le commerce a besoin d'eux et, par conséquent,
où il est à propos de les construire (1) ». Il en a conclu
qu'il n'est pas nécessaire que la dépense de ses ouvrages
soit défrayée par le *revenu public*, c'est-à-dire soit prélevée
sur le produit de l'impôt général. Mais aujourd'hui, la circulation et l'échange sont incomparablement plus développés que du temps d'Adam Smith ; les chemins de fer ont
détrôné les routes et sont devenus des moyens de circulation dont l'usage est, pour ainsi dire, obligatoire, dans les
conditions actuelles de la civilisation. Lors des premières
concessions faites à des compagnies minières, on pouvait
croire qu'il s'agissait d'un intérêt purément privé et on
comprend que ces concessions aient été faites à perpétuité.
Mais, plus tard, avec les avantages immenses dus à la rapidité et à la régularité de ces nouveaux moyens de transport, l'utilité publique des chemins de fer s'est irrésistible-
ment posée. Ils sont devenus d'un usage général et d'une
nécessité absolue, soit pour les relations pacifiques des
peuples, soit en ce qui concerne la mobilisation des troupes
et la sécurité des frontières. Les nations tendent de plus en
plus à devenir des unités non seulement politiques, mais
encore économiques et commerciales. A mesure que se
constitue et se fortifie le lien national, le Domaine public

____

(1) *Richesse des nations*, livre V, ch. I.

prend toujours plus de consistance, parce que l'on sent de plus en plus les inconvénients et la gêne qui résultent de l'établissement des taxes spéciales de péage, comme celles que l'on percevait sous l'ancien régime, à chaque usage d'un ouvrage, en compensation des frais de construction et d'entretien. C'est ce qui fait que la taxe d'entretien des routes a été supprimée partout, même en Angleterre. Les voies de communication tendent ainsi à devenir partout une propriété commune, parce que chacun use de plus en plus du droit individuel de libre circulation, droit garanti désormais par la domanialité publique. Les nations toujours plus unifiées ne peuvent plus être comparées, à ce point de vue, à des consommateurs individuels et, seuls, les services de traction doivent être considérés comme des services particuliers. Il faut donc distinguer le *péage*, représentant l'intérêt et l'amortissement du capital d'établissement de la voie et de ses dépendances, du *transport*, représentant tous les frais relatifs à la construction et à l'entretien du véhicule. En principe, pour tous les ouvrages de viabilité, le péage devrait être prélevé sur l'impôt général (1), mais des difficultés financières s'y sont partout opposées en ce qui concerne les chemins de fer dont la construction exige une dépense énorme de capitaux.

On ne peut du reste accuser le grand économiste anglais de ne pas avoir aperçu les inconvénients attachés au système des concessions perpétuelles, puisqu'il a dit : « les droits pour l'entretien d'une grande route ne pourraient

---

(1) Nous avons surtout en vue ici les routes et chemins qui sont d'un usage tout à fait général, mais pour les chemins de fer et surtout pour les canaux, les rivières navigables et les ports, on peut soutenir que la part proportionnelle à payer de ce chef par chaque contribuable dans l'impôt général ne correspond pas à l'usage qu'il en fait.

sans inconvénients constituer une propriété particulière(1) ».
C'est qu'en effet le caractère privilégié de ces concessions
peut avoir des inconvénients très graves dont les principaux
sont de donner lieu à des abus dans l'application des taxes
et dans l'entretien des travaux, sans parler des dangers au
point de vue de la sécurité extérieure. Il en résulte que
chaque fois que l'Etat, pour des raisons financières ou autres, croit devoir, en matière d'expropriation pour l'établissement de voies ferrées, transmettre ses pouvoirs à des
associations particulières, il ne doit le faire que temporairement et en réservant les droits du Domaine public.
Voilà pourquoi nous trouvons le régime français, consacré
par les lois du 11 juin 1842 et du 15 juillet 1845, qui ont
placé les chemins de fer dans la grande voirie, supérieur
aux régimes anglais et américain. Nous ne prétendons pas
que le système consacré par ces lois soit absolument sans
reproche, mais, en principe, il nous paraît nécessaire que
la propriété des chemins de fer soit divisée en deux parties
distinctes : celle de la voie et des immeubles y attenant,
d'une part, et, d'autre part, celle du matériel roulant et
des approvisionnements, la première devant faire partie du
Domaine public et rester la propriété de la nation aussi
longtemps que les chemins de fer présenteront un caractère
d'utilité commune. La conséquence de ce principe c'est que
l'Etat ne doit intervenir dans les dépenses de construction
que dans certaines limites, en prenant à sa charge les frais
d'acquisition des terrains, des terrassements et ouvrages
d'art, mais en laissant la pose des rails et la construction
du matériel roulant à l'initiative privée. On sait d'ailleurs
que ce principe n'a pas toujours été suivi en France et que,
dans la construction des lignes secondaires, il a été trop

(1) *Richesse des nations, loc. cit.*

souvent perdu de vue. On voit donc qu'en cette matière il
convient surtout de ne pas confondre le Domaine public
avec le Domaine privé de l'Etat, car c'est seulement lorsque
l'Etat, en construisant et en exploitant lui-même les chemins de fer, les place dans son domaine particulier que la
question de l'exploitation prend le pas sur celle de la possession et la domine. L'Etat se fait alors industriel et commerçant et c'est cette situation qui nous reste maintenant
à examiner.

La question de l'exploitation des chemins de fer par
l'Etat a, de tous temps, divisé les économistes. Dès les premiers temps de leur établissement, Blanqui soutenait que
cette industrie est peut-être la seule que l'Etat puisse exercer
sans inconvénient et même avec avantage pour le pays(1).
Il avait parfaitement compris l'inconvénient du péage et la
différence qui existe entre ce droit et celui du transport,
mais il ne s'était pas suffisamment rendu compte des inconvénients que présente l'ingérence de l'Etat dans une
industrie aussi complexe que celle des chemins de fer. De
nos jours, un certain nombre de représentants du socialisme d'Etat, le professeur Ad. Wagner en Allemagne, de
Laveleye en Belgique, M. Cauwès en France, ont également soutenu cette thèse.

Les arguments invoqués par les partisans de l'exploitation par l'Etat sont très nombreux et se rattachent à différents ordres d'idées. Ils ont trait aux tarifs, aux améliorations dans le service, aux dépenses d'exploitation, à l'organisation militaire et politique.

La richesse nationale, dit-on, ne peut se développer que
si les tarifs sont peu élevés. Or, l'Etat seul peut atteindre ce

____

(1) *Cours d'économie industrielle,* Paris, Mathias, 1839, p. 469.

but parce qu'il n'est pas préoccupé, comme les compagnies, de servir un supplément d'intérêts aux prêteurs de capitaux sous forme de dividendes. Il est d'ailleurs essentiel de faire disparaître l'arbitraire et l'instabilité des tarifs et, pour cela, il faut les placer entre les mains de l'Etat, afin qu'il puisse les remanier à volonté, car il n'a aucun moyen de contraindre les compagnies à les abaisser et le tarif maximum est déterminé pour toute la durée de la concession.

Au point de vue des améliorations, on prétend que les chemins de fer ne peuvent rendre au pays tous les services qu'il est en droit d'en attendre, qu'à la condition d'être établis sur les meilleurs systèmes et d'être tenus au courant de toutes les améliorations résultant des découvertes de la science. Or, ici non plus, l'Etat n'a aucun moyen d'obliger les Compagnies à effectuer ces améliorations. — Certains économistes soutiennent aussi que la construction et l'exploitation par l'Etat coûtent moins cher que par l'industrie privée, sous prétexte que l'Etat peut emprunter à un taux moins élevé que les compagnies, qu'il dispose de tout un corps d'ingénieurs expérimentés, qu'il n'est pas tenu de fournir de cautionnement, etc. Dans beaucoup de pays, on invoque des raisons stratégiques et politiques et on prétend que l'intérêt de la défense nationale exige que les chemins de fer soient entre les mains de l'Etat. Tous ces arguments, et d'autres encore, ont été longuement développés dans les ouvrages des *Katheder socialisten* où ils tiennent une grande place ; car c'est surtout à propos des chemins de fer que l'on a reproduit toutes les raisons que, depuis les saint-simoniens, on invoque en faveur des industries d'Etat.

Ce que nous venons de dire de la différence entre le péage et le transport répond en partie aux arguments relatifs aux tarifs et aux frais d'exploitation. D'après le principe que nous avons posé, les tarifs ne devraient être que la représentation des frais de transport et le prix du service de traction (1). Théoriquement, l'intérêt et l'amortissement du capital dépensé pour l'acquisition des terrains et la construction des chaussées et ouvrages d'art, c'est-à-dire de ce qui représente le domaine public, ne devrait pas être compris dans ces tarifs. La domanialité publique des chemins de fer aurait ainsi pour effet une diminution de tarifs obtenue par un prélèvement sur l'impôt général, comme en ce qui concerne les autres voies de communication. Malheureusement, ici comme dans beaucoup de cas, les besoins ont marché plus vite que les ressources. L'énorme dépense de capitaux nécessaire à l'établissement des voies ferrées ne permettait pas de demander ces ressources à l'impôt, ni même de lui en faire supporter, en totalité, l'intérêt et l'amortissement. L'Etat a donc dû faire appel, presque partout, au concours des compagnies et du crédit privé. Il aurait pu, dira-t-on, emprunter lui-même, mais c'est ici une question d'opportunité financière qui relève absolument de la pratique. Dans bien des cas, l'emprunt pouvait être désastreux ou impossible. Il en résulte que les tarifs comprennent, au moins théoriquement, le péage et le transport. Mais dans l'hypothèse de l'exploitation par l'Etat, le péage serait-il supprimé ? Il est permis d'en douter si l'on observe ce qui se passe chez les nations où ce système est appliqué. Bien loin que le péage soit supprimé, chaque fois que l'Etat, propriétaire de chemins de fer construits avec les ressources générales, exploite avec des tarifs égaux à ceux des compagnies,

(1) Proud'hon a bien exposé cette question de la domanialité des chemins de fer (Cf. *Des réformes à opérer dans l'exploitation des chemins de fer*, Paris, Librairie internationale, 1868, p. 242 et suiv.). Cons. aussi, sur cette question, CAUWÈS, *Cours d'économie politique*, t. IX, p. 87 et suiv.

il fait payer deux fois le péage : une première fois par l'impôt, une seconde fois par les tarifs. On a dit que la concession emporte, pendant toute sa durée, droit à la fixation du péage et que c'est là un grand inconvénient (1). Mais le péage joue un rôle de moins en moins grand dans les tarifs. En France, par exemple, les compagnies ont vite compris que, dans leur intérêt, elles ne devaient pas tenir compte du tarif maximum ; des réductions successives ont fini, pour ainsi dire, par fondre le péage dans le prix de transport (2) et c'est pourquoi il serait absolument dangereux de mettre ces tarifs entre les mains de l'Etat. Certes, il pourrait se faire que, sous la pression de certains intérêts électoraux, l'Etat en vînt à les diminuer dans des proportions plus ou moins considérables, mais ces diminutions, si elles n'étaient pas conçues dans un esprit commercial et dans le but de réaliser des plus-values de recettes par une augmentation dans le mouvement des affaires, ne tarderaient pas à faire apparaître des élévations correspondantes dans les coefficients d'exploitation. C'est ainsi, par exemple, que l'abaissement de la taxe moyenne des chemins de fer d'Alsace-Lorraine, depuis qu'ils font partie du réseau de l'Empire allemand — abaissement motivé en partie par des raisons politiques — correspond à une notable augmentation dans les frais d'exploitation. D'un autre côté, l'Etat, en exploi-

(1) CAUWÈS, *Cours d'économie politique*, 1893, t. IV, p. 128.

(2) Il ne faut pas confondre le *péage légal*, c'est-à-dire la fraction du prix ainsi qualifiée par les cahiers des charges avec le *péage réel* qui est l'excédent disponible, après le prélèvement du coût du transport proprement dit. Pour les marchandises lourdes, l'élément péage est presque nul, tandis que pour les marchandises de valeur moyenne, il représente la moitié ou les deux tiers du prix et même les quatre cinquièmes pour les marchandises de grande valeur. Il en résulte une infériorité du chemin de fer vis-à-vis de la batellerie, qui n'est pas astreinte au péage (Voir à ce sujet, COLSON, *Les chemins de fer et le budget*, p. 129, Hachette et Cie).

tant lui-même, est obligé d'introduire ces frais dans le budget et, par suite, de lui faire supporter les déficits provenant de ce chef. N'est-ce pas courir le risque de livrer les finances publiques à l'aventure ? Et même en supposant la direction la plus habile, le budget n'est-il pas toujours à la merci des différences dans le rendement qui peuvent résulter d'arrêts dans le trafic commercial ? En pareil cas, l'expérience le démontre, il n'y a d'autre alternative pour l'Etat que de relever les tarifs ou d'augmenter l'impôt général. En fait, l'exploitation par l'Etat aboutit toujours à la transformation des tarifs en impôt. C'est là un inconvénient majeur dont se sont plaint certains ministres des finances en Belgique et en Prusse. Il ne paraît pas d'ailleurs que l'Etat doive être plus heureux en matière de tarification que les compagnies : l'industrie des chemins de fer est extrêmement complexe et elle ne supporte aucune comparaison avec celle des postes, ainsi que l'a fait très justement remarquer M. Leroy-Beaulieu. Elle exige, pour se plier aux besoins si variables du commerce, une flexibilité et une souplesse que l'on ne peut guère attendre de l'Etat (1). L'établissement des tarifs constitue une véritable science. Elle exige une étude longue et patiente des besoins à satisfaire aux différents points de la ligne, du prix et de la quantité des denrées qui peuvent faire l'objet de transports, etc. Ce n'est que par de nombreux tâtonnements que l'on peut arriver à un résultat. Toutes ces études et ces expériences rentrent assez peu dans le rôle de l'Etat. D'ailleurs est-il nécessaire que les chemins de fer soient exploités par l'Etat pour arriver à l'unification des

____

(1) Nous nous plaçons ici dans l'hypothèse de l'exploitation générale de toutes les voies ferrées par l'Etat. C'est dire que notre raisonnement ne s'applique pas à des cas particuliers, comme celui de l'ancien réseau de l'Etat en France composé de lignes improductives, mais dont la gestion ne le cède en rien à celles des grandes compagnies.

tarifs ? On sait qu'en France des progrès considérables ont déjà été réalisés dans ce sens en vertu de certaines stipulations introduites dans les conventions de 1883 et en vertu desquelles des abaissements de tarifs ont eu lieu à partir du 1er avril 1892, par suite de la suppression de la surtaxe de 10 0/0 sur la grande vitesse. Les voyageurs ont bénéficié d'une réduction de 9 0/0 pour la 1re classe, de 18 0/0 pour la seconde, et de 27 0/0 pour la 3e. Pour les marchandises, le prix moyen de transport de la tonne kilométrique a passé en dix ans de 0 fr. 0394 en 1886 à 0 fr. 0453 en 1906 (1).

Il n'est pas vrai d'ailleurs que l'Etat soit, comme on le dit, complètement désarmé vis-à-vis des compagnies. Il suffit de lire les cahiers des charges pour reconnaître, au contraire, qu'il a sur elles des droits considérables. C'est ainsi qu'il exerce une surveillance sur la construction par ses ingénieurs des ponts et chaussées, qui procèdent à la réception des lignes ; qu'il contrôle l'exploitation technique et commerciale par des ingénieurs et des inspecteurs ayant sous leurs ordres des commissaires de surveillance administrative ; qu'il exerce un contrôle financier par les inspecteurs des finances et des commissions spéciales. Il a le droit de prononcer la déchéance des compagnies. L'Etat étant pourvu de moyens d'action et de surveillance aussi puissants, il semble qu'on ne puisse s'en prendre qu'à lui s'il se produit des abus.

On a fait aux compagnies le reproche de s'endormir dans la routine et de ne profiter que tardivement des inventions pouvant améliorer le service. Il y a certainement dans ce reproche une certaine part de vérité. De nombreuses

____

(1) *Statistique des chemins de fer français au 31 décembre 1906*, p. 341.

améliorations restent à faire qui auraient pu déjà être faites. Mais cet inconvénient provient précisément de ce que les compagnies ressemblent trop à l'Etat en matière d'exploitation technique ou qu'elles n'ont pas les coudées assez franches. Comme l'Etat, elles ont trop souvent voulu faire grand ; elles se sont embarrassées d'un matériel lourd et dispendieux, construit en vue d'une durée beaucoup trop longue, et elles se sont ainsi trouvées dans l'impossibilité d'effectuer, avec la rapidité nécessaire, les transformations imposées par les progrès incessants de l'industrie. Il serait injuste toutefois de ne pas reconnaitre les efforts qu'elles ont faits depuis un demi-siècle pour la transformation de leur outillage, et il est permis de croire, en tous cas, qu'avec l'exploitation par l'Etat, les améliorations n'auraient pas marché d'un pas plus rapide.

En ce qui concerne les dépenses d'exploitation, la question semble aujourd'hui résolue par les expériences faites dans divers pays. En Prusse, le coefficient d'exploitation des chemins de fer de l'Etat a passé de 59,88 0/0 en 1903 à 67,54 0/0 en 1907 (1).

En Italie, le coefficient serait monté de 65 0/0 en 1904-1905 à 69 2/3 0/0 en 1906-1907 (2). En Suisse, le coefficient d'exploitation s'est aussi aggravé depuis quelques années et, de 1903 à 1907, l'augmentation des dépenses d'exploitation a été de 35,8 0/0, tandis que celle des recettes n'a été que de 28,6 0/0. Il en est de même en Belgique où le coefficient a augmenté, et a passé à 62,03 0/0 en 1905. En France, pour les chemins de fer exploités par l'Etat, les

(1) Documents parlementaires prussiens (*Bericht uber die Ergebnisse des Betriebes der preussichen Staatsbahnen im Betriebsjahre*, 1903-1907) (*Rapports sur l'exploitation des chemins de fer de l'Etat pour les années 1903-1907*).

(2) *Economiste français* du 29 février 1908, art. M. Della Volta.

frais d'exploitation sont encore plus élevés. Le coefficient d'exploitation n'a guère varié depuis une dizaine d'années. Il était de 75,8 0/0 en 1895 et de 74,18 0/0 en 1906 (1).

Si maintenant nous nous reportons au réseau général français (non compris l'Etat) qui a eu 1.573 millions de recettes et 806 millions de dépenses en 1906, nous voyons que le coefficient ne ressort qu'à 52 0/0 (2). Il semble donc établi que les frais d'exploitation sont plus élevés pour l'Etat que pour les particuliers.

La recette kilométrique des chemins de fer de l'Etat prussien est d'ailleurs plus forte que celle des chemins de fer français, ce qui devrait faire baisser leur coefficient d'exploitation, puisque les dépenses ne s'élèvent pas proportionnellement aux recettes : elle était en 1907-1908 de 54.817 marks tandis qu'elle n'est que de 44.318 francs pour les chemins de fer français exploités par les Compagnies (1906)(3). On peut objecter que la comparaison directe des dépenses avec les recettes ne donne pas le coefficient d'exploitation réel, car si les tarifs sont plus bas, comme ceux des chemins de fer de l'Empire allemand, le rapport de la dépense à la recette tend, par cela même, à augmenter. Si nous calculons, d'après les mêmes éléments, la dépense d'exploitation par kilomètre de voie, nous trouvons 37.026 marks pour les chemins de fer de l'Etat prussien (4), tandis que, pour les

(1) *Comptes d'administration des chemins de fer de l'Etat* pour 1906, imprimerie nationale, 1907. Le réseau d'Etat français, tel qu'il était constitué avant le rachat de l'Ouest, ne constituait pas un véritable type d'exploitation en régie, comme le réseau prussien, car il était placé dans de mauvaises conditions. Le coefficient d'exploitation est actuellement de 80 0/0.

(2) *Statistique générale des chemins de fer français au 31 décembre 1906*, p. 313.

(3) *Berich uber die Ergebnisse des Betriebes der preussichen Staatsbahnen*, 1907 et *Statistique des chemins de fer français*, 1906, p. 319.

(4) Document parlementaire précité.

compagnies françaises, cette dépense n'est que de
23.169 francs (1906). Pour les chemins de fer de l'Etat
français (avant le rachat de l'Ouest), elle a passé de
11.644 francs en 1896 à 14.140 francs en 1906 ; à cette dernière date, la dépense moyenne, par kilomètre de train, était
de 2.3399 (1), tandis qu'elle serait de 2,48 dans les compagnies. Mais la comparaison ne pourrait être probante que
si la circulation et le trafic et, par conséquent, l'unité
kilométrique étaient approximativement les mêmes sur
le réseau de l'Etat que sur celui des compagnies. Or, la
recette kilométrique accuse à cet égard une énorme différence.

Il importe aussi de tenir compte, dans cette question,
des bénéfices considérables que l'Etat retire de l'exploitation par l'industrie privée, au moyen des impôts et droits
divers perçus au profit du Trésor et des frais de transport
économisés par certains services publics. Ces impôts
étaient évalués, pour la France, en 1906, à 172 millions (2).
Les avantages stipulés, dans les cahiers des charges, au
profit de certains services publics, consistent dans le trans-

---

(1) *Comptes d'administration des chemins de fer de l'Etat*, 1906.

(2) *Statistique des chemins de fer français au 31 décembre* 1906,
p. 479. Voici, d'après cette statistique, les bénéfices que l'Etat retire
de l'exploitation par l'industrie privée (en millions) :

Impôts sur les transports		107,14
Impôts sur les titres		54,95
Autres impôts sur les matières imposables créées par l'industrie des chemins de fer.		10,60
Economies résultant des clauses du cahier des charges :		
Administration des Postes et des Télégraphes	59,62	
Transport gratuit des militaires et marins	37,74	
Transport gratuit des agents des contributions indirectes et des douanes.	2,95	
Transports de la guerre	2,51	102,83
Total		275.54

port, à prix réduit, des militaires, des marins, du matériel militaire et naval, dans le transport gratuit des agents des contributions indirectes et des douanes, des inspecteurs chargés du contrôle et de la surveillance des chemins de fer dans l'intérêt de la perception de l'impôt ; dans le transport des prisonniers, des agents, des lettres et dépêches de l'administration des finances, poudre, tabac, papier timbré, etc. Celles de ces économies qui représentent une charge réelle pour les Compagnies (1) peuvent être évaluées à 103 millions environ qui, ajoutés aux impôts, forment un total de 275 millions. Si nous divisons cette somme, par la longueur du réseau au 31 décembre 1906, nous obtenons une moyenne de 6.928 francs d'économies réalisées par kilomètre de voie.

A vrai dire, l'élévation des frais d'exploitation touche assez peu les *Katheder socialisten*. Ce que cherche avant tout cette école, c'est à faire baisser les tarifs en répartissant les prix de transport sur tous les contribuables, afin d'agir sur la production nationale. Peu importe, à ses yeux, si l'abaissement des tarifs amène nécessairement une augmentation des coefficients d'exploitation. L'Etat, dit cette école, ne doit pas raisonner comme les particuliers et bénéficier sur les chemins de fer. Les profits qu'il doit en retirer doivent consister dans l'accroissement de la circulation, dans l'impulsion donnée à l'industrie, au commerce, à l'agriculture (2). — Il faut répondre que l'abaissement des tarifs, sous peine d'être un leurre et une injustice en faisant payer

---

(1) Cf. *Les chemins de fer et le budget*, par C. Colson (Hachette et Cie), 1896.

(2) M. Cauwès croit que l'Etat pourrait obtenir ainsi par l'impulsion donnée à l'activité économique de la nation, une plus-value dans les impôts qui compenserait la réduction du péage sans augmenter les charges budgétaires (Cf. *Loc. cit.*, t. IV, p. 131).

par tous les services rendus à quelques-uns, ne peut s'effectuer, en dehors des réductions purement commerciales, que dans les limites déterminées par la distinction entre le péage et le transport. Ce qui doit être mis gratuitement à l'usage de tous, c'est-à-dire ce qui doit être payé par tous, c'est la voie mais non le véhicule. Tout système qui aurait pour but de faire fixer directement par l'Etat les prix de transport, aboutirait nécessairement à la transformation des tarifs en impôts dont l'élévation toujours croissante produirait un effet contraire à celui que l'on veut obtenir.

En ce qui concerne les raisons stratégiques, il suffit de lire les écrivains allemands qui se sont occupés de cette question pour comprendre qu'à cet égard nous n'aurions nullement avantage à mettre les chemins de fer entre les mains de l'Etat. Les véritables raisons qui ont décidé certains Etats à racheter leurs réseaux, ce sont des raisons purement politiques. On s'est servi des chemins de fer comme d'un instrument d'unification ou bien on s'en est emparé, soit pour éviter une ingérence étrangère, soit pour conserver une certaine autonomie vis-à-vis d'une centralisation puissante. Dans tous les cas, la raison économique proprement dite a été de peu de poids dans la balance et si, en Allemagne, on a pu se faire à ce sujet certaines illusions, elles ont vite été déçues. Un professeur de l'université de Berlin, M. de Kauffmann, « constate à ce sujet que l'Empire n'a pas, à ce point de vue, tenu ses promesses, que les droits sur les chemins de fer sont toujours plus forts et qu'entre les mains de l'Etat, ceux-ci ont servi de moyen déguisé pour augmenter l'impôt » (1).

(1) *Revue générale des chemins de fer,* février 1877. *La Politique française en matière de chemins de fer,* par M. de Kauffmann, et l'*Avenir de la politique française en matière de chemins de fer* (complément à l'ouvrage de M. de Kauffmann) par M. Hamon, qui a bien montré que le produit net du réseau de l'Etat n'est qu'une apparence,

Au point de vue politique, un des plus graves inconvénients de l'exploitation par l'Etat de l'industrie des chemins de fer — inconvénient qui, on le sait, est pour le socialisme d'Etat un avantage — c'est de pousser à un développement exagéré du fonctionnarisme. En France, ce serait une armée de 250.000 employés à ajouter à la masse des fonctionnaires déjà existants et dont le traitement et les pensions figureraient au budget de l'Etat. Certains hommes politiques se figurent que la faculté de disposer de la nomination de ces nouveaux employés augmenterait considérablement la force du gouvernement et lui donnerait une grande influence sur les élections. C'est peut-être une erreur mais, dans tous les cas, l'idéal des démocraties n'est pas de donner au gouvernement central une puissance de ce genre. Ce qui serait plus grave, ce serait d'introduire dans une industrie qui, plus que jamais, a besoin de progresser, le vice radical des administrations publiques de nos démocraties modernes : le népotisme doublé du monopole conféré par les grades universitaires (1). L'importance exagérée donnée a des examens sans nul rapport avec la besogne à accomplir, la distinction des employés en catégories barrant la route aux agents laborieux, les avancements donnés à la faveur, toutes choses qui caractérisent nos administrations publiques, ne peuvent qu'amener le découragement et annihiler l'esprit d'initiative et d'invention si nécessaire à l'industrie. Ajoutons qu'à cet égard les grandes administrations de chemins

---

(1) Un mouvement de réaction commence à se dessiner, en France, contre un népotisme qui semblait devoir désorganiser toutes les branches de l'Administration. Les fonctionnaires s'organisent en associations professionnelles pour défendre leurs droits violés au profit d'une minorité qui accapare les places lucratives, grâce à des influences politiques. Ce mouvement amènera peu à peu une transformation dans la conception du rôle de l'Etat.

de fer n'ont déjà que trop de tendances à imiter celles de l'Etat.

L'exploitation par l'Etat aurait-elle du moins pour résultat d'amener une amélioration dans le sort des ouvriers? C'est un des principaux arguments qu'invoquait déjà Blanqui en 1839, lorsqu'il disait que l'Etat pouvait faire une grande famille de cette armée d'employés et d'ouvriers qui allait surgir de l'établissement des voies ferrées (1). C'est aussi dans le but de se servir de l'Etat comme d'un instrument pour appliquer certaines doctrines concernant les classes ouvrières que les *Katheder socialisten* réclament aujourd'hui la reprise des chemins de fer par l'Etat. A ce point de vue spécial de la situation des employés et ouvriers de l'Etat, les démocrates socialistes allemands ne sont pas plus satis-faits que les collectivistes français. Cette situation, d'après eux, est pire que celle des salariés ordinaires, parce qu'on conteste aux salariés de l'Etat le droit de s'assembler et de se syndiquer pour la défense de leurs intérêts. On ne voit pas d'ailleurs que le taux moyen des salaires, pour les diverses catégories d'ouvriers de chemins de fer, soit plus élevé pour l'Etat que pour les compagnies (2). Quant aux institutions patronales, caisses de retraites, d'assurances, de secours en cas de maladie, etc., l'étendue des sacrifices faits pour ces diverses œuvres n'est pas moins grande de la part des Compagnies que de celle de l'Etat. En France, on a même reproché à la Compagnie de Paris-Lyon-Méditer-ranée d'aller trop loin dans cette voie, en assumant des engagements peut-être au-dessus de ses forces (3).

(1) Blanqui. *Loc. cit.*, p. 471.
(2) Cf. à ce sujet *infra* le rapport de M. Hubert à la Chambre des représentants de Belgique.
(3) Ce ne sont pas les pouvoirs publics qui feraient aujourd'hui ce reproche aux compagnies. En France, au contraire, l'Etat a aug-

Faire exploiter tous les chemins de fer par l'Etat, ce serait aussi étendre, outre mesure, ses responsabilités et les rendre de plus en plus illusoires. Les rapports juridiques avec lui sont déjà difficiles et donnent souvent lieu à des procès sans fin. Dans bien des cas, l'Etat échappe même à toute responsabilité, tellement les particuliers hésitent à lui intenter une action qui exige des frais considérables et dont l'issue est toujours douteuse. Les responsabilités encourues par l'Etat font, on le sait, l'objet de règles particulières et sont soumises à une juridiction spéciale qui procède avec une lenteur extraordinaire. En ce qui concerne les industries particulières, au contraire, la responsabilité est nettement établie par la loi et les tribunaux ordinaires sont compétents. Chacun a pu se rendre compte de cet inconvénient par ce qui se passe en matière postale, télégraphique ou téléphonique. Que serait-ce en ce qui concerne les accidents de chemins de fer ?

Si l'Etat ne doit pas exploiter les chemins de fer, on ne voit pas pourquoi il les rachèterait, surtout quand il en possède la nue propriété. Le rachat suppose, en effet, ou la substitution des compagnies fermières aux compagnies actuelles, ou l'exploitation directe par l'Etat. Le système des compagnies fermières n'est qu'un acheminement vers celui de l'exploitation directe et présente tous les inconvénients des tarifs entre les mains de l'Etat. Comme l'a parfaitement démontré Léon Say (1), le rachat est toujours une mesure financière dangereuse, car il grève le budget de charges considérables et il a le grave inconvénient de transformer les valeurs industrielles des compagnies en valeurs d'Etat. En France, d'ailleurs, nous n'avons pas les mêmes

menté dans de fortes proportions les charges qui leur incombent du fait des retraites.

(1) *Journal des Economistes*, numéro de décembre 1881.

raisons politiques qu'en Allemagne, car l'unification du pays n'est plus à faire (1).

Est-ce à dire que l'exploitation par les compagnies, telle qu'elle existe actuellement, soit exempte de reproches? Assurément non. Leur association avec l'Etat n'a pas toujours produit les heureux résultats que l'on aurait pu en attendre. Elles se sont quelquefois endormies dans une quiétude nuisible aux intérêts de tous, y compris les leurs. Les administrations de chemins de fer ressemblent un peu trop — il faut y insister — aux administrations de l'Etat. Elles auraient pu éviter à ce dernier une partie des sacrifices considérables qu'il a été obligé de faire pour elles en se rendant mieux compte de la mesure de l'utilité des voies ferrées, en construisant d'une façon mieux appropriée aux nécessités du progrès et en apportant une économie sévère dans leurs dépenses d'établissement et d'exploitation. Nous n'en voulons pour preuve que les réductions considérables de la garantie d'intérêts qui se sont produites, en France, depuis quelques années, après l'invitation formelle qui leur a été faite par l'Etat d'appliquer les mesures nécessaires pour entrer dans la voie des économies. C'est évidemment dans cette voie que se trouve l'avenir des chemins de fer et

(1) On sait que la question du rachat des chemins de fer s'est présentée de nouveau, en France, devant les Chambres, à la suite de la proposition de loi Guillemet tendant au rachat de l'Ouest et du Midi et du projet de résolution Vacher étendant la mesure à l'Est et à l'Orléans (M. Bourrat rapporteur). On a voté le rachat de l'Ouest. Nous ne traitons pas ici cette question de rachat, qui est tout à fait indépendante de celle de l'exploitation — car un Etat peut posséder des chemins de fer sans les exploiter — et qui est surtout une question d'opportunité financière.

En Russie, le rachat a été funeste aux finances de l'Etat. Depuis 1900, l'Etat est en déficit constant. Les pertes ont passé de 3,6 millions de roubles en 1900 à 103,6 millions de roubles en 1906. Pour 1907, elles seraient de 117 millions de roubles. Naturellement, on cherche à remédier à cette situation par des relèvements de tarifs.

la sauvegarde de notre budget, si obéré, des travaux publics.

L'exploitation par l'Etat prévaut aujourd'hui chez un certain nombre de nations. On la rencontre en Russie, en Allemagne, en Belgique, en Suisse, en Italie, en Roumanie, en Hongrie, en Norwège, au Danemark, en Finlande, au Japon, etc. Dans les colonies anglaises, nous la trouvons en Australie et dans l'Inde. Enfin, en France, l'Etat vient d'ajouter au réseau qu'il possédait déjà celui de la Compagnie de l'Ouest.

Dans la plupart de ces pays, c'est par voie de rachat que l'Etat est devenu propriétaire du réseau qu'il exploite et il a dû prendre à sa charge les intérêts et l'amortissement de la dette des chemins de fer. L'Etat, ainsi que nous l'avons constaté maintes fois, n'ayant pas la même manière de compter que l'industrie privée, il en résulte presque toujours une situation budgétaire assez complexe et qui permet difficilement de se rendre compte des bénéfices ou des pertes qu'il peut faire en exploitant un réseau de chemins de fer. Les frais d'exploitation, les dépenses pour travaux complémentaires, les intérêts et annuités d'amortissement des capitaux de premier établissement sont souvent disséminés dans des chapitres distincts du budget ou même confondus avec d'autres dépenses.

Certains Etats, comme l'Etat prussien, inscrivent une bonne partie des sommes dépensées en travaux complémentaires ou en achat de matériel sur les ressources de leur budget au fur et à mesure que les crédits sont accordés et l'on n'a recours aux emprunts que quand il s'agit de sommes trop importantes.

Il y a en ces matières un principe financier directeur qu'il ne faut pas perdre de vue. Puisque l'Etat reprend la dette des chemins de fer, sa gestion doit rapporter des recettes suffisantes pour couvrir l'ensemble des frais d'exploitation, ainsi que l'intérêt et l'amortissement de toutes les dépenses d'amélioration et les charges du capital d'établissement. C'est le cas d'appliquer le principe d'économie privée, l'exploitation par l'Etat doit constituer un profit industriel et ce n'est que plus tard, quand les capitaux seront amortis, que l'application du principe de la taxe destinée à couvrir les frais de transport, comme conséquence de la domanialité publique des chemins de fer et par analogie avec ce qui se passe dans d'autres industries d'Etat, comme l'exploitation postale, pourra être envisagé (1). Il ne manque pas d'écrivains cependant qui demandent que l'Etat exploite à prix coûtant, ou à perte ou même gratis, dans l'avenir (2). Il est inutile de dire que, dans l'état actuel de la situation financière de la plupart des nations du monde, ces fantaisies ne seront pas de si tôt réalisées. Quand l'Etat exploite les chemins de fer avec des tarifs insuffisants, il fait payer les frais d'exploitation par l'impôt, c'est-à-dire par tous les contribuables ; or, il est rationnel que ces dépenses soient payées par ceux qui font usage de la voix ferrée, voyageurs, commerçants et industriels (3).

En fait, si l'on jette un coup d'œil sur les résultats financiers de l'exploitation par l'Etat dans les pays où le rachat s'est effectué, on s'aperçoit qu'il en est bien peu où ces résultats ne soient onéreux pour le Trésor public et ce mode d'exploitation est loin d'avoir produit les heureux résultats que ses promoteurs en attendaient.

Examinons la situation de quelques-uns de ces réseaux.

On sait que l'Etat italien, après l'unification du pays,

---

(1) Cf. WAGNER, *Finanzwissenschaft*, traduction française, tome 1, p. 436 et 441.

(2) Cf. *infra* le chapitre sur *L'avenir du domaine public industriel.*

(3) Cf. CAUWÈS, *Loc. cit.*, t. IV, p. 131.

avait racheté, dès 1875, les lignes qui avaient été primitivement concédées dans le but d'étendre le réseau existant, l'accord ne pouvant se faire avec les compagnies sur ces extensions de lignes. Après avoir poussé activement les constructions nouvelles et à la suite d'une enquête sur le mode d'exploitation à adopter, l'Etat se décida, en 1885, à concéder les lignes pour 20 ans à trois compagnies fermières en se réservant une part dans la recette brute des principales lignes. Une nouvelle enquête avait conclu au renouvellement des contrats, mais le gouvernement ne put s'entendre avec les compagnies sur les conditions financières.

A la date du 22 avril 1905, le rachat a été voté par les Chambres et il a été effectué à la date du 1er juillet 1905. Le nouveau réseau d'Etat comprenait les trois réseaux de la Méditerranée, de l'Adriatique et de la Sicile concédés aux compagnies en 1885 (13.200 kilomètres).

L'administration des chemins de fer italiens a une certaine autonomie. Ses recettes et ses dépenses constituent un bndget annexe de celui de l'Etat. Elle supporte tous les frais d'exploitation et elle doit payer l'intérêt et assurer l'amortissement de toutes les avances, y compris la Dette de l'Etat envers les compagnies fermières de la période 1885-1905 (530 millions de lires). Toutefois, une loi du 25 juin 1909 a prescrit que l'on ne comprendrait plus dans les comptes les parts des produits, intérêts et autres revenus à payer aux anciens concessionnaires. C'est une somme de 20 millions de lires qui figurera, en plus, dans les comptes à titre de bénéfices, mais c'est une question de pure forme, puisque c'est le Trésor qui les paiera.

D'après les comptes officiels publiés par cette administration, le revenu net du réseau s'élevait à 43,3 millions de lires pour l'année 1907-08. La dernière année d'exploitation des compagnies (1904-05) avait donné un revenu net de 63,5 millions. En comparant le bilan des compagnies avec celui de l'Etat, on voit que les dépenses, complémentaires et accessoires (destinées notamment à couvrir les intérêts de sommes affectées à l'achat de matériel et à l'exécution de nouveaux travaux) sont presque doublées. Il faut dire d'ailleurs à la décharge de l'Etat que, dans les dernières années de leur exploitation, les compagnies menacées du rachat n'effectuaient plus de travaux dans les gares et n'achetaient plus de matériel. Il est donc vrai de dire que, dans une certaine mesure, la diminution de revenu est compensée par une augmentation du patrimoine de l'Etat (1).

Les dépenses d'exploitation se sont accrues dans des proportions considérables. Le coefficient d'exploitation pour 1907-08 est de 74 0/0 alors qu'en 1903, avec les compagnies, il était de 68 0/0, soit 6 0/0 d'augmentation. Ce résultat est dû en grande partie à l'augmentation du personnel et des traitements. Le nombre d'agents est supérieur à 20 0/0 à celui des lignes françaises, belges ou allemandes, ce qui n'a pas empêché le chiffre des indemnités à payer aux expéditeurs de marchandises de s'élever à 10 millions (2).

Nous avons déjà dit pourquoi, en Belgique, l'Etat a construit et même exploité en partie, dès l'origine, ses voies ferrées : il a craint l'ingérence des financiers étrangers. Les mêmes raisons l'ont sans doute décidé à racheter la plus grande partie du réseau concédé, de sorte qu'il se trouve aujourd'hui propriétaire de la plupart des voies ferrées (4.000 kilomètres sur 4.600 kilomètres).

Le revenu net de ce réseau, déduction faite des intérêts

---

(1) *Les premiers résultats de l'exploitation des chemins de fer par l'Etat en Italie*, par P. Tajani (*Revue économique internationale*, nᵒ d'août 1905 et du 15-20 juillet 1909).

(2) *Economiste français du 29 février* 1908. Article de M. Della Volta.

et de l'amortissement du capital d'établissement, s'élevait encore à 12 millions en 1904, mais depuis, il a baissé jusqu'à faire place en 1907 à un déficit de 4,6 millions et les charges financières s'élèvent chaque année (1).

Il semble que l'exemple de la Belgique tende à dissiper une illusion assez répandue, surtout dans le petit personnel des chemins de fer, et qui consiste à croire que les salariés sont mieux traités par l'État que par l'industrie privée.

Le rapporteur du budget des chemins de fer à la Chambre des représentants faisait remarquer à ce sujet en 1907 que les traitements et salaires du petit personnel étaient insuffisants parce que l'État emploie un personnel plus considérable que les compagnies et, par conséquent, est incité à les rémunérer moins bien. Il en résulte que, dans les compagnies, on trouve un coefficient de salaires plus élevés en regard d'un nombre d'employés plus restreint. En même temps, le rapporteur constatait que si les recettes avaient augmenté d'une façon inespérée, les dépenses allaient croissant plus rapidement encore, et c'est ainsi qu'au lieu de voir le coefficient d'exploitation baisser avec l'augmentation du trafic, comme cela devrait se produire, c'est le contraire que l'on constate en Belgique. En présence de résultats aussi désastreux, le rapporteur émettait l'idée de procéder comme en Hollande où l'on a affermé l'exploitation des chemins de fer avec un cahier des charges qui tient compte à la fois de la situation du personnel aussi bien que des intérêts des transporteurs et des transportés (2).

En Suisse, où l'expérience du rachat des chemins de fer

(1) Sur la manière de calculer les bénéfices ou les pertes. Cf. DE GREEF, *Loc. cit.*, p. 223.

(2) Chambre des représentants, n° 153. Séance du 7 juin 1907. Budget du ministère des chemins de fer, postes et télégraphes pour 1907. *Rapport fait au nom de la section centrale,* par M. Hubert.

et leur exploitation par la Confédération est relativement récente, les résultats financiers de cette exploitation ne sont pas des plus brillants. D'après les rapports officiels, les excédents de recettes ont passé, il est vrai, de 38 millions en 1903 à 44 millions en 1907, mais il faut remarquer que, pendant cette période, les dépenses d'exploitation ont augmenté de 35,8 0/0, tandis que, pour les recettes, l'augmentation n'est que de 28,6 0/0. Ici encore, l'élévation du coefficient d'exploitation, qui était de 67,48 en 1907, n'est pas seulement due à un trafic plus développé, mais aux exigences de la loi fédérale et à une augmentation du personnel qui a été de 18 0/0 en 3 ans.

Les intérêts de la dette consolidée s'élevaient en 1907 à 40,7 millions, mais la charge d'intérêts à laquelle doivent faire face les chemins de fer fédéraux se réduirait à 36,4 millions en déduisant le montant des capitaux disponibles et en ajoutant les intérêts de la dette flottante. Avec l'amortissement, qui s'élèverait à 5,9 millions, l'ensemble des charges annuelles serait de 41,8 millions.

Un des inconvénients de l'exploitation par l'Etat en Suisse, c'est la difficulté que rencontrent les entreprises nouvelles à obtenir des concessions, le Conseil fédéral hésitant à accorder des concessions dans la crainte de faire concurrence aux chemins de fer fédéraux (1).

L'Etat joue en Russie un rôle considérable comme dans tous les pays où la densité de la population est faible et où manquent les capitaux. Le développement des voies ferrées, si nécessaire dans ce pays si vaste, a été très lent à l'ori-

_____

(1) Cf. *Economiste français* du 13 juin et du 22 août 1908, art. de M. E. Kuhne, d'après les renseignements puisés dans le rapport sur l'exploitation des chemins de fer fédéraux en 1907.

gine. Un certain nombre de lignes ont été construites au compte de l'Etat, puis le réseau s'est développé plus rapidement avec le concours des sociétés anonymes, notamment de la Société des chemins de fer russes.

L'Etat a toujours conservé en cette matière un rôle prépondérant par le concours financier qu'il a apporté aux compagnies. A partir de 1875, il a construit lui-même un grand nombre de voies ferrées, notamment le Transsibérien (5.955 kilomètres) et l'Est chinois (2.704 kilomètres) et le déficit des compagnies résultant de la garantie d'intérêts ne faisant que s'accroître, il a racheté successivement un grand nombre de lignes. En même temps, on fondait entre elles un certain nombre de petites compagnies pour en former de plus vastes.

Aujourd'hui, l'Etat russe est possesseur d'un vaste réseau (41.188 verstes en 1908), mais les lignes qu'il a construites en Sibérie et dans le Turkestan ne sont pas productives et les résultats financiers de l'exploitation, pris dans leur ensemble, ont toujours été négatifs. Le *Mémoire explicatif du ministre des Finances* (1), qui accompagne le projet de budget de l'Empire pour 1909, nous donne la situation des chemins de fer russes depuis 7 ans. De 1902 à 1907, les recettes ont varié de 407.912 à 530.750 milliers de roubles et les dépenses totales, comprenant les frais d'exploitation, les dépenses extraordinaires, et celles pour travaux neufs et augmentation de matériel, de 406.267 à 532.350 milliers de roubles. Il y aurait un léger excédent, mais pour avoir une idée exacte des bénéfices ou des pertes que peut donner le réseau d'Etat en Russie, il faudrait dresser un bilan dans lequel on porterait, non les recettes encaissées, mais les

____

(1) *Bulletin de statistique et de législation comparée du ministère des Finances*, juin 1908, p. 705.

droits constatés pendant le cours de l'exercice et où on
tiendrait compte des intérêts et de l'amortissement des
obligations de chemins de fer, portés à un autre chapitre
du budget et qui s'élèvent en moyenne à 135 millions de
roubles, ainsi que des dépenses du Contrôle de l'Empire.
En tenant compte de ces divers éléments, on trouverait que
le Trésor russe, depuis quelques années, est en déficit de
plus de 100 millions de roubles.

Eu présence de pareilles charges financières, il n'est donc
pas étonnant que le Gouvernement russe songe à revenir
au système des concessions.

Nous avons déjà parlé de l'exploitation des chemins de
fer de l'Etat en Prusse. La situation financière de ce réseau
est moins mauvaise que celle des réseaux que nous venons
d'examiner. Les opérations de rachat, généralement faites à
l'amiable, ne furent pas trop défavorables pour l'Etat, par
suite de la plus-value progressive du produit net (1).

En 1907, l'excédent des recettes sur les dépenses d'exploitation était de 634 millions de marks (2). Le coefficient
d'exploitation s'élevait à 67,54 0/0.

Pour se rendre compte du bénéfice réel, il faut déduire
de cet excédent les intérêts et l'amortissement, assez faible
d'ailleurs, de la dette des chemins de fer, qui ne sont pas inférieurs à 285 millions de marks (3). En outre, en Prusse,
les dépenses extraordinaires pour travaux complémentaires,
construction de lignes neuves ou augmentations de matériel

(1) Cf. Cauwès, *Loc. cit.*, t. IV, p. 172 (note).

(2) Recettes : 1.953 millions de marks; dépenses 1.319 (*Bericht über
die Ergebnisse des Betriebes der preussichen Staatsbahnen*, 1907.

(3) D'après le budget de 1909-10, l'évaluation des recettes nettes est
de 563 millions de marks. Si l'on en déduit la totalité des charges financières en intérêts et amortissement, soit 286,9 millions de marks, il
reste 276 millions de marks. (Cf. *Annales de la Régie directe* Genève
n°° de mars-avril, 1909.)

roulant, dont le chiffre est très variable d'une année à l'autre, sont imputées sur les recettes du budget et figurent sous une rubrique spéciale. On peut considérer cette manière d'opérer comme un amortissement, mais cette imputation en bloc grève lourdement le budget et diminue d'autant le bénéfice réel (1). Ce n'est que dans le cas où les sommes à dépenser pour travaux neufs sont trop élevées que l'Etat a recours à l'emprunt. C'est ainsi qu'en 1908 le ministre des Finances reconnaissait la nécessité de faire appel à l'emprunt jusqu'à concurrence de 242 millions de marks pour améliorer le service des chemins de fer (2).

On voit, par l'exemple de la Prusse, que l'Etat maître des tarifs les maintient à des taux aussi élevés que les compagnies. Comment d'ailleurs pourrait-il en être autrement ? Les recettes des chemins de fer constituent la partie la plus importante du budget prussien et une moins-value dans cette catégorie de recettes a une repercussion très fâcheuse sur l'équilibre budgétaire. Dans le budget de 1909-10, on prévoit une diminution de 93 millions de marks dans le rendement des chemins de fer. C'est là un souci pour les ministres des Finances : il est évident que des recettes de nature industrielle et commerciale constituent un facteur très variable du budget et qu'il est presque impossible de prévoir un an à l'avance les résultats d'une industrie soumise à de pareilles fluctuations (3).

(1) Cf. Colson, *Loc. cit.*, livre V, 3e édit., p. 430.
De 1892 à 1904, d'après les rapports officiels précités, l'ensemble des crédits pour travaux extraordinaires s'est élevé à près de 2 milliards de marks et depuis les dépenses ne font qu'augmenter.
(2) Cf. *Bulletin de statistique et de législation comparée*, 1er semestre, 1908, p. 244.
(3) Cf. *Bulletin de statistique et de législation comparée du ministère des Finances*, mars 1909, p. 306.
Certains auteurs, notamment M. Cauwès (*Loc. cit.*, t. IV, p. 176, note) prétendent que les prévisions de recettes ne sont pas plus dif-

Un autre inconvénient dont se sont souvent plaints les ministres prussiens des Finances est l'élévation du coefficient d'exploitation, contre laquelle ils essaient de plus en plus de réagir, mais jusqu'ici sans succès.

En outre, l'Etat prussien a souvent eu à se débattre entre les intérêts opposés d'agriculteurs ou d'industriels de différentes régions, les uns demandant des augmentations de tarifs, les autres des réductions. C'est ainsi qu'à certains moments, les industriels du Luxembourg et de la Saar ont réussi à empêcher toute réduction de tarifs tendant à amener aux usines de la Ruhr les minerais de fer produits dans leur région et qui, en raison de la faible distance, auraient été les plus avantageux pour ces usines métallurgiques. On a fait remarquer avec raison qu'avec la liberté des chemins de fer, comme en Angleterre, ces difficultés n'existent pas et que, si les minerais de fer sont à une faible distance de la houille, on en profite pour la production du fer, ce qui diminue de beaucoup le prix de revient total. L'Angleterre a, à cet égard, une certaine supériorité sur l'Allemagne (1).

ficiles à déterminer pour les chemins de fer que pour les tabacs ou les postes. Nous croyons que l'on ne peut pas faire de comparaisons entre le monopole des tabacs ou celui des postes et les chemins de fer, et l'on voit, par l'exemple que nous venons de citer, l'énorme perturbation budgétaire que cette dernière exploitation peut produire.

(1) Lord AVEBURY, *Loc. cit.*, p. 147.

CHAPITRE VI

LES MANUFACTURES MODÈLES

Manufactures de Sèvres, des Gobelins et de Beauvais. — Motifs de la
création de ces établissements sous la royauté. — L'Etat est-il
dans son rôle en produisant des objets de grand luxe aux frais des
contribuables ? — Les imprimeries nationales et le monopole des
impressions gouvernementales. — Les manufactures d'armes de
guerre.

Certains Etats possèdent, en matière industrielle, des
établissements modèles qu'ils entretiennent à grands frais
et qui, tout en présentant le caractère d'établissement d'enseignement d'art, rentrent cependant indirectement dans
notre sujet, parce qu'ils exercent sur l'état économique de
la nation une certaine influence. Telles sont les manufactures nationales de porcelaines et de tapisseries, les imprimeries nationales, les fabriques d'armes, etc. En général,
il n'y a plus aujourd'hui de raisons sérieuses pour que les
Etats possèdent et exploitent des établissements de ce
genre, sauf en ce qui concerne les besoins de la défense
nationale.

En France, les deux manufactures de tapisseries des Gobelins et de Beauvais ont été créées sous Louis XIV par
Colbert pour ne plus être obligé d'aller chercher à Venise
et à Bruges les tapisseries nécessaires aux palais royaux.
Colbert mettait en avant l'idée de former en France des

ouvriers d'art capables de faire concurrence à ceux de l'étranger mais, en réalité, la royauté agissait là dans un but purement personnel et dans l'espérance d'obtenir à meilleur compte les produits luxueux qu'elle offrait à ses courtisans et aux étrangers de marque ou qui lui étaient nécessaires pour orner ses salles de réception et ses chambres d'apparat. Colbert, en effet, avait réuni dans la manufacture des Gobelins des peintres, des sculpteurs, des graveurs, des orfèvres, des fondeurs, des lapidaires, des ébénistes, etc., et, sous la direction de Le Brun, elle était devenue la *Manufacture des meubles de la Couronne.*

On ne voit pas d'ailleurs que ces manufactures aient exercé, au point de vue artistique, l'influence que l'on en attendait. Elles ont servi exclusivement à l'embellissement des demeures royales et nous ne pensons pas que l'industrie privée ait jamais été chercher de contre maîtres ou de directeurs aux Gobelins et à Beauvais.

On peut en dire à peu près autant de la manufacture de porcelaines de Sèvres, établie d'abord à Vincennes en 1740 par une société particulière et qui devint manufacture royale en 1752, lorsque Louis XV prit une grande partie des actions de la société. Elle fut définitivement annexée à la couronne en 1759, mais ce n'est guère que dix ans plus tard que l'on commença à y fabriquer de la porcelaine dure, dite porcelaine de Sèvres, puisque c'est seulement en 1768 que furent signalés en France, dans la Haute-Vienne, les gisements de vrai kaolin de Chine. Jusque-là, on n'y fabriquait que de la porcelaine tendre (vieux Sèvres, etc.). En cette matière, la concurrence de l'État a gêné considérablement l'extension de l'industrie privée et a même fini par mettre nos industriels dans une position d'infériorité vis-à-vis de l'Angleterre. Sans doute, à une époque où la grande industrie n'était pas encore née, l'intervention de l'Etat pouvait être utile, indispensable même pour lui donner le stimulant nécessaire. C'est ainsi que jusqu'au commencement de ce siècle, les quelques grandes manufactures de porcelaines, de tapisseries et de draps qui existaient en Europe étaient ou des manufactures royales ou subventionnées par la royauté. Le luxe des souverains était une condition du progrès dans l'ordre industriel et c'est sans doute une des raisons pour lesquelles J.-B. Say voyait d'un œil assez favorable les « expériences industrielles » de l'Etat. Mais au fur et à mesure que l'industrie se développe, l'ingérence de l'Etat, même au point de vue artistique, ne peut plus que contrarier l'esprit d'invention par la persistance d'une routine immuable dans les procédés et parce que le goût peut se trouver faussé par le respect trop prononcé des opinions et croyances traditionnelles, transmises de générations en générations. Qu'est-ce que l'art, sinon la traduction de l'impression sociale ambiante et, par conséquent, toujours variable avec les époques et les civilisations? A ce sujet, on a dit qu'il existe certains objets d'art d'un prix si élevé que, dans la médiocrité des fortunes modernes, les Etats peuvent seuls les acheter et peut-être les produire. Cette raison a été donnée par M. Leroy-Beaulieu (1). Mais est-on bien sûr que les particuliers ne pourraient pas produire les mêmes objets à meilleur prix ? Il est permis de se demander si l'Etat moderne est dans son rôle en produisant des objets de grand luxe aux frais des contribuables pour en faire l'objet de cadeaux aux diplomates ou à d'autres personnages officiels ou même pour en décorer les édifices publics. C'est là un luxe qui coûte fort cher. Les trois manufactures de Sèvres, des Gobelins et de Beauvais coûtent ensemble un

(1) *Traité de la science des finances*, 7ᵉ édit., t. I, p. 94.

million environ, mais, seul, le produit de la vente des objets de la manufacture de Sèvres est inscrit en recette au budget (1).

Il va sans dire que les parties de ces établissements qui sont du domaine public artistique, comme les musées annexés à ces manufactures, doivent être conservées par l'Etat.

Un grand nombre d'Etats possèdent et exploitent des imprimeries qui ont, en général, le monopole des impressions gouvernementales et administratives. En France, c'est l'Imprimerie nationale qui possède ce monopole. Ici encore, on comprend que, sous l'ancienne monarchie, *l'invention de laquelle semble être plus divine qu'humaine,* selon le mot de Louis XII, ait pu bénéficier largement de la protection royale. Sous François Ier, qui en fut le fondateur, et sous Louis XIII qui la réorganisa, l'Imprimerie royale donna un grand essor à la typographie en éditant des ouvrages comme la grande collection des historiens byzantins. *L'atelier oriental,* service typographique remarquable qui fait partie de cette imprimerie et qui est pourvu d'un outillage considérable, a beaucoup contribué à jeter un certain éclat sur cet établissement. L'ancien régime en faisait une sorte de conservatoire de l'imprimerie et ne s'en servait guère pour les impressions gouvernementales. La Révolution lui donna le monopole de toutes les impressions à faire aux frais du Trésor public, ce qui donna souvent lieu aux réclamations des imprimeurs. La Restauration détruisit presque complètement ce monopole en le réduisant aux impressions relatives au cabinet du roi, aux chancelleries, au Bulletin des lois et à celles qui exigeaient des garanties particulières. Mais ce système dura peu et,

____

(1) 206.600 fr. au budget de 1910.

par une ordondance de 1823, encore en vigueur, on en revient au régime de la Révolution.

Avec l'énorme extension prise par l'imprimerie, on ne
voit plus guère pourquoi l'État persisterait à conserver
aujourd'hui le monopole des impressions gouvernementales. D'ailleurs, ce monopole ne peut, en fait, s'exercer
rigoureusement et, malgré de nombreux arrêtés et décrets
rappelant les lois en vigueur, une foule d'impressions administratives lui échappent. En votant le budget, les Chambres
ont quelquefois rappelé aux Ministres l'ordonnance de
1823. Le produit des impressions de l'Imprimerie nationale
était porté au budget de 1910 pour 8,064 millions et la dépense pour 7,606 millions, ce qui donne un bénéfice de
458.000 francs. On estime son matériel à 7 ou 8 millions.
En Allemagne, l'excédent des recettes sur les dépenses de
l'imprimerie de l'Empire est beaucoup plus considérable :
3,495 millions de marks au budget de 1908.

En ce qui concerne les manufactures d'armes de guerre,
il semble que les considérations relatives aux intérêts de la
défense nationale doivent ici prédominer. Toutefois, il est
curieux de constater qu'en cette matière, l'État français est
un des derniers à suivre les errements de l'ancien régime
et à se priver du concours de l'industrie privée. Les inventions qui se produisent journellement dans les moyens de
destruction des peuples semblent leur faire une loi de la
rapidité de la transformation de l'armement et la plupart
des États européens ont compris, à cet égard, l'avantage de
recourir à l'industrie privée, en se bornant à contrôler et à
essayer les armes et munitions fournies par elles et à lui
fixer des délais rapprochés pour la livraison des commandes.
Ce système a procuré aux États l'avantage d'obtenir des
armes à un prix de revient notablement inférieur à celui des
manufactures nationales. C'est ainsi qu'ont procédé no-

tamment l'Etat autrichien avec l'usine privée de Steyr,
l'Etat allemand avec les usines de Krupp et de Gruson,
l'Etat italien avec la grande maison anglaise Amstrong
et Cie. Ce que demandent tous ces Etats à l'industrie privée,
ce sont des armes de guerre au prix le plus réduit possible
et dans le minimum de temps, tout en évitant ainsi les
frais énormes de transformation de l'outillage que nécessitent les progrès incessants de la pyrotechnie et de la métallurgie.

LIVRE IV

Le Domaine financier des Etats modernes.

CHAPITRE PREMIER

LES TRÉSORS DE GUERRE ET RÉSERVES FIDUCIAIRES

Des diverses catégories du Domaine financier. — Les Trésors de
guerre. — Le seul Etat qui possède aujourd'hui un Trésor de
guerre est l'Empire allemand. — Les réserves fiduciaires. — Le
fonds des invalides de la guerre en Allemagne. — Son indisponi-
bilité actuelle. — L'existence des Trésors de guerre ne s'explique
que par le respect pour les institutions d'un autre âge.

En dehors de son domaine foncier et industriel, l'Etat
peut posséder un Domaine financier composé de capitaux
mis en réserve ou engagés dans l'industrie : telles sont les
réserves métalliques et fiduciaires, les participations dans
les banques d'émission privilégiées, les parts de bénéfices
éventuels dans les compagnies de chemins de fer, etc.

A d'autres époques, les Etats se constituaient des réserves métalliques pour des besoins déterminés, principalement en vue de la guerre. C'était la manière habituelle de
procéder de nos anciens rois qui, ne pouvant recevoir
d'aide du crédit qu'avec lenteur et pour des sommes mi-

nimes, enfouissaient le plus d'or possible dans les caveaux de leurs bastilles. Ces immobilisations d'espèces monnayées dues à l'administration économe de certains rois, comme Henri IV ou Frédéric II, pouvaient avoir leur utilité dans les temps où il était très difficile de se procurer de l'argent. Mais aujourd'hui on ne comprend plus guère qu'un Etat éprouve la fantaisie de soustraire des capitaux à la circulation productive pour les enfermer dans des coffres en les rendant stériles.

L'Allemagne est le seul Etat européen qui possède encore un Trésor de guerre (*Kriegsschatz*). On sait qu'il s'élève à 120 millions de marcs, enfermés dans la tour dite de Jules, dans la citadelle de Spandau. Si Frédéric II a pu trouver quelque secours dans une réserve de ce genre, il est certain qu'avec les nécessités des armements modernes, 120 millions de marks ne constitueraient pas une bien grande ressource le jour de la mobilisation. La conservation d'un Trésor de guerre prouverait d'ailleurs plutôt la pauvreté que la richesse d'une nation, car ce n'est plus aujourd'hui l'encaisse métallique du Trésor qui fait la force financière de l'Etat, mais ses disponibilités générales et la puissance de son crédit, Il faut remarquer toutefois, en ce qui concerne l'Allemagne. que sa réserve métallique de guerre n'est pas complètement soustraite à la circulation, comme l'étaient les trésors des anciens rois, car le gouvernement allemand a émis des billets au porteur en représentation des 120 millions de marks en or enfermés dans la forteresse de Spandau.

On ne doit puiser dans ce Trésor de guerre qu'en cas de mobilisation et, dans ce cas, une part proportionnelle de cette somme est mise à la disposition de la Bavière, si le contingent bavarois est également mobilisé. La Bavière dispose librement de cette part.

Le Trésor de guerre est administré par le chancelier de l'Empire et une ordonnance du 22 janvier 1874 réglemente cette administration. Il y a un service de Trésorerie et un Curateur est chargé de la surveillance et de la comptabilité. La commission des dettes de l'Empire contrôle cette administration, elle a le droit de s'assurer de l'existence matérielle des fonds et elle fait chaque année un rapport au Bundesrath et au Reichtag.

Ce Trésor de guerre ne fait pas de recettes et il ne peut dépasser le chiffre primitivement fixé de 120 millions de marks.

L'empire allemand possède aussi des réserves fiduciaires constituées par des prélèvements effectués sur l'indemnité de guerre que la France lui a payée après la guerre de 1870-1871. Sur les 5 milliards de cette indemnité, 120 millions de marks ont été destinés à reconstituer le Trésor de guerre, 571 millions de marks ont été affectés à la formation d'une caisse des invalides de la guerre et une somme à peu près égale devait être employée à des travaux de forteresses, notamment en Alsace-Lorraine (1). D'autres lois ont affecté des fonds prélevés sur cette indemnité à la construction des chemins de fer et aux édifices du Reichstag. Ces fonds ont aujourd'hui reçu leur destination.

Le fonds des Invalides est constitué de telle façon que les dépenses à payer sur ce fonds doivent absorber les intérêts mais aussi peu à peu le capital. La loi a déterminé les valeurs dont il doit être composé ainsi que la manière dont il doit être géré. Il est constitué par des valeurs au porteur dont le capital n'est pas exigible et qui se composent en grande partie de titres de rente de l'Empire d'Allemagne, de titres de rente garantis par l'Empire ou par l'un des

____

(1) Lois du 8 juillet 1872 et du 30 mai 1873.

Etats confédérés, de lettres de gage de Banques allemandes servant d'intermédiaires à l'encaissement des rentes d'obligations de provinces, cercles, communes, etc. Il y a aussi des valeurs étrangères ; fonds de la Dette des Etats-Unis, consolidés anglais, etc. L'acquisition de ces valeurs était autorisée jusqu'en 1876.

On a fait ressortir les avantages de ce portefeuille de valeurs en le comparant à une sorte de Trésor fiduciaire formant le complément du Trésor métallique et en faisant remarquer qu'il serait d'une ressource précieuse en cas de guerre soudaine (1). Il est certain que la possibilité d'aliéner immédiatement ces valeurs peut être d'un grand secours en cas de mobilisation, mais si on les considère comme le complément du Trésor de guerre, elles perdent alors en partie leur caractère essentiel, qui est d'être échangeables à vue et au porteur, car, dans les conditions où le portefeuille allemand est constitué, elles peuvent subir, au moment d'une déclaration de guerre, de fortes dépréciations. Il est d'ailleurs essentiel de remarquer que le fonds des invalides de l'Empire d'Allemagne a une affectation bien déterminée, qui est de subvenir aux dépenses de pensions militaires et de la marine accordées à la suite de la guerre de 1870-1871. Ce fonds ne serait disponible que le jour où tous les ayants-droit aux pensions et secours auraient disparu et une loi doit alors décider de l'emploi qui en sera fait. Le capital en sera sans doute considérablement réduit, car on a prélevé plus de 6 millions par an sur ce fonds depuis 1882.

La Caisse des invalides n'est pas seulement chargée d'acquitter les pensions militaires, mais elle est encore chargée d'effectuer des payements qui se rattachent, par leur nature,

____

(1) *Traité de la science des finances*, par M. Leroy-Beaulieu, 7ᵉ édit., t. II, p. 228.

à sa destination primitive, car on a constaté que les intérêts et le capital n'étaient pas épuisés par l'affectation primitive. C'est ainsi que l'on a successivement fait payer par
cette caisse les dépenses incombant à l'Empire pour les
pensions et secours aux hommes ayant fait partie de l'ancienne armée de Scheswig-Holstein, des suppléments de
pensions à des militaires devenus invalides avant 1870-
1871, des suppléments honorifiques à des titulaires de la
croix de fer de 1870-1871, des pensions à des militaires autrefois français, en vertu de l'acte additionnel au Traité de
Francfort du 11 décembre 1871, art. II, des secours et des
bourses scolaires aux veuves et aux orphelins d'invalides
par suite de la guerre de 1870-71, etc. (1).

L'existence de réserves métalliques ou fiduciaires en
Allemagne ne s'explique guère que par le respect que pro-
fesse cette nation pour les institutions d'un autre âge. Le
crédit de l'État et surtout l'existence d'une Banque centrale
d'émission nous paraissent bien autrement efficaces qu'une
réserve métallique pour parer aux éventualités d'une guerre.
Ce n'est pas avec 120 millions de marks que l'Allemagne
pourrait tenir longtemps campagne, mais l'Empire a la
haute main sur la Banque et c'est évidemment là que se
trouvent les ressources suprêmes de la mobilisation allemande.

On peut aussi considérer comme une forme du Domaine
financier le portefeuille de valeurs que possède l'État anglais et qui contient 176.200 actions du Canal de Suez. Pour
des raisons politiques, ces actions ont été acquises du Khé-
dive d'Egypte il y a une trentaine d'années moyennant la
somme de 100 millions. Elles en valent aujourd'hui 700
et rapportent annuellement 26 millions.

(1) *Le droit public de l'Empire allemand,* par Paul Laband, traduction Bouyssy, t. VI, p. 33 et suiv.

CHAPITRE II

LES PARTICIPATIONS DE L'ÉTAT DANS LES ENTREPRISES
INDUSTRIELLES

Intervention de l'Etat en matière d'émission. — Des participations
dans les Banques privilégiées. — Des grandes Banques d'Etat et,
principalement de la Banque impériale allemande. — La redevance
proportionnelle en France.

Des parts de bénéfices réservées à l'Etat dans les entreprises de chemins de fer. — Des clauses insérées à ce sujet dans les conventions avec les compagnies. — Dangers que présentent les associations de tous genres conclues entre l'Etat et les compagnies industrielles.

De la participation de l'Etat français dans les bénéfices de l'exploitation des phosphates de chaux en Algérie.

Dans presque tous les pays, que l'on ait adopté le système de l'unité ou celui de la pluralité des banques d'émission, on a reconnu, en cette matière, la nécessité de l'intervention de l'Etat. Il est évident que l'émission d'un papier
qui est destiné à remplacer, dans une certaine mesure, la
monnaie métallique, est une opération qui peut entraîner
des conséquences graves pour le public en général. Tout le
monde faisant crédit à une banque d'émission, il semble
nécessaire de protéger le porteur du billet contre une administration malhabile ou contre le danger d'émissions
exagérées. L'intervention de l'Etat se justifie aussi par une
autre raison : les banques d'émission, surtout les grandes

banques centrales, comme la Banque d'Angleterre et la Banque de France, remplissent le rôle de régulateur de la circulation métallique. Elles constituent de grands réservoirs où vient s'accumuler la plus grande partie de la monnaie métallique d'un pays. Or, en vertu de la balance des échanges, les pays se trouvent alternativement débiteurs et créanciers. Sous l'influence des changes défavorables, les demandes d'or se font sentir et, pour éviter les crises, il faut des établissements qui puissent prendre des mesures assez efficaces pour régler ces sorties de numéraire. L'intervention de l'Etat se trouve donc ainsi justifiée par des raisons d'ordre supérieur. Mais l'Etat doit-il aller jusqu'à s'immiscer dans les affaires intérieures des Banques ou s'en faire l'associé? Nous ne le pensons pas. Rien n'est plus dangereux pour une banque que d'être entièrement dans la main de l'Etat. Les Etats modernes, malgré tout le crédit que le public leur accorde, sont, en général, besogneux et ils peuvent avoir la tentation de puiser dans la caisse de la Banque, sauf à lui faire émettre d'une façon plus ou moins déguisée, du papier-monnaie. L'intervention de l'Etat doit se limiter à une fonction de surveillance et de contrôle et c'est pourquoi il est imprudent d'en faire l'associé de la Banque, comme cela existe dans certaines grandes banques européennes, la Banque d'Etat russe, la Banque impériale allemande, la Banque d'Autriche-Hongrie, etc. Le partage des bénéfices a pour résultat de mêler l'Etat à l'administration journalière de la Banque, ce qui peut l'amener à user de cette dernière pour ses besoins de trésorerie, si des règles rigoureuses ne sont pas posées à cet égard. Il a en outre l'inconvénient d'être un impôt déguisé sur le taux de l'escompte.

En Allemagne, l'Etat s'est réservé une très large part dans les bénéfices de la Banque de l'Empire : il a droit à la moitié de la réserve et lorsque les actionnaires ont reçu 3 1/2 0/0 de leur capital, l'excédent est partagé jusqu'à ce qu'ils aient reçu 6 0/0 ; au delà de 6 0/0, les trois quarts des bénéfices appartiennent à l'Etat (1). Jusqu'ici, il ne semble pas que la Banque ait eu à se plaindre de l'immixtion de l'Etat dans ses affaires, mais, avec les grands pouvoirs qui sont conférés à ce dernier, en serait-il de même en cas de guerre et surtout en cas de guerre malheureuse ? Cet établissement, fondé en 1876, n'a encore fonctionné que pendant une période heureuse de l'histoire de l'Allemagne et, par conséquent, n'a pu encore faire ses preuves dans les moments critiques. Il semble bien difficile que son association avec l'Etat ne l'entraîne pas à partager toutes les chances, bonnes ou mauvaises, que peuvent courir les finances de l'Empire.

En France, on le sait, le privilège de l'émission a été conféré à une banque unique et l'Etat a compris la nécessité de ne pas intervenir dans les affaires particulières de la Banque, mais il a cru cependant devoir lui réclamer une redevance en compensation du renouvellement de son privilège d'émission. Pour lui demander cette redevance, on s'est appuyé sur ce fait que, par la concession du privilège, on donne à la Banque le moyen de faire l'escompte avec un certain capital qui ne lui coûte rien. Ce capital est celui qui est représenté par l'écart entre le montant des billets en circulation et le chiffre de l'encaisse. Cet écart oscille autour de 500 millions. On y a ajouté, bien qu'il ne s'agisse plus ici d'une conséquence de son privilège, les comptes cou-

____

(1) En 1907, la part de l'Etat a été de 34,5 millions de marks. Si l'on y ajoute 5,6 millions de marks pour l'impôt sur la circulation, on obtient 40,1 millions de marks que la Banque rapporte à l'Etat. Ce chiffre était de 29,1 millions en 1906 (*Verwaltungsbericht der Reichsbank für das Jahr*, 1907, *Berlin* Gedruckt in der Reichsdruckerei).

rants gratuits et on a ainsi obtenu un chiffre d'un peu plus d'un milliard, sur lequel la Banque ne paie pas d'intérêt. Ce capital lui coûterait, à 1/2 0/0 d'intérêt, environ 5 millions par an. Si on en déduit le montant des frais fabrication des billets, ainsi que l'impôt, soit 2 millions, il reste 3 millions pour le bénéfice que la Banque est censée retirer spécialement de son privilège. La redevance due en compensation de ce bénéfice a été arbitrée entre l'Etat et la Banque à 1/8 du produit que l'on obtient en multipliant le taux moyen de l'escompte par le chiffre moyen du portefeuille et des avances pendant l'année, produit qui paraît se rapprocher sensiblement de 3 millions.

Si l'on se place au point de vue auquel s'est placé l'Etat, c'est-à-dire si l'on considère la redevance comme le prix du privilège d'émission, il semble qu'une redevance fixe constituerait un système plus simple et donnerait lieu à moins d'ambiguité. Un prélèvement variant avec le chiffre d'affaires ressemble fort, quoi qu'on en dise, à une participation indirecte dans les bénéfices, impliquant au moins le contrôle de certains chiffres. On peut, il est vrai, s'en référer aux bilans, mais c'est une question de pure confiance, et dès l'instant où un contrat est intervenu, on ne pourrait empêcher l'une des parties d'en vérifier l'exécution.

Dans toutes les entreprises où il intervient à titre d'associé direct ou indirect, l'Etat se place toujours au point de vue des bénéfices possibles, mais il est évident que toutes les entreprises industrielles — même les banques d'émission privilégiées — peuvent courir des risques. On l'a vu par l'exemple de la Banque de l'Algérie. Il en résulte que lorsque les prévisions ne se réalisent pas, l'Etat se trouve en face de difficultés imprévues et que sa participation peut l'entraîner à soutenir financièrement le crédit de ces entreprises.

Le système adopté par beaucoup d'Etats pour la construction des chemins de fer et qui les a amenés à accorder une garantie d'intérêt aux actions et aux obligations des compagnies a eu pour effet de créer entre elles et ces Etats des sociétés de capitaux. En France, où les chemins de fer ont été construits en faisant appel à la fois à l'initiative privée et au concours de l'Etat, celui-ci a fait insérer dans les conventions avec les compagnies des clauses relatives au partage des bénéfices (1). En vertu des conventions de 1883, la part attribuée à l'Etat est des deux tiers des bénéfices excédant les charges du capital et de l'exploitation. Jusqu'à ces derniers temps, les prévisions, en ce qui concerne cette participation, ne s'étaient pas réalisées et cette partie du domaine financier restait purement négative, puisque l'Etat, par des avances remboursables au titre de la garantie d'intérêt, était toujours obligé de parer aux insuffisances des produits de l'exploitation (2). Il a été stipulé, dans les divers contrats intervenus entre l'Etat et les compagnies, que le partage ne pourrait s'effectuer, soit sur les anciens, soit sur les nouveaux réseaux qu'à partir du mo-

(1) En Russie, avant le rachat de la plupart des lignes par l'Etat, cette nature de recettes était une ressource importante pour le budget. Elle se chiffrait par 49,4 millions de roubles en 1889 (DE KOVALEWSKY, *Loc. cit.*, p. 780).

(2) La situation, jusqu'à ces derniers temps, était en voie d'amélioration. Depuis 1900, en effet, l'Etat, en vertu des conventions de 1883 et de 1897, touchait une part des bénéfices de l'exploitation de la Compagnie Paris-Lyon-Méditerranée. La somme représentant le partage des bénéfices avec les Compagnies de chemins de fer était inscrite au budget de 1907 pour 10 millions, mais, au budget de 1908, elle ne figurait plus que pour 2,4 millions. Actuellement (1909) la situation des Compagnies ne permet plus de prévoir aucun excédent à partager. La diminution du produit net de l'exploitation a pour cause les charges nouvelles résultant de l'application du repos hebdomadaire, de l'amélioration des salaires et des retraites, de la hausse du prix du charbon, etc.

ment où la garantie d'intérêt cesserait d'être réclamée et
après le remboursement des sommes avancées à ce titre
par le Trésor. Or, le montant total des dettes des compagnies vis-à-vis de l'Etat, au 31 décembre 1906, s'élevait,
en capital et intérêts, à 1.166 millions (1). En outre, avant
tout partage, le revenu doit atteindre une certaine somme
correspondant à un dividende qui varie suivant chaque
compagnie. On sait que, pour certaines d'entre elles, on a
manifesté des doutes sur la possibilité du remboursement
de leur dette vis-à-vis de l'Etat. Si on la compare, en effet,
à la valeur du matériel roulant qui est le gage principal,
sinon le seul gage de l'Etat, on peut concevoir certaines
appréhensions. Mais cette comparaison de la dette avec la
valeur du gage n'est pas absolument probante et il est
permis d'espérer que les compagnies amélioreront notablement leur situation, si l'on considère que le chiffre des
avances de l'Etat a baissé considérablement dans ces dernières années, par suite des efforts qu'elles ont faits pour
diminuer leurs frais d'exploitation. Ce chiffre est descendu
de 97 millions où il était encore en 1893, à 9 millions
en 1899. (2)

L'association des compagnies et de l'Etat pour l'établissement des chemins de fer a donc créé pour ce dernier des
charges considérables qui, depuis longtemps, ont été une
source d'embarras pour le budget. Toutefois, il faut tenir
compte de ce fait que l'Etat étant nu-propriétaire des chemins de fer dont la pleine propriété doit lui revenir à l'expiration des concessions, on peut considérer la garantie

---

(1) Ce chiffre se décompose ainsi : Est, 230 millions ; Ouest,
440 millions ; Orléans, 221 millions ; Midi, 274 millions (*Compte général de l'administration des finances pour* 1906, 1er vol.).

(2) Depuis, il s'est relevé. Il était de 21 millions au budget de 1908,
avant le rachat de l'Ouest.

d'intérêt comme une dépense représentant les frais d'entretien d'une partie du domaine public. Il faut aussi se rappeler que le montant des impôts prélevés sur les transports par chemins de fer est supérieur aux avances pour garanties d'intérêts. Mais peut-on espérer que la clause relative au partage des bénéfices pourra être appliquée avant l'expiration des concessions ? Il y a lieu de faire, à cet égard, une distinction entre les compagnies. Pour la compagnie du Nord, qui n'a jamais fait appel à la garantie d'intérêt, et pour la compagnie Paris-Lyon-Méditerranée, qui semble, dès à présent, entrer dans la période de remboursement, on peut envisager cette hypothèse. Mais, pour certaines autres compagnies, il n'est guère permis de supposer que cette éventualité puisse se réaliser un jour. Pour que la garantie cessât de fonctionner, il faudrait, en effet, une augmentation de recettes de 25 0/0, et c'est à peine si on évalue à 2 0/0 l'augmentation annuelle normale des recettes de chemins de fer (1). Il faudrait ensuite des plus-values constantes pour assurer le remboursement régulier avant tout partage (2).

En ce qui concerne les chemins de fer algériens, l'État a fait pour les Compagnies des sacrifices hors de proportion avec les services qu'elles ont rendus. On sait que le besoin

____

(1) CUCHEVAL-CLARIGNY, *Les Finances de la France de 1870 à 1891*, Paris, Perrin et Cie, 1891. Cf. aussi COLSON, *Transports et tarifs*, 3ᵉ édit., p. 429 et suiv.

(2) Les Compagnies ont fait depuis une dizaine d'années de notables efforts pour améliorer leur situation. La Compagnie Paris-Lyon-Méditerranée a remboursé sa dette par anticipation en 1897. Le Midi a cessé de faire appel à la garantie d'intérêts. Les Compagnies d'Orléans et de l'Est sont entrées en 1900 dans la voie des remboursements. Malheureusement, par suite des charges nouvelles imposées aux Compagnies, ces remboursements de garanties d'intérêts diminuent. On ne prévoit que 3 millions pour 1910 (Cf. *Exposé des motifs du projet de budget de l'exercice 1910*, p. 35).

le plus urgent de l'Algérie, qui n'a pas de rivières navigables, est le développement de ses voies ferrées, qui a été
entravé pendant longtemps par un régime défectueux. A
l'origine, il y a eu défaut d'unité dans l'établissement du
réseau, aucun plan d'ensemble n'a été élaboré, de sorte
que cinq compagnies distinctes, toutes soumises à un régime différent, se sont partagées les voies ferrées algériennes. En outre, le régime de la garantie d'intérêt a été
modifié en Algérie de telle façon que certaines Compagnies
n'avaient aucun avantage à avoir une exploitation régulière et qu'elles étaient tombées dans un excès de quiétude
absolument nuisible aux intérêts des particuliers comme à
ceux de l'Etat.

Depuis longtemps, on signalait sans succès la nécessité
de la revision des conventions (1) quand l'autonomie financière de l'Algérie, créée par la loi du 19 décembre 1900, est
venue apporter un moyen d'améliorer la situation par la
création d'un budget spécial de l'Algérie, qui lui a permis
de faire appel au crédit.

Au prix de beaucoup de difficultés et grâce au vote d'une
loi de décentralisation qui attribue au Gouverneur général
et aux Assemblées locales l'entière responsabilité des voies
ferrées, l'unification et la communauté des tarifs de petite
vitesse s'effectuent peu à peu, en même temps que s'exé-
cuteront les travaux complémentaires destinés à étendre le
réseau. La Compagnie de l'Est Algérien qui, par son contrat de concession, avait intérêt à repousser les réformes
demandées par le Gouvernement général, a été rachetée et
un décret approuvant le rachat a été rendu par le Conseil
d'Etat le 25 août 1907.

(1) Dès 1892, M. Burdeau signalait les défectuosités du réseau
algérien dans un remarquable rapport.

On voit, par cet exemple, le danger des associations de tous genres que peuvent conclure les compagnies privées avec l'Etat et les villes, si ceux-ci négligent de donner à ces associations un correctif nécessaire en créant un stimulant efficace pour favoriser les perfectionnements et assurer l'économie dans les frais d'exploitation. Le partage des bénéfices nécessite d'ailleurs un contrôle rigoureux, car les Compagnies, qui ne jouissent que d'un privilège temporaire, ont toujours une tendance à dissimuler une partie de leurs bénéfices, soit en les portant dans un compte de réserve, soit en les faisant passer en frais d'établissement, ce qui leur permet d'obtenir une majoration dans le capital-actions.

On peut considérer également comme une forme du domaine financier les prélèvements que l'Etat tend de plus en plus à stipuler en sa faveur dans les bénéfices des compagnies minières. On se fait, à notre époque, beaucoup d'illusions sur cette nature de revenus et, malgré les inconvénients que présente l'ingérence de l'Etat dans les entreprises industrielles, on rencontre des stipulations de ce genre dans les projets de loi relatifs aux concessions de mines et carrières.

Un projet de loi sur les concessions de phosphates de chaux en Algérie nous en offre un exemple et le cas est d'autant plus intéressant que l'Etat, dans la circonstance, représente à la fois le Domaine privé et le Domaine public.

On sait qu'il existe en Algérie d'immenses amas de phosphates de chaux s'étendant de Gafsa à la frontière marocaine, sur une étendue de 800 kilomètres et pouvant alimenter la consommation européenne pendant des siècles. Ces gisements se trouvent situés en grande partie dans des terrains faisant partie du Domaine particulier de l'Etat ou appartenant aux communes et aux douars, soit comme communaux de douar soit comme terres de tribus (*arch*). A la suite du bruit fait autour de quelques concessions accordées irrégulièrement à des sociétés anglaises, les pouvoirs publics se sont occupés de l'amodiation de ces gisements. Un projet de loi fut déposé par le gouvernement en 1896 et renvoyé à une commission qui le modifia assez profondément (1). La commission faisait figurer notamment dans la loi la participation de l'Etat dans les bénéfices de l'exploitation. Nous avons dit, dans un chapitre précédent, pour quelles raisons le système de l'adjudication nous paraissait devoir être préféré, en cette matière, à celui de l'amodiation de gré à gré. Mais l'adjudication devait-elle porter sur une redevance à payer par tonne de phosphate expédiée, comme le stipulait le projet du gouvernement, ou sur une redevance à payer une fois pour toutes, ou sur une part réservée à l'Etat dans les bénéfices de l'exploitation ? La commission écartait d'abord le système de l'adjudication sur la redevance à la tonne. Il présente, en effet, des inconvénients parce qu'il force à fixer un minimum de production pour empêcher l'accaparement des gisements à l'adjudication par l'offre d'une redevance élevée, sauf à ne pas les exploiter ou à les exploiter insuffisamment. Or, il est presque impossible de fixer ce minimum (2). Tout en paraissant donner la préférence à la redevance une fois payée, la commission ne tranchait pas la question et laissait

---

(1) En raison des lenteurs de la procédure parlementaire, ce projet de loi n'est pas venu en discussion et la loi a été remplacée par un décret du 25 mars 1898 qui a reproduit les principales dispositions du projet. Les phosphates de chaux étant des carrières, il semble que la loi de 1810 soit applicable et que la légalité de ce décret soit contestable (Cf. *Les phosphates de chaux d'Algérie*, par Jules Gastu, Arthur Rousseau, 1901).

(2) *Rapport fait au nom de la commission chargée d'examiner le pro-*

au Gouvernement général de l'Algérie la faculté d'employer l'un ou l'autre des deux autres modes d'amodiation.

Il nous semble qu'il y a dans le système de la participation de l'Etat une sorte d'aggravation du régime consacré par la loi de 1810. Nous avons déjà fait remarquer que les redevances sur les mines sont, à certains égards, une survivance du droit régalien : elles constituent plutôt une participation qu'un impôt proprement dit. Or, en ce qui concerne l'amodiation des gîtes de phosphate de chaux, le projet de loi prévoyait, outre la participation de l'Etat dans les bénéfices de l'exploitation, une redevance à la tonne et à l'hectare qui constituaient, aux yeux de la commission, la part minima de l'Etat. Il est vrai que celui-ci agit ici comme représentant tout à la fois le Domaine public et le Domaine privé. Mais en procédant à l'adjudication dans un intérêt commun et comme représentant le Domaine public, l'Etat n'a pas à s'immiscer dans la gestion des intérêts privés et c'est par l'impôt qu'il doit se récupérer de ses frais généraux.

Comme propriétaire des terrains où sont situés les gîtes ou comme représentant, en qualité de tuteur, les collectivités indigènes qui en sont propriétaires, l'Etat a des droits analogues à ceux que pourrait avoir tout particulier en possession de terrains dans lesquels se trouveraient des gisements susceptibles d'exploitation. Or, la jurisprudence a toujours considéré la cession du droit d'exploiter une mine ou une carrière pendant un certain nombre d'années comme un contrat de vente qui transmet la propriété des produits à l'acquéreur. Dès l'instant où il s'agit d'une vente,

<hr>

jet de loi sur l'exploitation des phosphates de chaux en couches situés en Algérie, par M. Noël, député, p. 53. Annexe au procès-verbal de la séance du 8 juillet 1897.

le système de l'adjudication sur une somme totale à payer nous paraît préférable à celui de la participation aux bénéfices, car il a, entre autres avantages, celui d'éviter à l'Etat la surveillance financière de l'entreprise, surveillance bien plus difficile encore en Algérie que dans la métropole, ainsi du reste que le faisait remarquer le rapport de la commission lui-même.

Le décret du 25 mars 1898, qui est venu remplacer la loi en projet, a maintenu le système de l'adjudication, mais celle-ci porte, comme dans le projet du gouvernement, sur la redevance à payer à l'Etat par tonne de phosphate expédiée, indépendamment du droit de 0 fr. 50 par tonne qui constitue, en quelque sorte, la part minima de l'Etat.

Le nouveau projet de loi sur le régime général des mines en France, déposé par le gouvernement le 13 septembre 1908, établit aussi le principe d'un prélèvement au profit de l'Etat sur les bénéfices que peuvent faire certains exploitants.

Ce projet de loi change la base de la redevance proportionnelle. Pour supprimer les conflits entre l'Administration et les exploitants, on comprendra dans l'évaluation du produit net les bénéfices provenant de toutes les opérations commerciales et industrielles consécutives ou accessoires de l'exploitation et ces opérations cesseront d'être imposables à la contribution des patentes. Lorsque l'exploitation minière sera le principal objet de l'entreprise, au lieu de prendre, comme assiette de la redevance, le produit net tel qu'il était établi précédemment, on se basera sur le montant des sommes distribuées aux actions et parts de fondateurs (1).

Le projet de loi crée, en outre, une véritable participa-

(1) Dans les dispositions tirées de ce projet et qui devaient être in-

tion de l'Etat dans les bénéfices que peuvent faire certains exploitants. Il stipule, en effet, que dans le cas où le produit net d'une concession dépasserait le dixième du capital de premier établissement, la redevance proportionnelle sur l'excédent serait portée à 20 0/0, tandis qu'actuellement, cette redevance ne peut, en aucun cas, dépasser 5 0/0 (1). Et comme, dans toutes ces formes de participation, l'Etat a toujours à craindre que les industriels ne cherchent à se dérober à ces clauses de partage des bénéfices, on avait prévu le cas où les compagnies minières useraient du délai qui s'écoulera entre la présentation et le vote du projet de loi pour distribuer leurs réserves de manière à ne plus avoir, au moment de l'application de l'impôt, que des dividendes réduits. Pour ménager les intérêts en cause, il avait été stipulé que cette surtaxe de 20 0/0 ne pourrait porter que sur la fraction du produit net excédant la moyenne des produits nets des trois années antérieures au 1er janvier 1909 (2).

La perception de ce taux de 20 0/0 de la redevance, pouvait présenter des difficultés pour l'établissement du chiffre du capital de premier établissement : cette disposition à introduire dans la loi de finances a été abandonnée par le nouveau ministre des finances et son examen renvoyé à

troduites dans la loi de finances de 1910, les sommes nécessaires au service des obligations devaient être également comprises dans les chiffres servant de base à la redevance, mais cette disposition a été abandonnée par le nouveau ministre des Finances, M. Cochery. (Cf. *Exposé des motifs du projet de loi portant fixation du budget de* 1910. *Lettre du ministre des Finances à M. le Président de la Commission du budget du 15 septembre 1909 contenant les nouvelles propositions du Gouvernement en ce qui concerne le budget de* 1910.)

(1) Le capital d'établissement aurait été estimé comme étant celui qui serait actuellement nécessaire pour établir la mine et les usines annexes avec la production maximum qu'elles ont pu atteindre avec le concessionnaire actuel (*Exposé des motifs*, précité).

(2) *Exposé des motifs* déjà cité.

l'étude du projet de loi sur le régime général des mines. La redevance proportionnelle serait portée à 6 0/0 en principal et 1/2 0/0 en plus au profit des communes pour tenir compte de la perte qu'elles subiront par suite de la suppression de la patente sur les-industries accessoires (1).

Il est à remarquer que les chiffres des dividendes ne correspondent pas toujours aux bénéfices réels, car, dans les années mauvaises, il arrive que les compagnies prélèvent sur leurs réserves pour maintenir leurs dividendes, et ces réserves ont déjà subi la redevance de 5 0/0. Quant à la participation éventuelle de l'Etat dans une entreprise soumise à tant d'aléas, on peut se demander si elle sera plus rémunératrice que celle qu'il s'est réservée dans les compagnies de chemin de fer.

Il existe actuellement une tendance à croire à la nécessité de l'intervention directe ou indirecte de l'Etat en matière industrielle. On cherche à multiplier et à varier de plus en plus les formes de cette intervention. Cette manière de procéder nous semble en partie provenir de l'observation inexacte des faits. L'anonymat, qui est aujourd'hui la forme obligée sous laquelle se créent les grandes entreprises industrielles, facilite, au contraire, l'intervention par voie de réglementation, de sorte que le rôle de l'Etat, s'il était mieux compris, devrait se borner à une mission de contrôle et de surveillance après prélèvement, par l'impôt général, de la part nécessaire des besoins sociaux.

(1) *Lettre du ministre des Finances*, précitée.

LIVRE V

Les transformations de la domanialité et leurs conséquences sociales

---

CHAPITRE PREMIER

LE DÉVELOPPEMENT DU DOMAINE PUBLIC MODERNE ET L'ÉVOLUTION DE L'ÉTAT

La fortune publique. — Double aspect sous lequel elle se présente dans les civilisations avancées. — La prédominance de plus en plus grande de l'impôt et du Domaine public dans la composition de cette fortune. — Evaluation du Domaine public en France à différentes époques. — Les biens de l'Etat affectés aux services publics. — La classification de ces biens dans le Domaine privé de l'Etat n'est pas exempte de critiques au point de vue économique et juridique. — Evaluation en 1833 et en 1875. — L'importance croissante des biens du Domaine public ne prouve pas que « le rôle de l'Etat est aussi varié que les fins du progrès ». — Véritable évolution de l'Etat. — Heureuse influence du développement normal du Domaine public.

Chez les nations parvenues à un degré supérieur de civilisation, la fortune de l'Etat se présente sous trois formes essentiellement distinctes : 1° le *patrimoine* de l'Etat, c'est-à-dire les biens et droits immobiliers qu'il possède à titre d'individu et les capitaux engagés dans certaines industries exercées directement par lui ou dans lesquelles il a une participation financière ; 2° les ressources annuelles qui constituent une dotation pour les services publics ; 3° les biens qui, par nature ou par destination, échappent à toute possession privée et ne sont détenus par l'Etat lui-même qu'en raison de leur affectation à l'usage de tous. Ces deux aspects de la fortune de l'Etat correspondent à des périodes différentes de son évolution et, comme nous l'avons montré précédemment, la deuxième forme de propriété domaniale ne s'établit que lentement, au fur et à mesure que se constitue et se fortifie le lien national. Même à notre époque, cette distinction ne semble se présenter que confusément à l'esprit de ceux qui réclament l'extension indéfinie des domaines productifs de revenus. Le nombre et l'étendue de ces biens ne procèdent, à l'origine, d'aucun principe économique et, dans les temps modernes, leur importance ne se mesure nullement au développement de l'Etat lui-même.

En consultant l'histoire, nous avons vu, en effet, que la fortune patrimoniale de l'Etat, qui se confond d'abord avec celle du souverain, provient des hasards de la politique pure, des héritages et des conquêtes. Le domaine royal, d'abord simple fief au milieu des autres fiefs, s'agrandit peu à peu avec les progrès de la royauté et, bientôt, ne répond plus aux besoins grandissants de la nation. En France, au moment où la personnalité financière de l'Etat commence à apparaître nettement, c'est-à-dire sous Philippe le Bel, ce domaine s'est déjà considérablement enrichi, mais il ne peut néanmoins suffire aux charges créées par les services publics, qui naissent en même temps que l'Etat. C'est alors qu'il faut avoir recours à l'aide de la nation, c'est-à-dire à l'impôt. Celui-ci est d'abord temporaire, puis il devient permanent. Plus la royauté, dégagée des limbes de la féodalité, personnifie l'Etat, organe des intérêts communs de la

nation, plus elle est obligée d'avoir recours à l'impôt comme
moyen financier et celui-ci se substitue peu à peu aux revenus domaniaux, par une évolution financière analogue
à celle qui s'était déjà produite, sous une forme plus atté-
nuée, dans le monde antique. Ce n'est assurément pas sans
inconvénients que s'établit ce nouveau régime, qui donne
lieu à une foule d'inégalités et de privilèges, mais on peut
affirmer que, chez une nation en voie de progrès, l'impôt
occupe une place de plus en plus importante dans la composition de la fortune publique et si l'on rencontre encore
en Europe certains petits Etats, comme les deux Mecklembourgs, où le souverain a conservé son domaine du moyen-
âge, c'est que la nation y est encore étroitement enfermée
dans le cadre de ses traditions et de ses coutumes séculaires.

Le rôle de plus en plus grand joué par l'impôt dans les
finances publiques a, sur la composition de la fortune de
l'Etat et sur son évolution politique elle-même, des conséquences importantes. En premier lieu, l'impôt a pour résultat de donner peu à peu naissance aux libertés publiques
par la prépondérance de plus en plus grande que prend dans
les affaires de l'Etat la nation qui est appelée à le voter.
« Les impôts, dit Roscher, sont comme le pivot de la constitution des Etats modernes et en particulier l'histoire de la
liberté politique se confond presque entièrement avec l'histoire de l'impôt plus ou moins librement consenti (1). » En
second lieu, la prédominance de plus en plus grande de
l'impôt a sur la composition de la fortune publique deux
effets qui semblent contradictoires, mais qui ne sont que
les deux faces du même développement économique : d'une

____

(1) W. Roscher, *Recherches sur divers sujets d'économie politique,*
Guillaumin et Cie, 1872, p. 34.

part, les domaines productifs de revenu diminuent non seulement en importance relative, mais en importance absolue ; d'autre part, il se reconstitue parallèlement, mais sur de nouvelles bases, un domaine public national, provincial et communal (1). D'un côté, les aliénations de plus en plus fréquentes de terres et de forêts, les progrès de la propriété individuelle, viennent sans cesse restreindre le domaine privé, dont les revenus ne forment plus qu'une fraction de moins en moins considérable des budgets. D'un autre côté, l'extension de plus en plus grande des relations entre les hommes, le développement de l'industrie et du commerce, les progrès de l'invention, de l'échange et de la circulation ont pour effet de reconstituer un domaine immense ayant pour caractère la perpétuité et la généralité et dont tous les citoyens ont la jouissance commune, sinon gratuite. Peu à peu se construisent et s'agrandissent les ports maritimes, les voies de navigation intérieure, les grandes routes, les chemins d'intérêt général et local, les routes départementales, les chemins vicinaux, les rues, places, promenades et jardins publics des villes et communes, etc. A ces biens viennent s'ajouter les rivages de la mer, les portes, murs, fossés, remparts des places de guerre et des forteresses, les grands monuments publics, les palais et musées nationaux, ainsi que les objets d'art, tableaux, statues, manuscrits, plans et autographes qu'ils renferment. Chez la plupart des nations européennes, le domaine public n'a cessé de s'accroître avec le développement de la civilisation et il constitue une fraction de plus en plus importante de la richesse

---

(1) C'est grâce à l'impôt que le domaine public général et local a pu se constituer, s'étendre et s'améliorer Voir, au sujet de l'origine des ressources employées à la dotation du service des travaux publics : *Origines et développement du régime des travaux publics en France*, par Alfred des Cilleuls, Imprimerie nationale, 1895.

nationale. En France, l'importance de ceux de ces biens qui sont susceptibles d'évaluation a suivi un mouvement ascendant très rapide depuis le commencement de ce siècle. On peut évaluer les ports, canaux, chemins de fer et voies de communication à 1.073 millions en 1814, à 1.332 millions en 1830, à 3.669 millions en 1847, à 12.897 millions en 1870, à 19.800 millions en 1896, à 22.240 millions en 1907 (1). Comme on le voit, la progression la plus rapide a été celle de 1847 à 1870, période caractérisée par la construction du réseau de chemins de fer d'intérêt général. Nous ne pouvons d'ailleurs estimer tous ces ouvrages que d'après leurs dépenses d'établissement et d'amélioration, évaluation néces-

(1) Voici, d'après l'*Etude historique et statistique sur les voies de communication de la France*, par M. Félix Lucas, publiée en 1873 par les soins du ministère des Travaux publics, et d'après divers documents plus récents, le détail de ces évaluations approximatives à différentes époques (en millions) :

Années	1814	1830	1847	1870	1896	1907
Routes et Ponts . . .	775	816	990	1 126	1.200	1.230
Chemins de fer . . .	»	»	1.600	10.138	15.600	17.800
Canaux	193	379	696	786	1.200	1.300
Rivières canalisées et non canalisées . . .	25	37	167	397	600	660
Ports	80	100	216	450	1.050	1.250
Total.	1.073	1.332	3.669	12.897	19.800	22.240

Il est tenu compte, dans cette statistique, des dépenses d'établissement et d'amélioration antérieures à 1814, que l'on peut considérer comme amorties. Pour les rivières canalisées, elle remonte jusqu'au xvi° siècle. Les chemins de fer sont évalués d'après leur capital d'établissement, mais l'Etat n'a fourni qu'un peu plus du quart de ce capital et ne possède actuellement que la nue propriété des voies ferrées. On a évalué à plus de 3 milliards la valeur actuelle de cette nue propriété qui deviendra une propriété complète dans 42 à 52 ans (Conf. Colson, *Cours d'économie politique*, t. III, p. 87. F. de Colonjon, *Composition et importance de la fortune de l'Etat en France*, journal de la société de statistique, année 1907, p. 467.)

sairement fort imparfaite. Les voies publiques de Paris, qui ne sont comprises que pour partie dans les chiffres précédents, sont évaluées à plus de 3 milliards. En ce qui concerne les diverses catégories du Domaine public départemental et communal, il est difficile, faute de statistiques, d'en faire une estimation même approximative. Nous croyons cependant ne pas être très éloigné de la vérité en fixant à un milliard la valeur actuelle des routes départementales et à 2 milliards et demi celle de l'ensemble des chemins vicinaux.

Chez les autres nations, la progression des biens du Domaine public a suivi la même marche ascendante, mais il est presque toujours très difficile d'établir le montant total des dépenses qui ont été faites pour l'établissement de ces ouvrages.

Il existe des pays comme l'Angleterre où la plus grande partie des routes, des voies navigables et des ports a été construite par les municipalités ou l'industrie privée, qui percevaient des péages en remboursement des capitaux d'établissement. Pour les routes et chemins, ces péages sont presque tous supprimés aujourd'hui, mais, pour les ports, ils existent toujours sous forme de taxes sur les navires. Les chemins de fer appartiennent à des Compagnies privées et beaucoup de voies navigables sont la propriété des Compagnies de chemins de fer.

Il en est de même aux Etats-Unis où les grands travaux publics sont effectués par les municipalités ou les Etats ou, sous leur contrôle, par l'industrie privée.

Dans la plupart des pays européens, en Allemagne, en

____

(1) D'après M. Nitti, le montant général du patrimoine de l'Etat italien au 1ᵉʳ juillet 1900 était de 7.997 millions de francs dont 4.236 de propriétés industrielles et 1.651 de biens immobiliers de terre et de mer (*Principes de science des finances*, traduction française, p. 243).

Autriche-Hongrie, en Italie, en Russie, les ports, canaux, etc., ont été exécutés et sont administrés par l'Etat. En outre, les chemins de fer, bien que n'ayant pas été construits par l'Etat, ont été repris par lui.

Ce qui est surtout digne de remarque, c'est que, même en Angleterre et aux Etats-Unis, la propriété des Compagnies de chemins de fer sur leurs lignes n'a pas le caractère de propriété privée, si l'on considère les droits dont le législateur est armé vis-à-vis d'elles.

Une autre catégorie de biens suit une progression analogue à celle des biens du Domaine public : ce sont les propriétés de l'Etat affectées à des services publics. On les classe ordinairement en France dans le Domaine particulier de l'Etat. Cette classification facilite peut-être, au point de vue administratif, les aliénations, cessions et échanges, mais elle n'est pas exempte de critiques au point de vue économique et même juridique. Les biens affectés à des services publics ont, en effet, le même caractère économique que les biens du Domaine public proprement dit et leur développement est aussi une conséquence de l'évolution progressive des sociétés. Ce n'est d'ailleurs ni l'importance absolue, ni l'origine de la construction, ni même l'affectation matérielle et directe à l'usage de tous les citoyens qui est le caractère indispensable de la domanialité publique car, à ce compte, beaucoup d'immeubles classés dans cette catégorie devraient en être retranchés, mais c'est parce qu'ils sont destinés, aussi longtemps que le permettent les circonstances, à satisfaire un intérêt commun, et qu'ils deviennent, dès lors, inaliénables et imprescriptibles. Les édifices consacrés aux services publics ne sont, dit-on, occupés que par certains agents de l'Etat qui s'y installent, mais outre qu'ils sont, dans bien des cas, ouverts au public, ils concernent toujours l'universalité des citoyens, sans attribution particulière à aucun d'eux. Quant à la jouissance gratuite, ne nous y trompons pas : jouissance gratuite signifie, dans l'un comme dans l'autre cas, établissement et entretien payé par tous et nous verrons plus loin que ce n'est pas dans cet ordre de fait qu'il faut chercher la gratuité proprement dite (1). D'après les tableaux publiés par l'Administration des Domaines, l'ensemble de ces biens était évalué à 536 millions en 1833, à 1.948 millions en 1875, à 2.348 millions en 1879. C'est tout ce que nous en savons, car, depuis cette époque, il n'a plus été publié d'inventaire, mais il est très probable que la progression a dû suivre son cours. Ces chiffres ne comprennent ni les cathédrales, ni les grands édifices publics classés, souvent avec les objets qu'ils renferment, dans le Domaine public, et auxquels, il faut le reconnaître, il est assez difficile d'attribuer une valeur vénale. Qui peut dire par exemple, combien vaut aujourd'hui le musée du Louvre, qui était estimé à 400 millions sous Napoléon ? Par la comparaison des chiffres aux deux époques, on s'aperçoit cependant que, tout en profitant de la plus-value résultant de l'augmentation de la population et de la richesse, les immeubles affectés aux services publics ont pris une importance de plus en plus grande et que les augmentations portent surtout sur les services des Affaires étrangères, de la Guerre, de la Marine et de l'Instruction publique. En laissant de côté les biens non susceptibles d'évaluation, ainsi que ceux des départements et des communes affectés à des services publics, pour lesquels nous ne

(1) Cette question divise depuis longtemps les auteurs et a donné lieu à de nombreuses discussions en droit administratif. L'Administration, pour classer les biens affectés à des services publics dans le Domaine privé de l'Etat, s'appuie sur une ordonnance du 14 juin 1833 et un arrêt de la Cour de Paris du 18 février 1854. Il nous semble que l'on ne tient pas suffisamment compte, en cette matière, de la solution indiquée par l'évolution économique.

possédons aucune statistique d'ensemble, peut-être pourrait-on tenter d'évaluer, en France, les biens du Domaine public et ceux qui, au point de vue économique, peuvent leur être assimilés à 14 ou 15 milliards (1).

Est-ce à dire que toutes ces augmentations soient normales ? Non, et on peut même affirmer que la constitution du nouveau domaine créé, dans ce siècle, par le prodigieux essor des inventions industrielles s'est trouvée souvent en contradiction avec les lois économiques. L'Etat moderne, chez la plupart des nations, n'a que trop de tendances à sortir de son rôle et on serait tenté de croire que plus il est démocratique, plus il devient centralisateur. Aussi ne faut-il pas trop s'étonner si des écrivains comme Tocqueville ont pu croire à la marche parallèle de la démocratie et de la centralisation, c'est-à-dire de l'autorité, et penser que le régime aristocratique serait, au contraire, plus compatible avec une certaine dose de liberté et de décentralisation. Certaines écoles socialistes se sont empressé de tirer, à cet égard, des conclusions hâtives d'une thèse développée en France par Dupont-White qui, se plaçant à un point de vue plus large, soutenait que « le rôle de l'Etat est aussi varié que les fins du progrès et que son développement est parallèle au perfectionnement de la société (2) ». Certains esprits ont paru hésiter parce qu'ils ont cru que les vieilles sociétés européennes et surtout des sociétés nouvelles, comme celles de l'Australasie, qui représentent, à un haut degré, toutes les tendances de la démocratie moderne,

(1) Bien entendu, en ne tenant compte que de la valeur actuelle de la nue propriété des chemins de fer et non compris le réseau de l'Ouest récemment racheté.

(2) *L'individu et l'Etat*, par Dupont-White, p. 348. La thèse de M. Dupont-White ne ressemble pas à celle du socialisme d'Etat, car elle ne comporte aucune organisation sociale artificielle (Cf. Cauwès, *Loc. cit.*, p. 604).

avaient une prédilection de plus en plus marquée pour les
doctrines du socialisme d'Etat. Toutefois, il ne faudrait pas
se laisser abuser par des apparences. Derrière le décor extérieur, il faut chercher l'évolution profonde qui entraîne
ces sociétés dans le progrès économique et se garder de
prendre le nivellement général produit par l'extension des
relations entre les hommes résultant, dans ce siècle, des
progrès extraordinaires de l'industrie, pour une cause universelle et permanente. Sans doute, l'Etat a, dans toutes les
sociétés, certains devoirs essentiels, certaines attributions
nécessaires. Ces attributions sont quelquefois difficiles à dé-
finir et dépendent, à un haut degré, des mœurs et de la civilisation, des croyances et des besoins particuliers à chaque
peuple. L'Etat démocratique moderne n'est pas l'Etat monarchique de l'ancien régime ni l'Etat théocratique des nations primitives. A certaines époques de l'histoire de la
civilisation, l'Etat semble jouer, en apparence, un rôle de
plus en plus envahissant, de plus en plus varié. Mais, si
l'on y prête attention, on retrouve, sous cette apparente
diversité, les diverses phases d'une évolution économique
naturelle et nécessaire. Dans les aspects divers que revêtent
les attributions conférées à l'Etat suivant les pays et les
époques, il ne faut voir, en définitive, que des contrastes
entre civilisations où se développent avec plus ou moins
de force, avec plus ou moins de rapidité, les progrès dus
aux inventions et aux découvertes, à l'imitation et à l'échange
et, par conséquent, au droit public et à la liberté individuelle, qui ne pourraient naître et se développer sans toutes
ces inventions propagées. En réalité, l'Etat, tout en se ren-
fermant et en se fortifiant dans ses attributions propres,
laisse toujours une marge de plus en plus grande à l'activité
des citoyens isolés ou associés à mesure qu'augmente la liberté civile, ignorée des civilisations antiques, qui n'ont

connu que cette liberté politique s'accommodant si bien de l'esclavage (1). Seulement, il ne faut pas perdre de vue que ces attributions n'augmentent pas en *intensité* tout en augmentant en nombre avec l'accroissement de la population et de la richesse (2). Il en résulte que les services essentiels de l'Etat, sécurité extérieure et intérieure, diplomatie, justice, etc., prennent toujours de plus en plus d'importance et c'est pourquoi on constate aussi une augmentation des propriétés de l'Etat affectées à ces services. La guerre et la marine occupent malheureusement dans l'énumération de ces propriétés une place prépondérante, mais nous pouvons nous consoler en songeant que les progrès de la civilisation, en supprimant les conflits locaux, excessivement meurtriers, les guerres de province à province, d'une durée parfois séculaire, ont eu pour effet d'étendre les luttes des nations en surface plutôt qu'en durée, de sorte qu'elles deviennent à la fois plus vastes et plus courtes, moins barbares et plus scientifiques. Somme toute, la civilisation y a gagné, s'il est vrai que les progrès dans l'art de détruire doivent les rendre finalement impossibles.

On peut donc affirmer que, dans une société progressive, les biens du Domaine public et ceux affectés aux services publics augmentent sans cesse tandis que les biens que possède l'Etat comme personne morale, à titre privatif, et qui

(1) Proud'hon avait bien aperçu cette évolution «... L'Etat qui semble exécuter par lui-même tant de choses, en réalité n'en fait presque aucune. Le plus souvent, il traite pour ses travaux et fournitures avec des entrepreneurs qui s'en chargent à forfait, etc. » (*Des réformes à opérer dans l'exploitation des chemins de fer*, ch. v, p. 236.) Cf. aussi G. Sorel, *Introduction à l'économie moderne*, p. 189.

(2) Il n'est pas vrai d'ailleurs que l'absolutisme gouvernemental, comme l'a cru Herbert Spencer, varie comme le nombre et l'importance des fonctions gouvernementales. Si ce nombre augmente, la réciprocité sociale entre l'Etat et les citoyens augmente parallèlement et dans une bien plus forte proportion.

lui produisent un revenu, diminuent à mesure que l'esprit de liberté et d'association se développe, parce que l'Etat n'agit plus directement que lorsque les individus isolés ou associés ne peuvent pas ou ne veulent pas agir. Il en résulte que l'Etat perd de plus en plus sa qualité de propriétaire et de capitaliste, qu'il abandonne de plus en plus ce rôle aux particuliers et surtout aux associations privées. Ces dernières, grâce à la mobilisation des capitaux, deviennent de plus en plus aptes à entreprendre ce qui autrefois n'aurait pu être mené à bonne fin que par l'Etat seul. Il est donc vrai de dire que l'Etat et l'individu ne se trouvent plus seuls en présence et que les groupements de tous genres pourvoient à une foule de besoins qui ne pouvaient être satisfaits autrefois qu'avec le concours de l'Etat. Celui-ci, il est vrai, détient une propriété dont l'importance s'accroît chaque jour davantage, mais il ne lui est plus loisible d'en disposer à sa guise, parce qu'elle est destinée à l'usage commun de tous les citoyens. Cette transformation du mode de possession de l'Etat a d'ailleurs les plus heureux effets sur la distribution des richesses. Sous la forme de routes, de canaux et de chemins de fer, cette fortune nouvelle facilite de plus en plus les relations entre les hommes en les débarrassant des entraves de tous genres qui gênaient autrefois la circulation ; sous la forme d'avenues spacieuses, de parcs, de jardins, de promenades publiques, elle permet à une foule de citoyens de jouir de propriétés de luxe et d'agrément auxquelles bien peu pourraient prétendre avec leurs seules ressources personnelles ; sous la forme d'hôpitaux et d'asiles, elle rend les plus grands services à la classe

______

(1) M. Nitti a montré que si l'on tient compte de tous les éléments de comparaison, le coût des services de l'Etat n'est pas plus élevé aujourd'hui que par le passé et qu'il n'existe pas un processus *d'étatisme progressif*, comme on l'a prétendu (NITTI, *Loc. cit.*, p. 83).

pauvre de la société et elle en rendra tous les jours davantage à mesure qu'elle s'étendra à un plus grand nombre d'objets ; sous la forme de monuments publics, de musées, de bibliothèques, de collections artistiques et scientifiques, elle met à la disposition de tous les œuvres des architectes, des sculpteurs, des peintres, des écrivains, des savants. En faisant passer sous les yeux d'un nombre d'hommes de plus en plus considérable les merveilles du génie humain, le domaine public centuple la force du progrès et suscite de nouvelles générations d'artistes et d'inventeurs qui viendront l'enrichir à leur tour (1).

On pourrait dire que le domaine public a déjà commencé à réaliser ce qu'il y a de possible et de pratique dans les aspirations communistes. L'avenir lui donnera sans doute des formes plus nombreuses et plus variées. Il faut remarquer qu'à la différence du communisme, l'évolution naturelle de la domanialité a pour effet de mettre des biens communs non à la disposition exclusive d'un groupe déterminé, mais au service de l'humanité tout entière.

(1) Dans son *Essai sur la répartition des richesses*, M. Leroy-Beaulieu a magistralement mis en lumière les effets du domaine public sur la distribution des richesses.

CHAPITRE II

L'AVENIR DU DOMAINE PUBLIC INDUSTRIEL

L'extension du domaine public moderne. — Bien que régis par des législations différentes, les chemins de fer offrent partout les caractères de la domanialité. — Conséquences que cette situation comporte pour certains Etats. — Avenir des chemins de fer : questions qui pourraient se po.er en fin de concession entre les usagers et les contribuables. — Bénéfices possibles pour l'Etat. — L'avenir nous réserve-t-il d'autres formes de domanialité susceptibles de revenus ?

Il convient d'examiner de plus près la question du domaine public moderne, non-seulement à cause de son importance, de l'intérêt qu'elle soulève, mais encore pour se rendre compte de ce qu'il y a de vrai dans les idées qui ont été émises au sujet de l'influence que pourrait exercer sur les finances publiques l'extension de ce domaine.

Les découvertes scientifiques qui ont eu lieu pendant le ix⁰ siècle en physique, en chimie, en mécanique, et l'application de ces découvertes aux besoins de locomotion, ont contribué à créer, chez presque toutes les nations, un immense domaine industriel, national, départemental et communal, dont les chemins de fer constituent la portion la plus riche. L'utilisation de plus en plus grande des forces naturelles par des procédés scientifiques ne peut-elle pas aussi contribuer, dans l'avenir, à augmenter dans de vastes proportions cette nouvelle forme de la fortune publique ?

Bien que les voies ferrées présentent partout un caractère d'intérêt public, leur législation n'est pas la même dans tous les pays et elle a, en outre, varié suivant les époques. On sait que trois systèmes principaux sont à distinguer. Dans les pays anglo-saxons, comme l'Angleterre et les Etats-Unis, les concessions ont été faites à titre perpétuel et les droits du domaine public n'ont pas été réservés, la notion de domanialité publique n'ayant pas encore pénétré suffisamment dans la législation de ces pays. Ailleurs, l'Etat ayant exproprié, construit et même exploité les chemins de fer ou étant devenu propriétaire par le rachat, les voies ferrées se sont trouvées placées dans son domaine privé. Enfin, chez un grand nombre de nations européennes, les concessions ont été consenties pour une période déterminée et les droits du domaine public réservés.

Comme on ne peut changer une situation créée par la nature des choses elle-même, on a fini par reconnaître, en Angleterre et aux Etats-Unis, que les chemins de fer ne peuvent être abandonnés complètement à l'initiative privée et l'intervention de l'Etat par voie de réglementation, intervention justifiée par les crises financières qui se sont produites, équivaut à une reconnaissance implicite du caractère de domanialité publique des voies ferrées. Aux Etats-Unis, comme il était nécessaire que l'Etat intervint pour armer chaque Compagnie du droit d'expropriation, il a dû tracer des règles spéciales à l'entreprise et, comme les compagnies sont propriétaires perpétuelles, se réserver le droit de les modifier. Peu à peu, on a substitué aux recours judiciaires, toujours très longs, un commencement de contrôle administratif. En Angleterre, le droit de contrôle accordé au *Board of trade* est plus restreint.

D'autre part, dans les pays où l'Etat est en possession des chemins de fer à titre privé et où le droit fiscal joue encore un grand rôle en cette matière, les progrès réalisés dans les idées relatives au droit public moderne font que peu à peu se dessine et se fait jour la conception d'une forme de propriété de l'Etat différente de celle du Domaine privé et fiscal. La notion plus nette du droit de libre circulation qui pénètre peu à peu les esprits, une idée plus exacte du droit public, entraînera sans doute partout le classement de la voie et des objets y attenant dans le domaine public (1). C'est ce qu'a fort bien compris en France, dès l'origine des chemins de fer, le législateur de 1842 qui les a placés dans la grande voirie.

Nous croyons donc inutile de réfuter les arguments de ceux qui contestent encore aux voies ferrées le caractère de la domanialité publique. Cette réfutation a été faite depuis longtemps dans les ouvrages de droit administratif. Il est certain toutefois que chez la plupart des nations, les chemins de fer sont dans une situation exceptionnelle qui tient à ce qu'il a fallu, pour les créer, le concours des capitaux privés et du crédit public et qu'ils ne peuvent être livrés à l'usage du public que dans certaines conditions déterminées, avec les entraves nécessitées par ce mode particulier de traction.

Ce qui constitue financièrement la différence entre le domaine public et le domaine privé, c'est que ce dernier rapporte un revenu tandis que, dans nos sociétés modernes, le premier est en général improductif. Or, dans les pays où les droits du domaine public sont réservés, bien que l'exploitation soit faite par les compagnies, les voies ferrées se trouvent, au point de vue financier, dans une situation spéciale. Elles sont ou elles peuvent devenir une source de

____

(1) Voir, pour l'Allemagne, *Le Droit administratif allemand*, par Otto Mayer, t. III, partie spéciale (*Le droit public des choses*, etc.).

recettes annuelles pour l'État et elles constituent une réserve financière qui, dans un avenir plus ou moins rapproché, peut servir soit à réduire considérablement les tarifs, soit à amortir une partie de la dette publique, si élevée dans presque tous les pays. C'est peut-être le motif pour lequel certains auteurs ont trouvé que cette propriété de l'Etat constituait un domaine *semi-public*, offrant à la fois le caractère de domaine public et de domaine privé. D'après M. Nitti, ce serait le cas de toutes les entreprises créées dans un but d'utilité publique, indépendamment de toute idée de gain, mais qui finissent néanmoins par produire des ressources importantes (1). M. Nitti ne voit pas entre le domaine public et le domaine privé une différence essentiellement juridique, mais plutôt économique. C'est dans le mode d'emploi que l'on fait de chaque bien que consisterait la différence essentielle entre ces deux formes de domaine et c'est ce qui fait que certains biens peuvent revêtir à la fois le caractère de domaine public et de domaine privé. Mais il est facile de comprendre que cette différence de classement résultant de la différence dans le mode d'emploi fait précisément que la forme de possession diffère tant que dure cette situation et voilà pourquoi en matière de chemin de fer, par exemple, la voie sur laquelle reposent les rails peut faire partie du domaine public et le matériel roulant du domaine privé. La distinction juridique est parfaitement justifiée et elle repose sur la distinction économique elle-même.

(1) « Un musée, dit M. Nitti, est construit en vue de la culture des esprits, de même qu'une route est construite pour favoriser les communications ; mais si, dans le premier, il y a des entrées payantes, le bénéfice qu'on en retire revient à donner à cette institution publique le caractère d'un bien patrimonial ». *Principes de la science des finances*, traduction française de J. Chamard, V. Giard et Brière, 1904 (p. 240).

Nous venons de dire qu'en cas de retour des chemins de fer à l'Etat, une option est possible entre des abaissements de tarifs et des dégrèvements d'impôts. En effet, en fin de concession, de 1950 à 1960, alors que l'intégralité du capital dépensé aura été amortie, et que toutes les avances de garanties auront été remboursées, le produit net éventuel de ces réseaux pourra constituer un revenu pour l'Etat. Les uns ont évalué ce revenu, par la progression naturelle des recettes, à 1.200 millions (1); les autres à 7 ou 800 millions (2). Or, à ce moment, le public devrait, dit-on, cesser de payer dans les tarifs cette partie de la taxe représentant l'amortissement des capitaux employés à l'établissement des chemins de fer : frais d'études et de tracés, prix d'acquisition des terrains expropriés, frais de construction de la voie, prix des travaux d'art, etc. Les tarifs ne devraient plus représenter que le droit de transport proprement dit, comprenant une part des frais généraux d'administration et de ceux de traction et d'entretien des véhicules.

En fin de concession, soit que l'Etat exploite lui-même, soit qu'il fasse exploiter par des Compagnies concessionnaires ou fermières, la question est de savoir si le produit net des chemins de fer doit entrer dans le budget, profiter en quelque sorte à l'ensemble des contribuables ou s'il doit seulement bénéficier à ceux qui font usage de la voie ferrée, voyageurs, commerçants et industriels.

Continuer à faire payer aux voyageurs ou aux marchandises le péage, dont le maintien ne peut se justifier que par la nécessité du remboursement du capital d'établissement

_____

(1) M. DE KAUFFMANN, *Loc. cit.*, p. 797 et 798. Tel est aussi l'avis de M. Neymarck (Article sur les chemins de fer dans le *Rentier*, n° du 27 février 1908).

(2) M. HAMON, *Loc. cit.*

des voies ferrées, ce serait, dit-on, leur faire payer une seconde fois ce qu'ils auraient déjà payé une première et il est nécessaire de soutenir la concurrence économique avec nos voisins qui auraient déjà bénéficié de cet amortissement. Il y a des pays situés loin des grandes voies du marché international et qui ont besoin d'abaisser considérablement leurs tarifs pour annihiler la rente que les pays plus avantageusement situés tirent de leur situation géographique. C'est pour ces motifs qu'un certain nombre d'auteurs qui ont écrit sur la « science des finances » sont partisans de l'exploitation par l'Etat, qui peut diminuer les tarifs à son gré (1).

Nous ne pensons pas qu'il soit possible ni même souhaitable que le péage soit entièrement supprimé ou que l'Etat exploite à prix de revient ou à perte. Aucune comparaison n'est à faire à cet égard avec les routes ordinaires. Si les chemins de fer, en fin de concession, étaient concédées à des compagnies fermières payant une redevance, ces compagnies ne pourraient retrouver l'équivalent de la redevance que dans le maintien du péage, si réduit qu'il puisse être. D'ailleurs, si nous jetons un coup d'œil sur les pays étrangers, que voyons-nous? En Angleterre et en Amérique, le transport est condamné à rémunérer perpétuellement le capital d'établissement. En Allemagne, où l'amortissement ne fonctionne pas suffisamment, la reprise des chemins de fer n'a pas eu pour but de supprimer le péage et de l'alléger, mais de tirer le plus grand revenu possible de l'exploi-

______

(1) « L'Etat ne doit pas nécessairement retirer un revenu net des chemins de fer, dit M. de Greef. Il peut les exploiter au prix de revient et même à perte, mieux encore gratuitement. Ce problème se posera certainement dans l'avenir. Les routes ordinaires ne sont-elles pas déjà généralement partout d'un usage gratuit, malgré les frais considérables de leur construction et de leur entretien? (*L'économie politique et la science des finances*, p. 71).

Bochard   19

tation. Dans les pays où l'Etat suivrait une politique financière prudente et où les chemins de fer ne seraient pas rachetés avant l'expiration des concessions, le meilleur usage qu'il pourrait faire des bénéfices à recueillir de ce chef serait d'alléger les charges souvent écrasantes de la Dette publique et de faciliter par là les dégrèvements d'impôts. Ce serait le meilleur moyen de donner un nouvel essor économique à la nation. Mais qui peut répondre de l'avenir?

Au lieu de concéder les voies ferrées à des compagnies fermières, l'Etat pourrait exploiter lui-même. Peut-être, dans ce cas, et à condition que son exploitation ne soit pas onéreuse pour les finances publiques, lui serait-il possible de faire remise de tout ou partie du péage en obtenant une plus-value de l'impôt résultant de la nouvelle activité imprimée aux échanges par suite de l'abaissement du prix de transport. On pourrait calculer cette compensation de façon qu'il n'y ait pas aggravation de charges pour le budget (1).

En dehors des chemins de fer, qui constituent actuellement la partie la plus importante du domaine public et indépendamment des routes, canaux, voies navigables, ports, etc., l'avenir nous réserve-t-il d'autres formes de la domanialité susceptible de produire des revenus pour l'Etat?

Des auteurs qui ont écrit sur la science des finances, comme M. Nitti, nous font entrevoir d'autres formes de propriété collective susceptibles d'un grand développement et qui pourraient naître de l'application des découvertes scientifiques modernes. Telle est la domanialisation ou la nationalisation de la force hydraulique. Certaines nations possèdent, dans leurs chutes d'eau, de grandes masses

_____

(1) Cf. Cauwès, *Loc. cit.*, t. IV, p. 131.

d'énergie hydraulique que l'on pourrait, dit-on, utiliser, au moyen de travaux de dérivation, pour la production en grand de l'électricité et sa transmission à de grandes distances. Puisque les fleuves, les torrents, les lacs, les chutes d'eau appartiennent à l'Etat, « les grandes forces qu'elles produisent, dit M. Nitti, et qui représentent une richesse égale ou supérieure à celle développée par les plus grandes mines de houille sont, sans doute, propriété de la nation entière » (1). C'est là un problème que l'Italie devrait aborder et tenter de résoudre. Il n'en est pas, dit cet auteur, de la domanialisation ou de la nationalisation de la force hydraulique comme de la nationalisation des mines. L'exploitation d'une mine est une véritable industrie soumise au régime de la concurrence. Le prix du charbon ne peut être connu d'avance et dépend de certaines circonstances variables, tandis que l'on connaît d'avance la quantité d'énergie que peuvent produire les chutes d'eau. Lorque les travaux pour la production et le transport de l'énergie seraient terminés, ce ne serait plus qu'une question de surveillance et d'administration pour en tirer parti. Ici l'Etat ne comprimerait pas l'activité individuelle. Il fournirait seulement la force, comme, pour les transports, il fournit la route. M. Nitti semble attendre les plus grands effets de ce système. « Ainsi, dans certains pays, comme l'Italie, les finances de l'avenir nous réservent des formes nouvelles ; un nouveau mode de domaine deviendra la base des recettes de l'Etat. Alors que les recettes domaniales étaient destinées, semblait-il, à diminuer graduellement, ce sera cette forme toute nouvelle de domaine qui modifiera les bases du budget de certains Etats. Cela servira encore une

(1) Nitti, *Loc. cit.*, p. 245.

fois à prouver combien les prévisions sont étrangement difficiles en cette matière » (1)

Il est à craindre que ces vues financières, basées sur un optimisme quelque peu excessif, de même que celles de M. de Greef, ne se réalisent pas de sitôt. C'est peut-être parce que ces auteurs n'ont pas suffisamment arrêté leur attention sur la différence économique et juridique qui existe entre le domaine public et le domaine privé de l'Etat qu'ils ont pu se laisser aller à une certaine exagération.

Ce qui prend sous nos yeux une extension rapide, aussi bien dans l'ancien monde que dans le nouveau, c'est la richesse commune et indivise, celle dont tous les habitants d'un pays, étrangers ou nationaux, ont la jouissance commune, sinon gratuite. Cette richesse indivise est le résultat des capitaux et des travaux accumulés par les générations antérieures. C'est ainsi que ce sont créées les différentes parties du domaine public et il en sera de même pour les autres formes de propriété collective qui pourront naître de l'application des découvertes scientifiques modernes, comme la domanialisation de la force hydraulique, rêvée par M. Nitti. Or, il ne faut pas oublier que le bénéfice réel de cette situation nouvelle n'apparaît clairement que quand, après une longue période, les capitaux de premier établissement ont été amortis. Si l'Etat se faisait distributeur d'énergie électrique, il aurait, lui aussi, à amortir les capitaux empruntés pour la construction des usines, et autres frais de premier établissement, ou plutôt, à en demander annuellement l'amortissement aux ressources du budget, ce qui, pour l'Etat, est généralement sa seule manière d'amortir.

Mais il est visible qu'il est de plus en plus difficile pour

(1) Nitti, *Loc. cit.*, p. 246.

l'Etat de résister à la pression. des usagers du domaine public qui deviennent tous les jours plus nombreux et qui demandent à bénéficier des réductions de tarifs — voire même de la gratuité — qui, d'après eux, semblent résulter de la situation nouvelle. C'est ainsi que, peu à peu, pourraient bien disparaître certaines prévisions financières. Des usagers et des contribuables, quels sont ceux qui, finalement, bénéficieront de l'accroissement de richesse du domaine public? Telle est la question anxieuse qu'il faudrait pouvoir résoudre avant de se laisser aller à un optimisme exagéré.

Si l'on jette les yeux sur ce qui s'est passé jusqu'ici chez diverses nations européennes, et notamment en France, nous voyons que le péage a été peu à peu supprimé dans les différentes dépendances du domaine public. En ce qui concerne les chemins de fer, où il est encore perçu, nous avons vu tout à l'heure qu'on ne manque pas d'arguments pour demander qu'en fin de concession — si d'ici là ils ne sont pas rachetés — le péage soit supprimé et que l'exploitation ait lieu à prix de revient ou même à perte. Dans ces conditions, que deviendraient les ressources nouvelles que, dans les pays obérés, on destine à l'extinction des dettes publiques? Et n'est-il pas à craindre que, par des réductions successives de tarifs, les bénéfices de la richesse domaniale future n'aillent presque exclusivement aux usagers, aux dépens du contribuable dont les charges ne feraient qu'augmenter? (1)

(1) Peu importe, d'ailleurs, que la propriété de l'Etat constitue, dans ce cas, un domaine semi-public, dans le sens indiqué par M. Nitti. L'argument de ceux qui demandent la voie ferrée gratuite est le même (Voir plus haut, la note tirée de l'ouvrage de M. de Greef).

CHAPITRE III

LE DOMAINE PRODUCTIF DE REVENUS ET SON INFLUENCE
SUR L'ÉTAT ÉCONOMIQUE DE LA NATION

Distinction entre les diverses catégories de domaines productifs de
revenus. — Aptitude de l'Etat pour la possession et l'exploitation
de certaines forêts. — L'Etat moderne ne doit pas posséder de domaines agricoles. — Sauf quand le monopole s'impose pour la
perception de certains impôts, il ne doit pas se faire industriel. —
Son inaptitude à exercer des industries sous le régime de la libre
concurrence. — Conséquences sur la production et la distribution
de la richesse de la nation. — Erreur fondamentale de ceux qui
réclament l'extension du Domaine privé de l'Etat. — L'invention
et ses effets économiques. — La rente est le signe économique du
progrès social.

Les faits historiques, l'observation et le raisonnement
démontrent que l'extension progressive du Domaine public, conséquence nécessaire de la prédominance de l'impôt dans la fortune de l'Etat et de la lente constitution du
droit public, coïncide avec une diminution parallèle du
Domaine productif de revenus. Nous croyons avoir montré
que si un retour à des formes anciennes se produit dans
certaines sociétés naissantes et si certaines catégories de
domaines productifs de revenus tendent à reparaître chez
les vieilles nations européennes, cette regression est plus
apparente que réelle et n'infirme en rien la loi d'évolution
générale (1). Mais le maintien systématique d'une forme

(1) Nous reculerions vers le passé, dit M. Paul Boiteau, si notre

de propriété qui n'est nullement adaptée aux besoins des
Etats modernes peut avoir sur l'évolution économique des
sociétés contemporaines certaines conséquences qu'il convient d'examiner. Quelle est, dans l'état actuel de la civilisation, l'influence exercée sur l'état économique de la nation par la possession et l'exploitation par l'Etat des
différentes catégories de domaines productifs de revenus ?
C'est une question à laquelle nous sommes maintenant en
mesure de répondre, en nous résumant.

On peut diviser les domaines productifs de revenus en trois
catégories principales comprenant le domaine foncier, le
domaine industriel et le domaine financier. Dans la première
catégorie, se trouvent le domaine forestier, le domaine
agricole et le domaine de colonisation. En ce qui concerne
le domaine forestier, nous avons montré qu'il est conforme
à l'intérêt de la nation que l'Etat possède certains massifs
boisés, mais que cette possession ne se justifie que pour
les massifs dont la conservation est nécessaire au point de
vue du climat, de la salubrité, du régime des eaux ou de
la défense du territoire. Dans certains pays, les défrichements et les aliénations ayant diminué l'étendue des forêts
dans des proportions telles, que l'existence des générations
présentes et à venir est menacée, la nécessité du reboisement s'impose impérieusement. En cette matière, il est
préférable que l'Etat se rende acquéreur des terres consacrées au reboisement et laisse pleine liberté à la propriété
forestière individuelle. Ainsi comprise, la possession par
l'Etat est justifiée par l'intérêt commun. Elle ne peut

rêve était de faire à l'Etat et au domaine général une fortune immobilière et mobilière si large qu'il suffirait au gouvernement de puiser
dans leurs revenus pour subvenir à toutes les dépenses ordinaires
de la vie nationale (*Fortune publique et finances de la France*, t. I,
p. 24).

exercer qu'une heureuse influence soit au point de vue sanitaire, soit au point de vue de la production ligneuse. Ce n'est plus alors dans un intérêt purement fiscal que l'Etat possède des forêts et son but, en les conservant, n'est pas tant d'obtenir un revenu élevé que de rendre des services pour lesquels l'initiative privée est impuissante ou inefficace, comme l'approvisionnement du pays en bois d'œuvre. La possession ainsi comprise participe largement du caractère de la domanialité publique. Quant à l'exploitation, nous avons montré qu'elle doit être faite en vue d'obtenir les produits dont l'élaboration est la plus longue, mais que l'Etat ne doit jamais intervenir dans les opérations industrielles ou commerciales auxquelles ces produits peuvent donner lieu.

La possession par l'Etat de domaines agricoles tels que des terres, des vignes, des prairies, etc., marque toujours l'infériorité d'une civilisation, sauf dans les pays neufs, comme les Etats-Unis, ou dans ceux de conquête récente, comme l'Algérie ou les colonies anglo-saxonnes de l'Australasie. Sur le continent européen, partout où il en existe encore, en Autriche, en Espagne, en Hongrie, en Russie, ces domaines tendent à se démembrer avec l'extension du libre champ de l'activité individuelle. Mais, même dans les pays neufs, la situation faite à l'Etat par la prise de possession d'immenses étendues de terre ne semble devoir être que transitoire. Chez les nations nouvelles recommence, quoique avec une rapidité bien plus grande, l'évolution économique et financière qui s'est produite chez les nations antiques et au Moyen Age et qui s'est traduite par la prédominance successive du domaine foncier, des monopoles fiscaux et des impôts. Ce n'est que par une conception archaïque du rôle de l'Etat moderne et par application de théories qui méconnaissent sa véritable mission dans les sociétés actuelles que certains écrivains peuvent demander, à notre époque, l'extension de cette catégorie de domaines dans les pays de vieille civilisation. On ne les trouve plus aujourd'hui, en Europe, que dans les pays les moins peuplés et les plus pauvres, où la population agricole a une tendance à l'émigration. La possession par l'Etat de vastes étendues de terres ne se justifierait, au point de vue économique, que chez une nation et à un degré de culture où il serait nécessaire de faire de grands travaux d'endiguements, de desséchements ou d'irrigations au-dessus des forces de l'initiative privée. Mais lorsque la population est dense et qu'il est nécessaire de se livrer à la culture intensive, la possession par l'Etat de domaines ruraux est onéreuse pour la nation et a pour résultat une diminution de la richesse générale. En ce qui concerne l'exploitation par l'Etat, il est bien certain qu'elle est absolument incompatible avec une culture intensive. L'amour du devoir, si prononcé qu'il soit chez l'employé de l'Etat, ne sera jamais, à cet égard, un stimulant aussi puissant que l'intérêt toujours en éveil du propriétaire rural ou du fermier. Le fonctionnaire reçoit des ordres et les exécute, mais l'initiative lui est interdite. Il n'a donc pas d'aptitude pour les opérations qui requièrent autant de célérité que les opérations agricoles. L'exploitation par l'Etat doit donc avoir pour résultat une production moins abondante et plus coûteuse.

En matière industrielle, il faut distinguer les monopoles fiscaux ou d'intérêt commun des exploitations placées sous le régime de la libre concurrence. Le monopole de la fabrication des monnaies et celui du transport des correspondances peuvent se justifier par des raisons d'intérêt commun. Au point de vue purement fiscal, il peut y avoir avantage, pour la perception d'impôts très élevés par rapport à la valeur de certains produits, à placer la fabrication de ces produits sous le régime du monopole. Mais nous avons montré que les Etats ont souvent été trop loin dans cette voie, qui offre de très grands inconvénients. Il n'est nullement prouvé que quelques-uns de ces impôts ne produiraient pas autant et même davantage en substituant le régime de la liberté de fabrication, sous certaines conditions, à celui du monopole direct.

En ce qui concerne les industries exercées sous le régime de la libre concurrence, il faut distinguer la possession de l'exploitation. On pourrait croire, par l'exemple de l'Allemagne, qu'une nouvelle évolution économique prend naissance et que la fortune de l'Etat tend à renaître sous la forme industrielle parce que, dans ce pays, l'Etat possède et exploite, indépendamment de ses domaines ruraux et de ses forêts, des mines, des usines, des hauts-fourneaux, des chemins de fer. Ce serait là une illusion, car toutes ces exploitations se sont introduites en Allemagne, non pour des raisons économiques, mais pour des motifs purement politiques et elles s'y sont maintenues, en grande partie, par le respect des traditions et des coutumes du passé. La civilisation économique de l'Europe occidentale ne se fait jour dans ce pays qu'en se combinant avec la puissance des souvenirs et des habitudes, comme par une sorte de lutte entre le passé et l'avenir (1).

La véritable évolution économique et juridique révélée par les faits — nous croyons l'avoir suffisamment prouvé

______

(1) C'est parce que le régime féodal a persisté en Allemagne plus longtemps que dans les autres pays de l'Europe que l'Etat s'est trouvé investi d'une fortune domaniale importante et que l'évolution fiscale que nous avons signalée a été retardée. De là vient aussi la persistance des taxes (*Gebuhren*) perçues à l'occasion d'un service rendu par l'autorité publique (Cf. WAGNER, *Finanzwissenchaft*, 3ᵉ partie, p. 42 et suiv. et 156 et suiv. CAUWÈS, *Cours d'économie politique*, t. IV, p. 246).

dans les pages précédentes — est celle qui a pour effet de substituer au patrimoine, forme antique de la propriété de l'Etat, la domanialité publique, mode de possession bien mieux approprié au rôle que joue l'Etat dans les sociétés modernes. C'est sous cette forme que l'Etat peut être détenteur nominal des gisements miniers découverts dans le sous-sol, afin de pouvoir en attribuer l'exploitation au mieux des intérêts de tous ; qu'il peut également détenir les voies sur lesquelles sont établis les chemins de fer, afin d'assurer la liberté de circulation. Mais, dans tous les cas, l'exploitation de ces industries doit lui demeurer étrangère. L'Etat, personne morale représentée par des fonctionnaires hiérarchisés et soumis à une réglementation rigoureuse, n'a aucune aptitude pour l'invention et l'âme de l'industrie, c'est l'invention. L'industriel possède, à cet égard, une supériorité indiscutable sur le fonctionnaire. Il n'est pas, comme celui-ci, enfermé dans un cercle immuable, rigoureux, dont il ne peut sortir qu'à la longue, après que d'innombrables commissions, administratives ou parlementaires, en ont constaté la nécessité. Il est toujours à l'affût d'un perfectionnement possible, d'où peut jaillir sa fortune, et, stimulé par cet espoir, il n'hésite pas à faire, pour les transformations du matériel, tous les sacrifices nécessaires. L'exercice d'une industrie implique, en outre, une série d'opérations commerciales et l'Etat n'a pas plus d'aptitude pour le commerce que pour l'invention. Les matières premières coûtent plus cher à l'Etat qu'aux particuliers, parce que les industries d'Etat ne sont pas placées, au point de vue des achats, dans d'aussi bonnes conditions que les industries privées. Celles-ci ont toute liberté pour la recherche du mode d'achat le plus avantageux et pour profiter de toutes les bonnes occasions en suivant le cours des matières premières dans tous les pays. L'Etat, qui ne peut investir ses agents de pouvoirs discrétionnaires pour acheter directement, est généralement obligé de s'approvisionner par voie d'adjudication et, par conséquent, de passer par les mains d'intermédiaires qui achètent pour lui. Il doit donc se priver des bénéfices qu'il obtiendrait, comme le négociant ordinaire, s'il pouvait profiter des baisses momentanées par des achats directs. Il en résulte que, toutes choses égales d'ailleurs, l'Etat doit produire à un prix de revient plus élevé que le particulier. De même, la vente des produits de l'Etat, lorsqu'elle n'est pas monopolisée, ne peut s'accomplir dans des conditions aussi avantageuses que celle des produits de l'industrie privée, car l'Etat ne possède ni à l'intérieur, ni à l'extérieur, d'agents pouvant provoquer la vente au mieux de ses intérêts et en se conformant aux goûts de la clientèle.

L'exploitation d'industries par l'Etat comporte, en outre, un développement exagéré du fonctionnarisme, mais cet inconvénient, on le sait, est, aux yeux de beaucoup de législateurs, un grand avantage. Placer le plus de protégés possible, n'est-ce pas, en effet, l'idéal de la plupart des mandataires du peuple dans nos démocraties actuelles? Rendons-leur cette justice toutefois, qu'ils ont trouvé, en France du moins, le terrain tout préparé, car la manie des places y est peut-être plus développée que partout ailleurs. Au fond, la création de nouveaux emplois est peut-être la vraie raison, la raison cachée pour laquelle on veut établir tant de monopoles. Il est assurément difficile de réagir contre ce courant, mais les hommes éclairés devraient se rappeler que le fonctionnarisme s'établit toujours au détriment de la richesse générale, parce qu'il augmente les frais d'exploitation du capital national. On pourrait dire qu'un pays est d'autant plus riche qu'il possède moins de fonctionnaires.

Il est évident, d'autre part, que les exploitations industrielles de l'Etat sont la cause de graves difficultés au point de vue de l'équilibre budgétaire. C'est ce que l'on constate chez les nations où, comme en Prusse, en Belgique ou en Russie, l'Etat possède et exploite les chemins de fer. Un budget industriel est toujours difficile à établir et on ne peut prévoir quinze mois à l'avance les recettes et les dépeuses d'une industrie. Il y a des exemples de fluctuations considérables d'une année à l'autre qui nécessitent soit des relèvements de tarifs, soit des augmentations d'impôts, et il est dangereux d'asseoir des dépenses permanentes sur des revenus industriels. Les besoins de trésorerie sont d'ailleurs très grands avec des industries qui, comme les mines et les chemins de fer, peuvent né essiter des dépenses inattendues. A cet égard, l'Etat, enfermé dans les limites des crédits budgétaires, est beaucoup plus mal placé que l'industrie privée, soit pour effectuer ses achats en temps opportun, soit pour entreprendre, au moment nécessaire, ses travaux de premier établissement.

L'Etat ne peut pas exploiter une industrie comme le ferait une compagnie privée. Il est obligé d'obéir à des considérations d'ordre politique et social. Il en résulte que ses exploitations industrielles font naître, comme c'est le cas aujourd'hui, des revendications de toutes sortes qui prennent la forme politique, provoquent quelquefois des crises ministérielles et sont pour lui une source d'embarras permanents.

En ce qui concerne le domaine financier, l'association de l'Etat avec les grandes compagnies industrielles ne nous semble ni aussi nécessaire ni aussi heureuse que veulent bien le dire les économistes à tendances socialistes. A leurs yeux, l'évolution de la grande industrie se ferait nécessairement dans le sens du monopole et de l'intervention di-

recte de l'Etat. La concurrence amènerait la grande prc-
duction qui aboutirait au monopole de fait, lequel constituerait le régime définitif. Le monopole impliquerait, à son
tour, l'intervention de l'Etat et même la gestion directe par
ce dernier. Cette thèse, déjà ébauchée par Proudhon dans
ses *Contradictions économiques*, a été reprise, avec des variantes, par divers économistes contemporains (1). Nous ne
croyons pas qu'il y ait là une loi d'évolution, scientifiquement formulable. Proudhon a abusé de la philosophie hé-
gélienne en voulant faire la métaphysique de l'économie
politique (2). Les faits n'ont rien à voir avec ces conceptions
abstraites. Il n'y a de véritable monopole que celui que
crée l'invention et celui-là, espérons-le pour l'humanité,
sera éternel. Tous les autres monopoles sont plus ou moins
artificiels et, par conséquent, temporaires. Nous avons
montré, dans les chapitres précédents, par suite de quelles
circonstances historiques et politiques, l'Etat s'est fait,
presque partout, fabricant de monnaies, entrepreneur de
transport de correspondances postales et télégraphiques et,
dans certains pays, propriétaire et exploitant de mines, de
hauts-fourneaux ou de chemins de fer. Ce ne sont pas les
lois économiques qui ont agi dans ces circonstances ;
presque toujours, c'est l'intérêt fiscal qui était en jeu. Les
entreprises de transport, dira-t-on, aboutissent au monopole.
Cela n'est pas nécessairement vrai. Ce qui est vrai, ce qui
est démontré par les faits, c'est qu'elles nécessitent des capitaux d'établissement considérables, que ces capitaux ne

(1) Voir à ce sujet, dans la *Revue d'économie politique*, année 1889,
p. 457, un article sur le *Développement des monopoles dans leurs rapports avec les fonctions de l'Etat*, par Herbert S. Foxwell.

(2) Proud'hon d'ailleurs n'était pas partisan de l'exploitation directe d'industries par l'Etat, tout en admettant qu'il puisse en être
possesseur (*Des réformes à opérer dans l'exploitation des chemins de
fer*, ch. v).

peuvent être réunis que par l'association et l'anonymat et que ce régime n'est favorable qu'aux grandes sociétés. Mais peut-on dire que la concurrence soit pour cela absolument supprimée? Non. Les canaux, par exemple, font une concurrence redoutable aux chemins de fer, en ce qui concerne les marchandises (1). Le développement des moyens de transport sur les routes et les progrès de l'automobilisme menacent de leur en faire une autre bien plus redoutable en ce qui concerne les voyageurs. Quant aux grandes banques d'émission, le privilège dont elles jouissent leur est conféré par l'Etat, qui peut le leur retirer. Ce qui est vrai encore, c'est que l'association de l'Etat avec les grandes compagnies leur est funeste et qu'elle nuit au progrès économique général. Lorsque l'Etat, dans un intérêt commun, croit devoir intervenir dans une industrie, il doit le faire par voie de réglementation. L'industrie, aujourd'hui, lui facilite la tâche et l'anonymat, avec sa publicité, se prête bien mieux que les formes anciennes à la surveillance de l'Etat. Pour faciliter le soulagement et l'éducation de la classe ouvrière, il n'a nul besoin d'exercer les industries lui-même. Ses attributions facultatives ne tendent donc pas à se multiplier, mais, au contraire, à se restreindre, à se cantonner dans leur sphère propre, en se réduisant de plus en plus à une mission de haute surveillance et de contrôle.

(1) L'expérience démontre, il est vrai, qu'en raison du nombre restreint des voies de communication perfectionnées, comme les chemins de fer et les canaux, une entente s'établit à la longue entre les concurrents et qu'il se constitue ainsi un monopole de fait qui justifie et explique l'intervention de l'Etat. Mais on peut dire que souvent, dans ce cas, la concurrence, surtout quand elle est favorisée par l'Etat, est plutôt nuisible qu'utile et qu'elle tourne au détriment des contribuables (Voir sur ce point COLSON, *Cours d'économie politique*, livre VI).

On a voulu voir dans ces grandes associations de capitalistes, d'actionnaires et de chefs d'industries connues aux
Etats-Unis sous le nom de *pools* ou de *trusts*, en Allemagne sous le nom de *cartells* et qui ont pour but de faire
hausser le prix des objets de première nécessité, la preuve
que la coalition des capitalistes et des entrepreneurs pour
monopoliser certains produits, était la conséquence nécessaire, fatale, des progrès de la grande industrie. Mais pour
que ces grandes associations puissent naître et prospérer,
il leur faut des conditions artificielles spéciales. Il leur faut
avant tout, comme l'a montré M. P. de Rousiers dans une
étude intéressante (1), la protection douanière ou un monopole légal constitué par l'Etat. En outre, aux Etats-Unis, des
conditions particulières, comme la localisation en certains
points d'immenses richesses naturelles, viennent quelquefois renforcer l'effet du monopole artificiel. L'anthracite,
par exemple, qui a été matière à *trust* est presque entièrement localisé en Pensylvanie. Il en est de même du pétrole.
Quand les Américains ont voulu créer des *trusts* pour certains produits où la concurrence pouvait s'exercer, ils ont
échoué et éprouvé des désastres. Il en a été ainsi du whis-
key, par exemple. En somme, ces *trusts* « constituent simplement un accident, un cas pathologique ; seulement, ils
ont revêtu, en plus, aux Etats-Unis, la forme épidémique,
par suite de la généralité et de l'intensité des conditions
artificielles qui les favorisent » (2).

L'hypothèse d'une monopolisation de plus en plus vaste
de la grande industrie — et aussi du grand commerce — n'a
pu naître et se répandre que grâce à une observation superficielle des phénomènes économiques. En réalité, à me-

____

(1) *Les industries monopolisées aux Etats-Unis*, Colin, éditeur.
(2) P. DE ROUSIERS, *Loc. cit.* p. 326.

sure que le champ social va s'élargissant, la concurrence s'étend et se développe par cercles concentriques mais, en même temps, grandit et s'élargit parallèlement le cercle de l'association. L'association résout progressivement le problème de la concurrence. Mais entre les associations géantes ainsi créées une entente pouvant aboutir à un monopole définitif et absolu est-elle possible ? Non, si une force extérieure, si l'Etat ne vient s'en mêler et ce n'est que par cette intervention directe ou indirecte que peut s'établir un prix de monopole. Il est évident, en effet, que, dans le domaine social, les besoins vont se superposant mais aussi se substituant à mesure que naissent et progressent les découvertes et les inventions qui créent ces besoins. Il faut donc supposer l'affaiblissement graduel et la disparition du génie inventif chez un peuple ou un régime de protection tel qu'aucun produit *succédané* ne puisse plus pénétrer chez lui pour que des prix de monopole puissent vivre et se maintenir indéfiniment, en appauvrissant de plus en plus la nation.

En somme, on ne voit pas que l'intervention de l'Etat dans l'ordre industriel soit par l'exploitation directe, soit sous forme de participation financière, sauf dans certains cas que nous avons indiqués, puisse avoir une influence bienfaisante sur la production de la richesse de la nation. En serait-il autrement en ce qui concerne la distribution de la richesse ? Plusieurs écrivains l'ont cru et il convient d'insister sur l'erreur fondamentale de ceux qui, dans l'espoir de mieux répartir les charges sociales, demandent aujourd'hui la nationalisation du sol, des mines, des chemins de fer et des banques. Cette erreur, nous l'avons vu, est liée intimement à la théorie de la rente de Ricardo et à l'argument tiré de l'*unearned increment*, mis en honneur par J. Stuart-Mill. Quelle est, en effet, la principale raison

invoquée en faveur de l'extension indéfinie des domaines
productifs de revenu? Un des plus éminents philosophes
contemporains, M. Fouillée, dans un livre d'ailleurs plein
d'intérêt, s'est chargé de nous la donner. « Pourquoi, dit-il,
la société renoncerait-elle à bénéficier pour sa part d'un
phénomène qui est éminemment social, la *plus-value progressive*, et pourquoi abandonnerait-elle aux seuls individus
tous les bénéfices légitimes ? Aux économistes de chercher
ici les meilleures voies à suivre ; mais *supprimer les impôts* au moyen de profits faits par l'Etat, substituer la rente
spontanée, qui est un bénéfice social, aux charges qui
pèsent sur le contribuable, conséquemment éteindre peu à
peu la dette publique, voilà un assez beau résultat pour
qu'on cherche sérieusement les moyens de l'atteindre » (1).
Ce système conduit naturellement à l'absorption par l'Etat,
non seulement de la terre et des mines, mais aussi de toutes
les grandes industries, car M. Fouillée ajoute : « Le phénomène de la rente ne se produit pas exclusivement pour
la propriété foncière soit rurale, soit urbaine. Il y a d'autres
valeurs qui s'accroissent aussi non par l'effet d'un travail
personnel chez leurs propriétaires, mais par l'effet des relations sociales, des débouchés nouveaux, des nouveaux
besoins de l'industrie, même des simples modes et des ca-
prices de l'opinion. Ce n'est donc pas seulement la rente
foncière qui renferme théoriquement une portion attribua-
ble à la société ; c'est tout revenu *net* prélevé au delà : 1° du
recouvrement des frais ; 2° du *salaire*, c'est-à-dire de la rémunération due au *capital* et au *travail* (2) ». Assurément,
le phénomène de la rente ainsi défini ne doit pas s'appli- |

<hr>

(1) *La propriété sociale et la démocratie*, 2ᵉ édition, Paris, Hachette
et Cie, 1885, p. 56.

(2) *La propriété sociale et la démocratie*, 2ᵉ édition, Paris, Hachette
et Cie, 1895, p. 57.

quer seulement à l'agriculture et aux industries extractives.
Tout excédent sur le taux ordinaire des profits devra s'appeler *rente*. Mais qu'est-ce que le taux ordinaire des profits
sinon une moyenne? Et par cela seul qu'il s'agit de
moyenne, il faut supposer un aléa, il faut admettre que
certaines exploitations donnent plus que cette moyenne
pendant que d'autres donnent moins, que, par conséquent,
il peut y avoir *moins-value* aussi bien que *plus-value*. Dès
lors, si l'État confisque à son profit les bonnes chances,
pourquoi ne supporterait-il pas aussi les mauvaises?

Ce que l'on ne semble pas apercevoir, c'est que, bien
qu'elle ne soit pas par elle-même une richesse, la rente est,
partout et toujours, le signe, la constatation économique
d'un progrès social. Toute invention, toute découverte,
tout perfectionnement dans l'outillage agricole, industriel
ou financier, en apportant une économie dans les frais de
production, a pour effet de créer un monopole provisoire
au profit de celui qui en est détenteur. Mais ce monopole
provisoire, si un monopole artificiel ne vient pas s'y ajouter, tend lui-même à disparaître par l'imitation et la concurrence, qui font baisser les prix et, par conséquent, passer dans le domaine public — véritablement gratuit quand
il s'agit d'inventions — une partie de la valeur appropriée
primitivement par un individu. Le progrès, dans l'ordre
économique aussi bien qu'en tout ordre de faits sociaux, se
fait par accumulation d'inventions successives ou par substitution d'inventions à d'autres jugées supérieures et, dans
ce perfectionnement incessant, ce qui est onéreux, ce qui
entre dans la valeur courante, c'est le travail de dernière
époque, c'est la dernière forme donnée à la matière. L'invention a pour résultat économique de faire passer parmi
les utilités gratuites non seulement les connaissances scientifiques, les procédés industriels et artistiques, en un mot,

le capital intellectuel amassé par les générations successives, mais encore les capitaux incorporés à la matière, qui l'ont lentement et graduellement améliorée en lui donnant des formes nouvelles successivement remplacées par des formes supérieures et qui ont toujours augmenté la valeur du fonds naturel auquel elles s'appliquent. Sans doute, le domaine des inventions tend à franchir les bornes de la nation où il s'est formé et à devenir, par les progrès de l'échange, de plus en plus international. Mais les anciens capitaux incorporés au sol et qui rendent possibles les productions spéciales à tel ou tel pays, forment, aussi bien que les procédés scientifiques mis par les savants à la disposition de tous, un immense domaine de jouissance gratuite, base de la richesse propre d'une nation et dont le pouvoir reproducteur lui permet de reconstituer plus ou moins facilement les richesses détruites dans les luttes entre les peuples. Il est donc vrai de dire qu'une gratuité inaperçue, s'étendant peu à peu à l'ensemble des richesses, est la conséquence naturelle de l'évolution économique. Non seulement les hommes du xxe siècle n'auront rien à payer à leurs devanciers pour l'appropriation du feu, pour la domestication des animaux, pour toute une série d'efforts gigantesques qui ont permis à la civilisation de naître; non seulement ils ne devront rien aux travailleurs sans nombre qui créèrent le langage, l'écriture, les sciences mathématiques l'astronomie, la géographie, la physique, la chimie, les sciences naturelles, qui découvrirent les procédés industriels, les méthodes et les instruments perfectionnés, mais encore, s'ils y regardent de près, ils s'apercevront que le revenu net de toute exploitation agricole, industrielle ou commerciale ne contient que l'intérêt des capitaux nouveaux qui y ont été incorporés dans la dernière période, qui ne sont pas encore tombés dans le domaine des utilités gratuites, dans la propriété sociale.

Concluons donc que le phénomène naturel de la rente, autour duquel des observateurs superficiels ont fait tant de bruit, ne produit pas les effets désastreux qu'on voudrait lui attribuer. Il est au contraire une condition nécessaire du progrès économique et social. Si l'Etat essayait de s'approprier privativement la rente dans toutes les industries où elle peut naître, il ne tarderait pas à s'apercevoir qu'elle tend nécessairement à lui échapper par les effets de l'invention elle-même. S'il voulait la retenir par des moyens artificiels, par des mesures plus ou moins violentes, il fausserait les effets d'une loi naturelle et, peu à peu, la rente irait en diminuant jusqu'à sa disparition finale et son remplacement par une moins-value progressive. La production et la consommation de la richesse recevraient la plus rude atteinte : le progrès économique serait arrêté, la ruine succèderait à la fortune, la disette à l'abondance, et, pour longtemps peut-être, l'Etat aurait imprimé à la civilisation une marche rétrograde.

CHAPITRE IV

LES TRANSFORMATIONS DE LA FORTUNE PUBLIQUE

Résumé des diverses phases par lesquelles passe la fortune publique
au cours de l'évolution sociale. — Formes domaniales des impôts,
revenus fonciers et industriels de l'Etat dans les anciennes civilisations. — Transformations modernes de la fortune publique.

Parvenu au terme de cette étude, nous voudrions résumer
brièvement les diverses phases par lesquelles passe nécessairement la fortune de l'Etat au fur et à mesure des progrès
de la civilisation et montrer que cette évolution financière
n'est elle-même que la conséquence des transformations
sociales.

Dans les groupes primitifs, hordes, familles, clans, tribus,
le domaine du chef, sa fortune propre, qui est en même
temps celle du groupe tout entier, se compose d'un nombreux bétail. La terre n'ayant presque aucune valeur, la
possession du groupe nomade qui vient planter sa tente sur
une terre inoccupée s'étend sur tout l'espace environnant et
n'a d'autres limites que celles tracées par les rayons concentriques d'autres groupes semblables (1). Les revenus du
chef proviennent, en majeure partie, du croît de ses trou-

______

(1) Tel était l'état social des anciens Arabes, par exemple (Cf. SEI-
GNETTE, *Code de sidi Khalil*).

peaux. A ces revenus s'ajoutent des dons volontaires en nature, première forme de l'impôt que l'on retrouve à l'origine de toutes les sociétés. Le don revêt peu à peu un caractère obligatoire pour chaque membre du groupe, à travers mille transformations variables avec le temps et les civilisations, mais sans que cette forme primitive, qui est la véritable origine de l'impôt librement consenti, se perde jamais complètement (1).

L'union d'un certain nombre de groupes qui présentent des affinités ou qui sentent la nécessité de se mettre sous la protection d'un groupe plus puissant pour se défendre contre un ennemi redoutable, forme les clans, puis les tribus. La superposition violente de tribus dans lesquelles se sont fait jour certaines inventions supérieures à des tribus plus faiblement outillées, qu'elles réduisent à une condition inférieure, est l'origine première de l'Etat. Aussi loin que nous puissions pousser les investigations historiques, nous trouvons toujours que le Domaine de l'Etat, comme l'Etat lui-même, a une origine violente. Il en est ainsi, nous l'avons montré, à l'origine de la société grecque, de la société romaine, de la société arabe, des sociétés barbare et féodale. Nous aurions pu multiplier les exemples, les prendre dans des pays plus éloignés et dans d'autres civilisations, dans l'Inde, en Chine, en Egypte, en Perse, etc., partout nous aurions trouvé la même origine. De nos jours, nous retrouvons un fait analogue, quoique compliqué d'autres facteurs, dans les sociétés nouvelles créées sous nos yeux par la colonisation moderne, comme aux Etats-Unis et en Australasie. C'est toujours l'Etat que la conquête a substitué aux tribus indigènes qui, à l'origine, est l'unique propriétaire des terres inoccupées. Aussi ne faut-il pas s'étonner si,

____

(1) Cf. Fournier de Flaix, *Loc. cit.*, introduction.

indépendamment des doctrines sociales qui peuvent agir sur leur développement, les débuts de ces sociétés nouvelles, même quand elles sont formées par des races fortement imbues de l'esprit individualiste, sont marquées par certaines expériences d'étatisme rendues possibles par le vaste patrimoine de l'Etat.

Dans les sociétés primitives, la fortune de l'Etat ou du Souverain est toujours, à l'origine, composée de la terre dont il s'est emparé et qu'il exploite directement ou fait exploiter moyennant redevance. Mais l'Etat ne se contente pas seulement de la terre : il possède aussi des forêts, des vignes, des prairies, des étangs, etc. ; il s'empare du sous-sol, où il trouve la source de nouvelles richesses. Puis, à mesure que se multiplient les inventions et les découvertes, il exploite, par ses esclaves, certaines industries productives pour subvenir aux dépenses grandissantes de souveraineté.

Dans la période qui suit immédiatement l'établissement de l'Etat et qui, dans les civilisations anciennes, est caractérisé par les efforts faits par les deux castes dominantes, militaire et religieuse, pour la consolidation et l'agrandissement de l'Etat et la transformation de populations encore à demi nomades en populations sédentaires, le domaine foncier s'étend de plus en plus par la conquête. Mais à mesure que l'Etat devient plus vaste, que le défrichement et la colonisation font des progrès, il lui est de plus en plus difficile d'identifier son territoire avec le domaine propre du Souverain. Des terres sont données, le plus souvent avec exemption de charges, aux castes dominantes. D'autres sont concédées moyennant un partage de fruits. De là naissent deux autres formes antiques de l'impôt qui se rattachent intimement à la domanialité, qui ne sont que la conséquence de la fiscalité domaniale des sociétés primitives : la dîme et le tribut. La dîme, en effet, est un partage des fruits de la terre effectué, à l'origine, au profit des castes sacerdotales, ce qui suppose, de la part de celles-ci, un droit de *domaine éminent* sur la terre. Elle est le fondement d'une des trois « constitutions domaniales de finances » qu'indiquait Dupont de Nemours à Jean-Baptiste Say. Quant au tribut, payable en nature à l'origine, il est la rançon, en général annuelle, au moyen de laquelle le vaincu conserve la libre disposition de sa terre, ce qui suppose, de la part du vainqueur, le droit de s'en emparer, si la rançon n'est pas payée. On sait que les Romains usèrent souvent de ce procédé (1).

Partout et toujours, c'est le progrès des inventions propagées, c'est la nécessité du défrichement du sol, du dessèchement des marais, de la mise en culture des terres nouvelles qui restreint peu à peu le domaine foncier de l'Etat et donne naissance à l'appropriation individuelle. Il en résulte que la fortune patrimoniale de l'Etat, composée de terres, diminue avec le progrès économique et que, dans certaines civilisations, le domaine foncier, après des démembrements successifs, finit par ne plus être représenté que par la rente ou le cens.

Avec la multiplication des découvertes relatives au soussol et la possibilité de les faire exploiter par de nombreux esclaves, naissent le domaine industriel et les monopoles fiscaux. En général, l'Etat possède le plus grand nombre des mines, des carrières, des salines. En Egypte, en Grèce, à Rome, partout où la civilisation atteint un certain degré

____

(1) M. Fournier de Flaix, dans son ouvrage sur les *Impôts dans les diverses civilisations*, ne fait peut-être pas assez ressortir le caractère domanial de ces deux formes primitives de l'impôt dont les derniers vestiges disparaîtront, espérons-le, avec les progrès de la civilisation. Nous avons traité ailleurs cette question (Cf. *Les formes primitives de la fortune publique*, Giard et Brière, 1909).

de développement, il exerce certaines industries auxquelles ces découvertes donnent naissance et possède, en outre, de nombreuses manufactures. Nous ne voulons pas dire toutefois que ces deux formes de la fortune de l'Etat, le domaine foncier et le domaine industriel, succèdent nécessairement l'une à l'autre dans un ordre rigoureux et que la deuxième forme corresponde toujours à un état de civilisation plus avancé que la première. Aux époques les plus lointaines et dans les civilisations les plus diverses, l'Etat s'alimente à trois sources : revenus fonciers, monopoles et impôts. Le domaine industriel, constitué en général sous la forme de monopoles, se retrouve aussi bien dans les théocraties et dans les monarchies absolues que dans les démocraties. Dans la période économique que caractérise l'ère de la petite industrie, cette forme de revenu est surtout facilitée par le développement de l'esclavage. A Athènes, ne voyons-nous pas Xénophon réclamer une exploitation plus complète des mines de l'Etat par l'achat d'un grand nombre d'esclaves ? De tout temps, on a pu constater, dans les démocraties, une tendance à croire que l'Etat devait *s'enrichir* et qu'il devait le faire en employant les mêmes procédés que les particuliers. Mais ce qu'il faut considérer, c'est la drédominance nécessaire de l'une de ces trois formes, c'est la part proportionnellement plus grande qu'elle prend dans les revenus publics, selon les époques et les civilisations. Cette prédominance peut avoir une durée plus ou moins longue, mais elle correspond assez bien aux transformations économiques qui s'opèrent sous l'influence de l'augmentation de la population, de la division du travail, des progrès de la culture du sol, des inventions et des découvertes relatives au sous-sol, des perfectionnements de l'industrie et de leur diffusion par l'échange et l'imitation. Dans les civilisations peu avancées, et aux époques de petite industrie, les capitaux sont rares et, par conséquent, l'industrie ne peut naître et se développer qu'avec les secours de l'Etat, principal capitaliste. C'est ainsi qu'en Egypte, en Grèce et à Rome, l'Etat est le premier agriculteur, le premier industriel, le premier commerçant. L'esclavage et le servage perpétuent ce régime pendant de longs siècles et il faut une série d'inventions capitales pour préparer l'avènement de la grande industrie. Mais quelles que soient les différences qui séparent les époques et les systèmes financiers, partout nous retrouvons les effets des mêmes lois économiques. Dans l'enfance des sociétés, lorsque la population est clairsemée, quand le capital fait défaut ou plutôt quand la terre est le seul capital, l'Etat ne peut vivre que de revenus fonciers auxquels viennent s'ajouter certains revenus industriels, parce que lui seul est capable d'entreprendre et d'exécuter les grands travaux d'utilité publique, les dessèchements et les endiguements, l'ouverture des voies de communication, l'exploitation des mines, etc. Nous trouvons la confirmation de cette règle jusque dans les nouvelles sociétés contemporaines issues de la colonisation, comme celles de l'Australasie. Sans doute, il faut aussi tenir compte, pour expliquer l'évolution financière de ces Etats nouveaux, de l'influence contagieuse de doctrines peu en rapport avec la réalité des faits. En matière sociale plus qu'en toute autre, les observations sont délicates, les expériences difficiles et incomplètes ; aussi, les doctrines basées sur des théories purement subjectives ont-elles plus de chances de se propager que dans n'importe quel autre ordre de faits. De là des retours presque inévitables.

La prédominance des formes domaniales caractérise donc bien une certaine période de l'évolution de la fortune publique et quand le démembrement des domaines fonciers s'est opéré, les monopoles fiscaux persistent encore longtemps à côté des impôts proprement dits. Ceux-ci, à travers mille transformations et répercussions, finissent toujours par devenir prépondérants dans les budgets des nations qui ont atteint un certain degré de développement. En outre, malgré toutes ces transformations, le principe du consentement de l'impôt ne se perd jamais complètement. En France, nous le retrouvons au Moyen Age dans le mouvement d'affranchissement des communes qui, plus tard, aboutit aux états provinciaux et généraux.

La part de plus en plus grande que prend l'impôt dans les revenus publics, le consentement de l'impôt peu à peu établi, l'obligation de rendre compte de son emploi, le contrôle plus efficace des dépenses sont des faits en corrélation intime avec les transformations du pouvoir, qui amènent aussi une évolution juridique de la fortune publique.

Sous la royauté, en effet, le souverain était propriétaire de tous les biens détenus par l'Etat, sans distinction entre les biens de la couronne et les choses publiques proprement dites. A peine si à la fin de l'ancien régime on rencontrait quelques juristes pour soutenir que le roi n'était que le gardien du patrimoine national. La Révolution ne vit pas nettement cette distinction et ne fit que substituer la nation au roi propriétaire pour l'exercice des droits de l'Etat sur l'ensemble du domaine (1). Mais peu à peu un mouvement allant à l'encontre de ces théories régaliennes s'est fait jour. La notion de domanialité publique s'est enfin dégagée et, bien qu'elle reste à codifier, elle est admise aujourd'hui par la doctrine et la jurisprudence.

L'impôt n'est plus considéré à notre époque que comme la dotation des services publics et les grands ouvrages d'utilité publique créés avec cette ressource, comme les

____

(1) Cf. Maurice MONTEIL, *Loc. cit.*, p. 207.

voies de communication, au lieu d'être la propriété de l'Etat à titre privatif, deviennent une propriété publique d'une nature spéciale dont le public absorbe toute l'utilité par le droit d'usage (1). Il en résulte qu'à cet égard le rôle juridique de l'Etat doit changer : de propriétaire de la fortune publique domaniale, il tend de plus en plus à en devenir l'administrateur. C'est ainsi que par une série de progrès historiques, par l'élimination du régime féodal, la disparition des droits du roi comme seigneur et le retour à la nation de la libre disposition des biens d'utilité commune, se trouve créée une nouvelle forme de propriété appelée à jouer un rôle de plus en plus grand dans l'évolution économique des sociétés, à mesure qu'elle sera mieux établie et que l'on comprendra mieux la nécessité de séparer la propriété publique du patrimoine de l'Etat. Actuellement, le Domaine public répond surtout au besoin sans cesse grandissant d'assurer les relations sociales, mais son rôle semble devoir s'étendre avec le développement de la richesse des sociétés. C'est principalement par le surcroît d'activité qu'il peut donner à la vie communale qu'il importe de considérer son rôle futur, car c'est par le transport d'un certain nombre des attributions de l'Etat à ses substituts naturels, provinces ou communes, aussi bien que par les progrès des associations privées que diminueront progressivement et se répartiront plus équitablement les charges générales. En même temps disparaîtra peu à peu ce qu'il y a encore de violent, d'arbitraire, de vexatoire dans le rôle de l'Etat qui, à l'origine des sociétés, est synonyme de conquête, de violence, de brigandage. Peu à peu, on s'habituera à considérer l'Etat comme le gérant responsable des services publics, au lieu d'être une personne bâtie sur le

____

(1) Cf. Maurice MONTEIL, *Loc. cit.*, p. 327.

modèle *du roi* (1). Cette transformation aura pour effet de substituer aux rapports unilatéraux de l'Etat avec les gouvernés des rapports réciproques ayant un caractère contractuel. C'est ainsi que disparaîtra peu à peu l'antagonisme séculaire entre gouvernants et gouvernés, entre l'individu et l'Etat.

Les nations les plus avancées dans la civilisation ne sont encore qu'au début de cette nouvelle évolution, née surtout de la grande industrie, mais, dès à présent, le Domaine public national, provincial et communal nous apparaît comme un des facteurs les plus puissants du développement de la véritable liberté, de cette liberté individuelle, dernière étape du progrès, qui ne se dessine encore à nos yeux que dans un lointain avenir.

(1) Bien des signes indiquent que nous allons vers la *dépersonnalisation* de l'Etat. Cournot avait bien aperçu cette transformation et, d'après M. Bouglé, qui croit pouvoir résumer sa pensée par cette formule socialiste, il semblait prévoir un moment où la tâche de l'Etat consistera dans « l'administration des choses bien plutôt que dans le gouvernement des personnes ». Cf. *Qu'est-ce que la sociologie?* par C. Bouglé, p. 80. Cf. aussi *Les transformations de la puissance publique*, par Maxime Leroy, Giard et Brière, 1908.

INDEX ALPHABÉTIQUE ET BIBLIOGRAPHIQUE

(Les chiffres renvoient aux pages).

TABLE DES MATIÈRES

—

LIVRE PREMIER

L'évolution financière et domaniale.

CHAPITRE I

LA FORTUNE DE L'ÉTAT ET L'ÉVOLUTION SOCIALE

CHAPITRE II

LES THÉORIES DE L'ÉTAT ET L'ÉVOLUTION DE LA SCIENCE DES FINANCES

LIVRE II

Le Domaine foncier des Etats modernes.

CHAPITRE I

LE DOMAINE FORESTIER

CHAPITRE II

LE DOMAINE AGRICOLE

CHAPITRE III

LE DOMAINE DE COLONISATION

LIVRE III

Le Domaine industriel des Etats modernes.

CHAPITRE I

LES INDUSTRIES D'ÉTAT AU POINT DE VUE DU DROIT PUBLIC

CHAPITRE II

LES MONOPOLES D'INTÉRÊT COMMUN

CHAPITRE III

LES MONOPOLES FISCAUX

CHAPITRE IV

LE DOMAINE DES MINES, SALINES ET USINES MÉTALLURGIQUES

CHAPITRE V

LE DOMAINE DES CHEMINS DE FER

CHAPITRE VI

LES MANUFACTURES MODÈLES

CHAPITRE II

L'AVENIR DU DOMAINE PUBLIC INDUSTRIEL

CHAPITRE III

LE DOMAINE PRODUCTIF DE REVENUS ET SON INFLUENCE SUR L'ÉTAT
ÉCONOMIQUE DE LA NATION

CHAPITRE IV

LES TRANSFORMATIONS DE LA FORTUNE PUBLIQUE

Saint-Amand (Cher). — Imprimerie BUSSIÈRE